개정판

비언어성 학습장애, 아스퍼거 증후군

사회성 및 시지각 발달의 어려움

비언어성 학습장애, 아스퍼거 증후군, 개정판

발행일 | 2013년 3월 5일 초 판 1쇄 발행
2014년 2월 5일 초 판 2쇄 발행
2016년 1월 5일 개정판 1쇄 발행

저자 | 신석호
발행인 | 강학경
발행처 | (주) 시그마프레스
편집 | 김경임
교정 · 교열 | 백주옥

등록번호 | 제10-2642호
주소 | 서울특별시 영등포구 양평로22길 21 선유도코오롱디지털타워 A401~403호
전자우편 | sigma@spress.co.kr
홈페이지 | http://www.sigmapress.co.kr
전화 | (02)323-4845, (02)2062-5184~8
팩스 | (02)323-4197

ISBN | 978-89-6866-645-2

개정판

비언어성 학습장애, 아스퍼거 증후군

사회성 및 시지각 발달의 어려움

신석호 지음

Σ 시그마프레스

차례

추천사 / vii
머리말 / x

제1장 비언어성 학습장애의 개요

1. 학습장애의 분류 / 2
2. 비언어성 학습장애란 무엇인가? / 6
3. 비언어성학습장애의 진단 및 평가 / 17
4. 비언어성 학습장애 진단 체크리스트(부모용) /26
5. 비언어성 학습장애의 유형 / 28
6. 영재이면서 동시에 학습장애(Gifted LD) / 39
7. 어려서는 언어장애, 학령기 이후에는 시지각 발달의 어려움 / 43
8. 행동이 굼뜨거나 반응이 기민하지 못하는 시지각 발달의 어려움 / 47
9. 비언어성 학습장애라고 진단을 내릴 정도는 아니지만, 경도의 문제를 가지고 있는 경우 / 53
10. 비언어성 학습장애와 아스퍼거 증후군은 어떻게 다른가? / 58
11. 비언어성 학습장애와 수학 학습 / 63
12. 비언어성 학습장애라는 진단을 최초로 받았을 때 부모의 역할 / 65

제2장 신경심리 발달의 관점으로 이해하기

1. 신경심리학적 관점으로 보는 학습장애의 분류 : 실행기능의 이상과 관련 / 72
2. 인지기능과 시지각 발달 / 78
3. 조직화 기술 / 83
4. 정보처리과정의 이해 / 87
5. 시지각 발달의 어려움을 야기하는 유전질환들 / 90
6. 언어성 학습장애 / 95

제3장 아스퍼거 증후군의 개관

1. 아스퍼거 증후군이란 무엇인가? / 110
2. 아스퍼거 증후군의 역사적 변천 / 119
3. 아스퍼거 증후군의 진단과정 및 진단기준 / 129
4. 성인기의 아스퍼거 증후군 / 141
5. 사회적 의사소통 장애 / 149
6. 아스퍼거 증후군의 경과와 장기적인 예후 / 151
7. 아스퍼거 증후군의 오해와 편견들 / 155
8. 아스퍼거 증후군과 장애등록 / 165
9. 아스퍼거 증후군과 비언어성 학습장애에 연관된 정신과적 문제들 / 166
10. 만 5세 이하의 아동이 아스퍼거 증후군일 가능성을 염려하는 경우 / 170

제4장 사회성의 발달

1. 사회성의 정의 / 178
2. 영유아기의 정상적인 사회성 발달 / 180

3. 사회성 인지를 이해하기 / 185
4. 마음의 이론 : 마음읽기 능력 / 189
5. 사회성 두뇌 / 198
6. 사회성 학습장애 / 202
7. 지능이 정상 범주이면서 사회성 발달이 떨어질 수 있는 소아청소년정신과적 문제들 / 204
8. 일상에서 마음의 이론이 적용되는 사례들 / 208

제5장 비언어성 학습장애와 아스퍼거 증후군의 치료 및 중재

1. 치료적 접근 : 총론 / 216
2. 시지각 발달훈련 : 비언어성 학습장애와 아스퍼거 증후군을 위한 인지치료 / 222
3. 마음의 이론 능력을 개선하기 / 226
4. 조직화 기술 훈련 / 237
5. 학습 상황에서 주의집중력 향상 프로그램 내용 / 240
6. 비언어성 학습장애 – 가정에서 도움을 줄 수 있는 노력들 / 248
7. 사회성 인지를 향상시키는 인지치료 / 250
8. 사회성 증진 소그룹 프로그램 / 255
9. 아스퍼거 증후군의 연령대별 치료적 접근방식 : 사회성을 중심으로 / 259
10. 청소년을 위한 치료적 접근의 특성 / 271
11. 성인기에서 사회성 수준에 입각한 치료방식 / 280

참고문헌 / 291
찾아보기 / 295

추천사

최근 우리나라 소아청소년들의 사회적인 큰 이슈인 왕따와 학교폭력은 비단 우리사회에 국한되지 않은 세계적인 추세입니다. 입시와 학업에 몰입하는 우리나라 젊은이들에게 학력 이상으로 요구되는 것이 사회적응성과 성숙된 인격입니다. 사람의 사회적응과 현실대처 능력은 학교에서뿐 아니라 어려서부터 가정에서의 양육을 통하여 획득되는 것은 물론, 타고난 사회성 능력도 매우 중요합니다. 타고난 능력의 차이이든 양육 환경의 차이이든 간에 아동들에게 사회성 및 현실대처 능력의 문제를 조기에 찾아서 잘 도와줌으로써 인격의 균형적 발달을 도모할 수 있습니다.

소아청소년들을 진료하는 정신과 의사의 한 사람으로서 사회성 발달의 부족이나 불균형으로 따돌림의 피해를 입거나 사회부적응을 겪는 이들의 문제들을 최소화하거나 정상화시키는 일이 요즈음처럼 절실할 때가 없습니다.

임상 현장에서 사회 부적응을 겪는 이들과 가족들을 면담하고 평가하여 진료하는 과정에서 일부 정신과적 또는 심리학적 문제들을 발견할 수 있는데, 가장 흔한 진단적 범주에 포함되는 경우가 아스퍼거 증후군과 비언어성 학습장애입니다. 두 질환은 모두 사회성 발달에 어려움을 나타내는 것으로 알려져 있으나, 그 실체와 특성들에 익숙한 전문가는 그리 흔치 않을 뿐 아니라, 문제를 가진 당사자와 그 가족들에게 질환에 대한 제대로된 지식이 더욱 필요하다고 생각합니다.

이 책의 저자인 신석호 박사는 이 분야에서 오랫동안 환자와 가족들을 돌보아 온 전문가입니다. 신 박사는 환자와 가족은 물론 임상가들에게 포괄적이고 체계화된 좋은 정보들을 이 책 한 권에 모두 담았습니다. 두 질환에 대한 오랜 경험과 새로운 정보에 기초하여 질환들의 특성과 평가 및 치료에 이르기까지 상세히 기술하였습니다. 많은 환자와 가족 및 임상가들에게는 나침반과 같은 책자가 되리라 생각합니다.

송동호_연세대 의대 정신과 교수, 세브란스병원 소아정신과 과장

추천사

최근 들어 인지기능은 괜찮음에도 불구하고 사회성의 어려움 때문에 소아청소년정신과를 방문하는 아동들이 늘어나고 있습니다. 이러한 아동들을 진료한 후 사회성의 어려움이 뚜렷한 아동들에게서 흔히 고려해 보아야 할 진단으로 아스퍼거 증후군, 비언어성 학습장애 등을 부모님들께 말씀드리면 이에 대한 자세한 설명을 듣고 싶어 하십니다. 이번에 신석호 박사님의 『비언어성 학습장애, 아스퍼거 증후군』은 이러한 궁금증을 가진 부모님들과 전문가들에게 아주 도움이 되는 책이라고 생각합니다. 평소에도 어려운 내용이지만 쉽고 분명하게 설명하는 데 탁월하신 신석호 박사님의 글에 늘 감동했었고 부모님들에게도 권해드렸었는데 이번에도 사회성의 발달에서부터 비언어성 학습장애와 아스퍼거 증후군의 개념과 치료 및 중재에 대해서 잘 정리해주셔서 감사드리고 기쁜 마음으로 일독해 보시기를 추천합니다.

서동수_서울 어린이병원 정신과 과장

머리말

공부를 잘하는 자녀를 두는 것은 부모들이 모두 바라는 바이다. 우리 아이가 공부를 못하기를 바라는 '좋은 부모' 가 과연 이 세상에 있을까? 학습과 관련된 문제를 보이는 대부분의 학생들은 좋은 공부 방법에 대해 알지 못하는 경우들이 많다. 이런 경우, 학습에 투자하는 시간은 많으나 기대 이상의 성과를 얻지 못하게 되고, 좌절감을 겪거나 자신감을 잃고 학습에 대한 흥미나 동기마저 잃게 되는 경우가 꽤 있다.

신박이 소아청소년정신과에서 학습이나 인지기능의 분야에 심취하게 될 줄은 처음 미국에서 소아청소년정신과 전문의 임상수련을 받을 때만 해도 미처 생각지 못했던 일이다.

1992년 2월 모교 대학병원에서 정신과 레지던트 과정을 마친 후, 한국정신분석학회에 가입하여 연구세미나에 참가할 수 있었다. 1년에 1~2명의 외국의 저명한 정신분석가들을 초청하여 가지는 정신분석 세미나를 통하여 내 자신이 여러 가지 면에서 부족한 부분이 많다는 점을 깨닫게 되었고, 동시에 정신분석이론 중 소아발달이론에 관심을 갖는 기회가 되었다. 이것이 계기가 되어 미국에서 소아청소년정신과의 경험을 쌓으면서 소아발달이론도 공부할 수 있는 기회를 가졌으면 하는 생각을 하면서, 미국으로 가기 위한 제반 준비를 시작하였다.

1995년 6월경, New York University Medical Center-Bellevue Hospital의 소아청소년정신과에 visiting research fellow로서 자폐증의 뇌영상(brain imaging) 연구에 참여할 수 있었다. 미국병원체계에서 visiting research fellow로서의 위치와 그로 인한 배움의 한계를 절실하게 깨닫게 된 후, 정식 소아청소년정신과 임상수련을 받기로 결심하였다.

Boston University Medical Center에서 정식 소아청소년정신과 임상 전임의로서 일하는 동안 동료 미국 소아청소년정신과 fellow들과 같은 월급을 받으면서 같은 책임을 가지고 일했기 때문에 그만큼 긴장이 되었다. 2년차 fellow일 때, 하버드대학교 심리학 박사이며 정신과 전문병원으로는 세계적으로 저명한 McClean 병원에서 postdoctoral fellowship을 마친 Andy Weiss 박사가 보스턴 대학병원의 소아청소년정신과 교수로 학습장애 클리닉을 운영하고 있었다. Weiss 교수는 기존의 읽기장애, 쓰기장애 및 산술장애 이외에도, 학습장애의 범주를 언어성 학습장애(verbal learning disability)와 비언어성 학습장애(non-verbal learning disability)로 구분하여 다양한 이론적인 공부뿐만 아니라 다양한 학습장애 환자들을 경험할 수 있도록 수련생들을 훈련시켰다. 이 경험은 현재 신박이 학습부진이나 학습장애에 관심을 가지게 하는 실질적인 단초가 되었다. 당시 Weiss 교수가 우리를 수련시켰던 일화를 얘기해 보겠다. Weiss 교수는 웩슬러 아동용 지능검사 결과지를 수련생들에게 보여주면서, 그 결과의 의미를 말해보도록 하였다. 검사 결과는 전체 평균지능이 132, 언어성 지능 148, 동작성 지능 118이었다. 신박을 비롯한 소아청소년정신과 전임의들은 지능이 매우 우수하여 영재 수준에 해당한다는 정도의 대답만을 하였다. 같이 강의를 듣던 임상심리학 박사과정에 있던 심리학과 인턴이 영재이면서 동시에 학습장애임을 뜻하는 Gifted LD(Learning Disability)로서 시지각이 떨어지는 비언어성 학습장애라고 대답하였다. 신박에게는 이 분야를 더 열심히 공부해야 하겠다는 강한 동기부여를 가지게 된 경험이었다.

미국에서 귀국을 한 후, 개인 클리닉을 운영하면서 삼성서울병원 소아청소년정신과 외래 교수로서 소아청소년정신과 전임들에게 강의를 하는 기회를 얻게 되었다. 당시 신박은 아스퍼거 증후군을 비롯하여 자폐스펙트럼장애와 학습장애에 대하여 강의를 하였다. 삼성서울병원 소아청소년정신과 전임의들을 교육해오면서 느꼈던 바이지만, 비언어성 학습장애에 대하여 강의를 할 때마다 보이는 그들의 반응은 전에 듣지 못했던 진단 용어와 내용이라고 말하는 점이다. 전임의들은 아스퍼거 증후군이나 자폐스펙트럼장애는 기존에 알고 있었으나, 비언어성 학습장애의 개념은 처음 듣는다고 하여 이 분야가 우리나라에서 생소한 분야라는 사실을 알 수 있었다.

요즘은 인터넷이 발달하여 많은 정보를 쉽게 얻을 수 있다. 특히, 신박의 전문분야 중 하나인 발달장애 영역은 인터넷에 다양한 정보들이 존재하고 있으며, 외국 전문서적들도 최근 수년 사이에 여러 권들이 번역된 바 있다. 부모님들이 인터넷을 통하여 많은 정보를 접하고 책을 구입하여 독서를 열심히 하다보니, 반은 전문가가 되신 분들이 꽤 많아진 듯하다.

사실, 신박은 부모님들에게 나타난 변화를 나중에야 눈치를 챌 수 있었다. 그 계기는 수년 전 '아스퍼거 가족 모임방' 이라는 인터넷 카페를 알게 된 이후로, 부모님들이 많은 공부를 하고 있으며, 전문가로부터 정확한 가이드라인을 절실하게 찾고 있다는 인상을 받았다. 과거와는 달리, 지능이 정상범주이면서, 장애 등록의 대상이 되지 않는 아동이나 청소년들이 보이는 문제점들을 파악하여 자녀에게 도움을 주고자하는 부모님들의 노력이 상당히 두드러지고 있다. 하지만, 아스퍼거 증후군과 비언어성 학습장애를 제대로 구분하지 않는 상황이었으며, 정확하지 않은 정보들이 여과없이 인터넷 사이트에 노출되고 있는 것이 현실이었다. 부모님들의 입장에서는 수많은 정보를 접하여 자신에게 필요한 정보들을 취사선택을 하는 데 어려움을 겪고 있는 듯하다. 다양한 정보들을 자신의 자녀에게 일방적으로 대입시켜보는 경향이 많으며, 결과적으로 더욱 헷갈리고 혼돈스러워하는 면을 보게 되었다. 특히 성인 아스퍼거 증후군에 해당된다고 생각하는 경우들에서 임의대로 진단기준을 꿰맞추는 양상이 존재함을 알 수 있었다. 그동안 '아스퍼거 증후군 가족모임' 카페의 상담 전문의로 활동하면서, 부모님들이 그릇되게 인지하고 있는 정보와 개념들을 정리하고자 노력하였다. 또한, 아스퍼거 증후군과 유사하지만, 차이점을 보이는 비언어성 학습장애를 보다 자세하게 공부하며 알리고자 하는 마음으로, 별도의 인터넷 카페를 개설하여 활동하고 있다.

이미 신박은 2011년에 특수교육을 전공하신 양문봉 박사님과 공저로 자폐스펙트럼장애에 대한 책 『자폐스펙트럼장애 A to Z』를 저술하였고, 이 책은 문화체육관광부가 심사하는 우수학술도서로 선정된 바 있다. 신박이 꾸준하게 관심을 가지고 진료 및 연구를 하고 있는 비언어성 학습장애와 아스퍼거 증후군 등에 관하여 써왔던 많은 글들을 정리할 기회로, 이번 책을 출간하게 되었다. 부모님들이 겪는 혼돈과 당혹감을 줄이는 데 일조를 했으면 하는 바람이다.

가정에서 내조에 힘쓰는 아내 이현주와 사랑하는 두 딸 지연, 지희에게 감사를 드린다.

2013년 2월

신석호

01

비언어성 학습장애의 개요

제1절 학습장애의 분류

일반적으로 학습장애에서 학습과 관련된 뇌 기능을 인지기능이라고 한다. 인지기능은 학습영역뿐만 아니라 과제 수행능력이나 제반 생활에서 상황에 적합하게 자신의 능력을 발휘하여 대처하는 능력을 포괄하는 광범위한 의미의 뇌 기능이라 할 수 있다.

학습장애의 정의에는 여러 가지 의견이 있을 수 있겠으나, 지능은 전반적으로 정상의 범주에 속하지만, 인지기능의 일부의 영역이 손상을 받았기 때문에 결과적으로 학습부진을 가져오게 되는 경우이다. 학습장애는 좌뇌나 우뇌기능의 기능적인 이상으로 인하여 생기는 것으로 알려져 있다. 즉, 듣기, 말하기, 읽기, 쓰기, 수학적인 논리성, 또는 추론할 수 있는 능력 등의 획득과 사용에서 나타나는 다양한 형태의 인지기능의 불균형 및 장해를 일컫는 용어이다.

1. 학습장애의 분류

1) DSM-5의 진단기준에 따른 학습장애

a. 읽기장애(Reading Disorder, dyslexia) : 읽기의 정확도와 이해능력을 평가하기 위하여 실시한 표준화된 검사에서 개인의 생활연령이나 측정된 지능에서 기대되는 정도보다 읽기 능력에서 현저하게 뒤떨어진다.

b. 산술장애(Mathematics Disorder, dyscalculia) : 개별적으로 실시된 표준화 검사에서 측정된 산술능력 및 수학적 추론능력이 기대되는 정도보다 현저하게 낮다.

c. 쓰기장애(Disorder of Written Expression, dysgraphia) : 개별적으로

실시된 표준화 검사에서, 측정된 쓰기 능력이 지능이나 나이에 적합한 교육수준에 비하여 기대되는 정도보다 현저하게 낮다. 쓰기장애는 시각-운동 통합 능력(visuo-motor integration)이 떨어지는 경우에 흔히 나타난다. 따라서 손의 소근육이나 미세근육 운동기능이 같이 떨어진다.

2) 뇌의 편측화(lateralization) 불균형에 의한 신경심리학적인 관점에 따른 학습장애

a. 언어성 학습장애(Verbal Learning Disability) 또는 좌뇌기능 학습장애(Left Hemisphere Learning Disability) : 중요한 좌뇌 인지기능으로서의 청각적 정보전달과정(auditory information processing system)이 기능의 결함으로 인하여 손상을 받았을 때, 읽고 이해하기 능력과 같은 기능이 장해를 보인다. 이외에도, 말로서 표현된 정보를 적절하게 이해하여 파악하는 능력이 현저하게 떨어진다.

b. 비언어성 학습장애(Non-Verbal Learning Disability) 또는 우뇌기능 학습장애(Right Hesmisphere Learning Disability) : 중요한 우뇌 인지기능으로서의 시지각적 또는 시공간적인 정보전달체계(visuo-perceptual or visuo-spatial information processing system)가 기능의 결함으로 인하여 손상을 받았을 때, 수학적인 사고능력이나 쓰기능력 같은 기능이 장해를 보인다. 비언어성 학습장애의 하나로서 쓰기장애가 있을 때, 시각-운동 통합 능력이 떨어지는 경우를 흔히 보이며, 손의 소근육이나 미세근육 운동기능이 같이 떨어진다.

2. 학습장애의 빈도

미국에서는 약 4%의 인구가 학습장애를 보인다고 한다. 우리나라에서는

초등학교 3~4학년의 3.8%가 읽기장애를 보인다고 알려져 있다.

3. 학습장애와 동반되는 문제들

a. 학습장애가 있는 아동들은 학교에서 수업 중에 자신이 이해하지 못하는 내용들이 점차 늘어나면서, 아동은 다른 아이들로부터 떨어져서 위축된 모습을 보이고, 우울증상을 나타내기도 한다.

b. 일부의 아동들은 학습장애로 인한 좌절이 공격성이나 충동조절이 잘 안되는 형태로 드러날 때도 있다.

c. 학습장애아 부모들은 자녀의 학습부진과 그에 따르는 문제행동들로 인하여 분노하고 좌절하며, 자녀의 문제를 쉽게 받아들이지 못하는 모습을 보이도 한다. 한편으로는, 자녀의 학습장애가 마치 자신의 잘못인 것처럼 착각하여 죄책감에 빠지기도 한다.

d. 주의력결핍 과잉행동장애(Attention Deficit Hyperactivity Disorder, ADHD)가 있는 아동 중 일부가 학습장애를 동반하기도 하는데, 이런 경우에는 정확한 진단을 바탕으로 두 가지 문제를 동시에 치료해야 한다.

4. 학습장애의 진단

a. 일반적으로 지능검사(K-WISC-III 등)와 함께 학습성취도 검사(우리나라에서는 기초학습기능검사와 기초학력평가 표준화되어 있다.)를 동시에 실시해야 한다.

b. 학습장애가 심리적인 문제를 동반하는 경우에는 정서적인 영역을 검사하기 위하여 심리검사의 하나로 투사검사를 시행한다.

5. 학습장애의 치료

a. 학습능력을 증진시키고 이차적인 정신적인 문제를 치료하는 것이 치료의 목적이다.

b. 특수교육적인 접근 : 우리나라에서는 학습장애의 특수교육적인 치료 프로그램이 상대적으로 발달이 안 되어 있는 형편이다. 철저한 평가가 선행된 후, 학습장애의 종류에 따라 적절한 개별교육계획표(IEP)를 작성하여 개별적으로 시행하는 인지(학습)치료가 관건이다.

6. 학습과 관련된 용어상의 혼돈

a. 정신지체 : 주로 신경계통의 이상으로 지능지수 IQ가 70 이하로서 지능의 문제 때문에 학습 성취도가 떨어지는 경우이다. 요즈음에는 지적장애(intellectual disability)라고 불린다.

b. 경계선 지능(일부에서는 학습지진) : 정신지체 수준보다는 우수하지만, 지능이 71~84 정도의 낮은 상태로서 학습을 하는 데 어느 정도 제한이 있는 경우를 말한다.

c. 학습부진 : 정상적인 지능지수를 가지고 신경계의 이상은 없지만 정서적 문제(우울증, 불안, 강박증)가 있거나, 환경 요인(불화, 결손가정, 스트레스) 때문에 학습 성취도가 떨어지는 경우를 일컫는다. 어머니들이 "우리 아이가 공부를 잘하지 못해서 걱정이에요."라고 할 때는 지능은 보통이지만 정서적인 문제나 학습에 대한 자극이 지나치게 많거나 적어서 생기는 경우가 대부분이다. 이런 경우는 대부분 학습장애가 아니라 학습부진인 경우가 많다.

d. 학습장애 : 정상 또는 정상 이상의 지능지수를 가지고 있으며, 정서적/사회환경적인 문제가 없는데도, 학습과 관련된 뇌 기능의 특정영역이

부족하여 학습에 문제가 생긴다. 학습장애란 아동이 그 학년에 요구되는 아주 기초적인 읽고 쓰기를 잘 하지 못하는 것이다. "머리가 좋은데 저렇게 쉬운 글을 읽지 못하다니?" 식으로 사실 학습장애를 이해하는 것은 무척 어려운 일이다. 대부분 학습장애 아동의 부모님과 선생님조차도 학습장애를 이해하는 것이 어렵기 때문에 "왜?"라는 의문을 가지게 된다. 수학의 경우를 들어 학습부진을 좀 더 설명해보자. 초등학교 저학년부터 수학의 기본에 해당하는 수준부터 힘들어하면서, 기본적인 연산에서 또래와 비교하여 뚜렷한 저하를 보이는 경우는 학습장애의 범주로 보아야 한다. 하지만, 수학의 기본 수준에는 문제가 없지만, 초등학교 고학년이 되면서 응용이나 심화 수학을 풀이하는 데 어려움이 있다면 이러한 경우는 학습장애보다는 학습부진으로 분류하여야 한다. 정서적인 요인 외에도 동작성 지능의 저하가 수학의 학습부진과 관련이 있는 경우가 많다.

제2절 비언어성 학습장애란 무엇인가?

비언어성 학습장애라는 용어는 1967년 Johnson과 Mykelbust에 의하여 처음으로 명명되었으며, Byron Rourke 등에 의하여 체계적으로 연구되어 비언어성 학습장애에 대한 인식을 높였다. 일부 연구자들은 우뇌기능 학습장애(right hemisphere learning disability)라고 하기도 한다.

비언어성 학습장애(non-verbal learning disability)란 중요한 우뇌 인지기능인 시지각적 또는 시공간적인 정보전달체계에 기능의 장해가 있는 경우이다.

1. 출생 및 아동의 발달 과정

비언어성 학습장애로 진단된 아동들이 보이는 발달과정을 어려서부터 전형적인 양상을 중심으로 기술해보겠다.

비언어성 학습장애의 발생은 임신이나 분만과정의 부작용과는 관련이 없는 것으로 알려져 있다. 종종 엄마는 자녀가 예민하며 행동이 부산하고 기질적으로 까다롭다고 호소할 때가 꽤 있다. 하지만 자녀가 조용하고 쉽게 달래지고 양육에서 별 어려움이 없었다고 생각하는 경우가 좀더 많았다. 양육과정에서 아기들은 호기심을 보이면서 탐색하는 놀이들이 빈번하지 않으며, 엄마가 예상하는 대로 놀이에 잘 반응을 하지 않았다고 하였다. 또한, 장난감을 기능적으로 적합하게 사용하는 경우가 적었으며, 색칠을 하거나 그림을 그리는 것을 즐기지 않았다고 기억하고 있다.

그들은 아장아장 걷기 시작하는 시기에, 시공간, 그리고 운동기능 영역에서 문제를 보이기 시작한다. 무언가 부자연스럽고 서투르게 보인다. 그렇다고 재활의학이나 소아정형외과에서 도와 줄 정도의 문제로 여겨지지는 않는다. 이 시기에 엄마가 자녀에게 이것은 무엇이며, 저것은 하지 말라는 식의 지시를 이해하고 수행하기를 어려워하는 듯 보인다.

만 2세의 영유아는 또래에 비하여 떼가 심하고 고집을 부리는 모습을 자주 보인다. 이 시기에 아동들은 음식을 혼자서 먹기나 옷을 스스로 입기 등을 배우는 것이 또래에 비하여 늦다고 평가된다.

만 3세의 아동 중 일부에게서 발음이 명확하지 않는 문제를 보이기도 하지만, 곧 언어의 발달이 촉진되면서 언어 영역이 아동의 장점으로 부각되기 시작한다. 언어 발달이 상대적으로 뛰어나다 보니 부모들은 아동의 언어 능력을 칭찬을 하게 되고 이러한 칭찬은 아동으로 하여금 의사소통을 위하여 비언어적인 의사소통기술들(제스처, 얼굴표정, 미소 등)보다 언어를 더욱 많이 사용하도록 노력하게 만든다.

유치원에 다니는 시기에 아동은 그룹에서 또래들과 함께 어울리는 것을 힘들어한다. 그들은 다른 아이들과 어떻게 놀아야 하는지를 잘 모르는 것처럼 보인다. 그들은 종종 부모에게 칭얼거리면서 매달리는 모습을 보이며, 분리에 어려움을 보인다.

아동이 학령기가 되어 초등학교에 들어가면, 이러한 문제들은 보다 뚜렷해진다. 이 시기의 아동은 언어능력이 뛰어나서 말을 잘 하기 때문에 주변 사람들로부터 명석하다는 평가를 받는 경우가 많지만, 그들의 전반적인 행동 양상은 언어능력에서 보이는 기대를 뒤쫓지 못한다. 친구관계가 이 시기의 주요한 문제로 나타나며, 친구를 전혀 사귀지 못하거나 사귀더라도 오래 지속되지 못한다. 부모는 자녀가 또래의 다른 아동들과는 다르다는 점을 조금씩 깨닫기 시작한다. 그럼에도 불구하고 많은 부모들은 이러한 차이를 여전히 심각하게 받아들이지 않는다. 부모는 아동이 보이는 문제들을 이해하기 힘들어하며, 어떻게 자녀를 도와주어야 할지를 모르고 좌절하게 된다. 부모는 자신이 양육에 있어 무언가 잘못했으리라 우려하며, 죄책감에 사로잡히기도 한다. 부모는 자녀가 자신을 거부한다는 느낌이 들며, 자녀와 심적으로 거리감을 두게 될 때가 있다. 외부의 도움이 필요하다는 점을 깨달은 부모는 전문가를 찾아 자녀의 문제를 상담하게 된다.

2. 임상 예

예

초등학교 6학년인 철수는 친구들과 관계를 잘 유지하지 못하는 등 사회성의 어려움을 보였으며, 엄마는 아스퍼거 증후군의 가능성에 대하여 염려를 하게 되어 신박클리닉에 방문하였다. 철수는 학교 친구들과의 관계에서 좌절을 자주 하다보니, 짜증을 자주 부리고 감정조절이 잘 안 될 때가 많아졌으며, 심리적으로 위축된 모습을 보이면서 자존감이 저하되는 것 같았다. 또한, 학원에서 중학교 수학을 선행수업할 때, 심화 문제를 풀 때마다 어려워하여 수학에서 점진적인 저하를 보이고 있었다. 웩슬러 아동용 지능검사(K-WISC-III)를 시행하였으며, 전체평균지능 105, 언어성 지능 117, 동작성 지능 89로 결과가 나와서, 언어성 지능과 동작성 지능의 차이가 28점이었다.

예

초등학교 4학년인 영호는 사회성이 부족하여 학교에서 친구들과 어울리지 못하고 혼자 지내는 모습을 보였으며, 수업시간에 주의집중력이 부족하다는 얘기를 자주 들었다. 특히, 사회적 상황과 같이 자극들이 복잡하고 급변하는 경우, 영호는 주어지는 자극들에 주의를 유지하지 못할 때가 많았다. 과제를 수행하는 속도가 느려서 제 시간에 해야 할 숙제를 끝마치지 못하는 경우가 많았고, 특히 수학문제를 풀 때 이러한 경향이 두드러졌다. 수학에서 어려움을 보이며, 응용문제뿐만 아니라 연산문제를 푸는 과정에서 실수를 자주 하였다. 또한, 엄마는 영호가 심리적으로 위축되어 자신감을 상실하였다고 걱정을 하면서, 또래와의 논쟁에서 자기주장을 제대로 하지 못하고 우물거린다고 염려를 하였다. 신박클리닉에서 K-WISC-III를 시행하였으며, 검사 결과가 전체평균지능 100, 언어성 지능 121, 동작성 지능 77으로 나왔으며, 언어성 지능과 동작성 지능의 차이가 44점이었다.

예

만 4세인 경석이의 경우에는 엄마는 자녀가 사회성이 부족하고 대근육 운동 발달이 다소 떨어지는 것을 염려하였다. 놀이기관에서 사회성은 떨어지고 인지기능은 우수해 보이는 등 갖고 있는 능력의 편차가 크다며 검사를 받아보라는 권유를 받았다. 약 6개월 전부터 다니기 시작한 놀이학교에서 또래들과 어울리는 방법을 모르는 듯이 보였고, 다른 아동들과 함께 하는 놀이나 게임의 규칙을 이해하지 못한다고 하였다. 아동에게 K-WPPSI를 시행하였으며, 검사 결과가 전체평균지능 122, 언어성 지능 136, 동작성 지능 99으로 나왔으며, 언어성 지능과 동작성 지능의 차이가 37점이었다.

비언어성 학습장애를 보이는 아동들은 웩슬러 아동용 지능검사에서 시지각 또는 시공간적 정보를 입력, 분석, 정보 처리하는 인지기능인 동작성 지능(performance IQ)이 언어적 정보를 다루고 대뇌에서 정보 처리하는 인지기능인 언어성 지능(verbal IQ)보다 15점 이상 떨어지는 결과를 보인다. 이때 언어성 지능은 85 이상으로 정상범주에 해당하는 IQ를 나타내고 있다.

3. 영역별 문제

동작성 지능이 일정 이상 떨어질 때, 아동은 시지각 및 사회성 영역에서 여러 문제들을 보이게 된다.

1) 사회성 영역

사회성 인지의 결함으로 인하여 사회적 맥락에서 상황을 연결하여 파악하고 인과관계를 이해하여 결과를 예견하는 등의 상황 판단력이 떨어짐으로 인해 사회적 관계형성능력이 떨어지는 경우가 대부분이다. 특히, 낯설거나 복잡한 상황에서 주어지는 다양한 정보나 자극들을 중요도에 따라 핵심적인 부분과 상대적으로 덜 중요한 부분으로 분류하거나, 또는 유사한 것끼리 유목화(categorization)하는 인지기능상의 능력이 떨어져서 주어진 사회적 상황에 적합한 대응전략을 수립하지 못하고 대략적인 접근을 하여 실수를 하게 되는 경우가 많다.

현상의 핵심을 포착하여 외부정보를 재배열하고 파악한 후 인과관계를 추론하는 능력이 결여되어 있어, 자기가 직면한 상황이 어떠한지를 인지하지 못한 채 혼란스러워할 가능성이 높다. 상황에 개입하기 위하여 애쓰고 노력할 수 있지만, 부적절한 상황에 끼어들거나 엉뚱한 얘기를 늘어놓아 마치 주변에서 보기에는 아동이 상황이나 대화에 집중하지 못하고 딴 생각에 빠져있는 것처럼 보일 수 있다.

사회성 인지가 부족한 아동들은 자기 자신을 객관적으로 파악하여 스스로 평가하는 능력이 떨어진다. 자신의 문제를 인식하는 능력이 떨어지다 보니, 아동은 자기중심적이며 상대방의 관점을 수용하는 능력이 부족하고, 집단에 소속하여 전체의 규칙을 이해하고 대처하는 능력이 부족하다.

'사회적 눈치' 가 부족하고, 상황을 파악하여 실제 상황에 대처하는 수준이 현저하게 떨어지게 된다. 새롭고 익숙하지 않은 상황에서는 어떻게 문제를 풀기 시작해야 할지를 몰라 당황하고 대응 전략 및 문제해결능력이 현저하게 떨어지는 양상을 쉽게 관찰할 수 있다. 아동이 자신의 결정이나 해석이 적당한지, 상황에 대하여 올바르게 지각하고 있는지를 확신하지 못하며 주위의 눈치를 살피는 경우가 종종 발생한다. 분위기에 대한 정확한 파악이 부족하다보니, 적당히 요령 있게 대응할만한 기술이나 전략이 부족하여 주눅 든 모습들이 나타난다.

미국 Yale Child Study Center의 Ami Klin 박사는 비언어성 학습장애의 여러 증상들 중 사회성 영역에서 대인관계 능력의 저하와 상황에 적절한 의사소통 능력이 또래에 비하여 떨어지는 양상을 주요 문제로 보아 사회성 학습장애(social learning disability) 중 하나로 간주하였다.

2) 시각적 조직화 능력

시지각 발달에 있어 고유의 능력을 의미한다. 비언어성 학습장애에서 특징적인 인지기능의 결함을 보이는 아동들은 다양한 특성을 보이는데, 시각적으로 입력된 각종 정보나 데이터를 분류하고 조직화하는 능력(시각적 조직화 능력, visual-spatial organizational skill)이 부족하거나, 시각적으로 입력된 정보를 대뇌에서 지각하여 정보 처리하는 능력(시/공간적 지각 능력, visual-spatial perceptual capacity), 글씨를 쓰거나 젓가락을 사용하는데 필요한 시각-운동 통합 능력(visual-motor integration), 학습을 하거나 과제를 수행할 때 얼마나 빨리 정보를 처리하는지를 판단하는 정신-운동 속도(psycho-motor speed) 등의 현저한 저하를 보인다.

비언어성 학습장애 아동들은 분명한 지침이 있는 경우에는 이것을 보고 있는 그대로 구성해내는 것은 가능한 경우가 많다. 반면, 스스로 자극의 부분 간의 관계를 예측하여 전체로 통합하는 것은 부진한 것으로 알려져 있다. 주어진 정보나 자극들을 중요도에 따라 핵심적인 부분과 상대적으로 덜 중요한 부분으로 분류하는 능력이 부족하기도 하며, 또는 유사한 정보들끼리 분류하는 인지기능상의 능력이 떨어지는 경우가 많다.

3) 시각적 기민성

대뇌에서 정보처리 속도가 저하되는 경우이다. 정보처리 속도가 느리다는 것은 말이나 행동으로 반응하기 위해 필요한 정보를 빨리 회상해내지 못하는 것과 관련이 있다. 시각적 자극을 신속하게 인지하고 처리하는 능력이 지연되어 있어 과제수행이 더디고 느린 양상을 보이게 된다. 시각적 기민성 및 정확성도 부진하여 시각 자극을 처리함에 있어 부주의한 실수도 빈번하게 일어날 수 있다. 또한, 부호와 같이 의미가 없고 추상적인 시각적 자극을 재빠르게 지각하여 처리한 후 재산출하거나, 목표자극과 간섭자극을 변별하여 재인하는 속도가 지체되는 경우가 많다. 따라서 외부정보가 추상적인 자극으로 구성되어 있을수록 민첩성이나 순발력이 현저하게 저하되는 모습을 나타낸다. 운동적인 요소가 덜 개입되어 시지각적인 정확도와 더불어 정보처리속도를 판단하는 경우와 시각과 운동의 연합능력의 측면에서 정신-운동 속도를 구분하여 이해하는 것이 필요하다. 전자가 대뇌의 인지기능으로서 정보처리속도를 다루는 것이라면, 후자는 운동기능과 연결시켜 동작의 기민성을 평가하는 것으로 볼 수 있다. 주로 대뇌에서 이루어지는 정보처리속도만 느려지는 경우와 신체적인 운동기능의 저하와 동반하여 동작이 기민하지 못하여 정신-운동 속도가 떨어지는 경우를 구분하여 치료계획을 세우는 것은 기본적이면서 동시에 중요한 포인트이다.

4) 주의집중력과 실행기능

비언어성 학습장애 아동들 중 상당수가 주의가 산만하고 집중력이 다소 부족한 양상을 보여 주의력결핍 과잉행동장애(ADHD)를 동반한다고 알려져 있다. 아동이 외부의 자극들을 이해하기 어려워하다보니, 제대로 외부 자극들에 주의를 기울이지 않고 무시하는 경향이 있어, 주의력의 충분한 발휘가 어려워질 때가 종종 있다. 외부의 자극에 단순히 주의를 기울이는 것 자체는 상대적으로 평균수준 이하로 저하되고, 특히 지속적인 주의집중과 관련해서는 더욱 심각한 어려움을 보일 때가 많다. 일부에서는 아동이 성급하게 반응을 취하면서 오류를 많이 보이는데, 이에 대하여 인지조차 하지 못하는 경우가 많으며, 이러한 오류들에 대하여 정확하게 포착해내기 어려워하고 따라서 스스로 오류나 실수들을 수정하는 것은 더욱 어려울 수 있다. 문제 해결에 있어 상당한 부주의가 따를 수 있으며 실제적인 성취도 또한 매우 저조할 수 있다.

한편, 특이하게도 수학이나 새로운 과제를 수행하는 상황에서는 수행속도가 느려지는 정보처리속도의 저하(psycho-motor slowness)를 특징적으로 보이고 있다.

비언어성 학습장애는 인지기능에서 정보를 관련시키거나 의미 있는 단위로 묶는 기능으로 비교하기, 분류하기, 순서화하기, 표상하기 등이 떨어진다. 다양하고 복잡한 정보들 속에서 비슷한 것끼리 유목화하고, 주어진 정보들을 중요도에 따라 우선순위를 정하는 능력이 현저하게 떨어져서, 유사한 상황 간의 관계성을 이해하지 못하고 추론에 실패하는 경우가 매우 흔하다. 그러다 보니, 실제 생활에서 시간표나 책가방 정리, 과제물 챙기기, 책상 정리, 시간관리 등 자기 관리하는 능력이 또래에 비하여 떨어지는 경우가 자주 있다.

우리는 매일의 삶에서 타인과 성공적으로 상호작용하기 위해 융통성과 자발성을 자주 발휘한다. 상황에 맞추기 위해 필요한 경우 일상을 변화시키는 것이다. 상황을 파악하고 그에 맞추어 계획을 바꾸기 위해 생각하는 능력은 비언어성 학습장애의 경우에서 상당히 부족하다.

5) 소근육 운동기능과 시각-운동 협응능력

비언어성 학습장애를 보이는 학생들 중 손의 소근육 운동기능(fine motor skill)이 떨어져 젓가락질을 하거나 연필을 쥐고 글씨를 쓰거나 모사하는 능력이 부족한 소견을 보이는 경우가 많다. 미세근육을 사용하여 정교하고 세밀하게 수행하여야 하는 과제가 주어지는 경우에 어려움을 보이고, 민첩하고 신속한 처리에 힘들어한다. 이러한 양상으로 인하여 시각-운동 협응 과제에 대한 흥미가 적고, 기회가 있어도 과제 수행 자체를 회피할 수 있어 더욱 취약해지는 측면이 있다. 또한, 소근육 운동기능과 더불어 소위 '운동신경' 이라고 하는 대근육 운동기능이 떨어져 일반적인 체육이나 스포츠 활동을 싫어하여 회피하는 학생들도 꽤 있다.

6) 수학능력

학습 영역에서 수학을 못 하는 경우(dyscalculia)가 꽤 많다. 심하게는 단순 연산조차 힘들어하는 학생부터 보다 높은 수준의 심화된 논리 수학이 또래에 비하여 떨어지는 경우까지 다양하다. 동작성 지능지수를 알아보는 것이 의미가 있는데, 동작성 지능이 85 미만인 경우는 시지각 및 사회성의 어려움뿐만 아니라 수학의 학습부진을 동반하는 경우가 많다. 이런 경우의 비언어성 학습장애 아동은 시지각을 개선시키는 위한 전문적인 치료를 충실히 함은 물론이고, 수학에 대하여 학습치료를 병행해야 한다.

상당수의 비언어성 학습장애 아동들은 초등학교 저학년 시기에 반복적인 학습과 교육을 통하여 형성되는 지식은 또래와 비슷한 수준으로 습득이 가능하며, 수 개념을 이해하는 능력도 동일 연령대와 비슷한 것으로 나타난다. 하지만, 신속하고 정확한 수리능력을 필요로 하고, 수학의 문제가 응용이나 심화 수준으로 어려워지는 고학년부터는 수학 학습에서 어려움을 겪는 경우가 상당히 존재한다. 만 7세 미만의 비언어성 학습장애 아동들 중 일부는 수 개념 자체를 발전시키는 데 어려움을 보이기도 한다. 반면, 동작성 지능이 90~100 이상인 경우에는 수학능력이 또래에 비하여 전혀 떨어지지 않는 아동들도 꽤 된다는 점은 흥미롭다.

7) 감정 및 정서 영역

친구관계에 어려움을 경험하면서, 반복적인 좌절로 인하여 심리적으로 위축되고 자신감이 없어지며 자존감의 저하를 보이는 경우가 흔하게 나타나며, 학교에서 친구와 어울리지 못하고 외톨이처럼 혼자서 지내다가 심한 경우는 소아/청소년 우울증이나 불안증으로 발전하기도 한다. 드물게 분노발작, 학업거부, 방을 떠나거나 책상에 머리를 박기, 지쳐서 자려고 하기 등의 회피행동이 나타난다.

비언어성 학습장애 아동은 기존의 방식으로는 새로운 상황에 잘 대처하지 못한다. 그것이 낯설고 당황스러운 상황에 대한 반응이 확실하다면, 이들의 행동이 적대적이거나 반항적이라고 간주되어서는 안 된다. 그들의 행동 문제가 받아들여지거나 격려되어야 한다는 것은 아니며, 융통성을 키워주고 다양한 경험을 쌓을 수 있는 기회가 많이 주어지도록 장기적이고 세심한 계획이 필요하다는 의미이다.

8) 기타 증상

비언어성 학습장애를 보이는 아동들 중 일부는 길을 찾는 데 어려움을 보이는 방향치인 경우가 있다. 다른 시지각 발달의 문제들과 더불어 방향치 증상을 보일 때, 전문가는 이에 대하여 치료적인 고려를 해야 한다. 또한, 아동들은 언어 소통의 수단을 통하여 주로 대인관계를 맺는데, 대화하는 방식이 직설적이고 은유나 비유적인 표현에 익숙하지 않고, 유머러스한 대화를 잘 구사하지 못하는 특성을 보이며, 결과적으로 화용언어의 어려움으로 인하여 적절한 의사소통 능력이 또래에 비하여 떨어지는 양상을 보인다. 은유, 유추, 유머에 있어서의 어려움과 행간을 읽지 못하는 것은 사회적 상황에서 언어적 이해를 어렵게 하고 사회적으로 소외되게 만든다.

이렇듯 비언어성 학습장애의 증상들은 다양하고 광범위하다. 앞에 설명한 증상들이 대부분 해당되는 심한 수준의 비언어성 학습장애로부터, 수학 등 학습영역에서의 부진이 없으면서 앞에 열거한 증상 중 일부만을 나타내는 다소 경미한 경우까지 증례들이 매우 다양하다. 그러므로 이러한 종류의 학습장애에 정통한 전문가에게 자세히 상담하고 정밀한 검사를 통하여 정확하게 문제를 평가하고 해결방안을 찾는 것이 치료의 첫 단추를 잘 꿴다는 점에서 매우 중요하다.

부모가 생각하기에 전형적인 비언어성 학습장애에 해당하는 아동은 자폐증이나 정신지체처럼 명백한 장애의 수준이 아닌지라, 자신의 자녀의 문제를 좋게 보려 하고 직시하려는 노력을 회피하는 경향이 다소 있다. 하물며, 소아청소년정신과에서 진단을 내릴 정도의 뚜렷한 문제가 아니라 다소 경미한 수준의 인지기능, 사회성 및 정서 영역의 어려움을 보일 때, 대부분의 부모는 전문가의 도움을 받기보다는 주위의 지인들과의 대화를 통하여 알아서 해결하려고 한다. 때로는 비언어성 학습장애를 보이는 아동이 나타낼 수 있는 문제들을 부모가 지나치게 가벼이 여겨 전문적인 치료의 도움을 받지 않고 방치하는 결과를 가져올 때도 꽤 있다. 소아청소년정신과라는 선입견 때문에 문제가 상당히 심각해진 다음에야 병원을 찾게 되어, 치료에 적정 시기를 놓치는 경우가 있기도 하다.

제3절 비언어성 학습장애의 진단 및 평가

모든 학습장애의 경우와 마찬가지로, 비언어성 학습장애에서의 정확한 진단은 매우 중요하다. 왜냐하면, 비언어성 학습장애라는 동일한 진단이 내려지는 아동들이라 하지라도, 아동이 보이는 문제의 양상이 개인에 따라 차이가 매우 크기 때문이다. 상당수의 아동이나 청소년은 비언어성 학습장애라는 진단이 정당할 만큼 명백한 인지기능의 문제나 사회성의 어려움 및 심리적인 문제 등 여러 영역에서의 어려움들이 동시에 뚜렷히 나타나지만, 때로는 상대적으로 경미한 문제만을 나타내 학습장애라는 진단을 내리기에는 다소 애매한 경우가 있다.

일반적으로 학습장애에서 학습과 관련된 뇌 기능을 인지기능이라고 한다. 인지기능은 학습영역뿐만 아니라 과제 수행능력이나 제반 생활에서 상황에 적합하게 자신의 능력을 발휘하여 대처하는 능력을 포괄하는 광범위한 의미의 뇌 기능이라 할 수 있다. 소아청소년정신과의 공식적인 진단과정을 통하여 비언어성 학습장애에 해당하는 명백한 학습능력이나 인지기능의 문제를 보이는 경우는 당연히 전문가의 도움을 받아야 하며, 또한 비언어성 학습장애의 진단을 내릴 정도의 심각한 문제는 아니라 할지라도 미세한 인지기능의 문제가 학습이나 상황판단능력, 과제수행능력 등에 부정적인 영향을 미치는 경우까지도 전문가의 세밀한 평가를 통하여 도움을 받을 수 있는 시스템이 필요하고, 전문적인 도움을 청하는 부모들의 전향적인 태도가 중요하다고 생각된다.

비언어성 학습장애라는 문제가 소아청소년정신과와 같은 임상에서 최근까지 진단이 정확하게 내려지지 못하는 경우가 종종 있었던 것이 현실이다. 한글로 번역된 표준화된 검사도구가 부족한 점이 중요한 이유 중 하나이지만, 더욱 중요한 점은 과거에 이 문제에 대하여 교육되고 훈련받을 기회가 별로 없었다는 사실이다.

1. 비언어성 학습장애를 정확하게 진단하기 위한 세 가지 기본 관점

1) 신경심리 – 행동양상을 중심으로 하는 관점

외부에서 증상을 중립적이고 객관적으로 관찰한 소견을 중요시하는 방식이다. 비언어성 학습장애의 문제를 현상적으로 파악하여 인지기능의 제한과 신경심리적인 변인이 아동의 학습 및 행동에서의 장해를 야기한다는 관점이다. 아동이 보이는 사회성의 문제 역시 인지기능의 결손으로 이해하여 현상을 설명하는 시도를 한다. 이와 관련한 연구들은 아동이 학습에서의 성취도나 과제수행에서의 어려움을 뇌의 특정 부위에서 발생한 손상과 직접적으로 연관시켜 설명하고 있다. 우뇌기능으로 알려진 동작성 지능이 의미 있게 떨어지면, 시지각 영역뿐만 아니라 사회성 역시 어려움을 나타낸다고 보고 있다. 이 관점은 우뇌기능의 역할을 광범위하게 해석하여 시지각과 사회성 영역이 융합되어 있다고 생각한다. 신박이 비언어성 학습장애의 진단 및 평가를 하면서 주로 견지하는 관점이다. 이 관점에서는 비언어성 학습장애 문제 세 가지를 중점적으로 파악하고 있다.

a. 비언어적 영역에서의 시지각적 조직화 능력
b. 주의집중력과 실행기능의 영역
c. 사회성 인지의 영역

비언어성 학습장애는 위의 세 가지 영역뿐만 아니라 정서적인 어려움을 추가로 하여 증상들의 다양성을 보이므로, 특징적인 증상들을 분류하여 비언어성 학습장애 진단의 세분화가 필요하게 된다.

2) 사회성 인지를 중심으로 하는 관점

이 관점은 신경심리-행동양상을 중심으로 하는 관점과는 달리, 사회성은 상대방이 없이 독립적으로 존재하지 않으므로, 아동이 상대방과의 상호작용에서 보이는 관계형성 능력과 사회적 맥락에 대한 이해에 초점을 맞추고 있다. 사회성 인지를 기본적인 구조로 보고, 상호적인 사회적 관계형성, 사회적 의사소통, 정서적인 발달과정에서의 문제점들을 비언어성 학습장애의 주요 증상으로 파악하고 있다. 사회성 인지로서 '마음의 이론' 기능의 중요성은 이루 말할 수 없을 정도이다. 비언어적인 의사소통의 어려움을 강조하며, 상대적인 강점으로 알려진 언어 영역이 충분하게 가치를 인정받지 못한다고 인식한다. 발달영역은 상호 연관되어 있으며, 서로 영향을 준다. 아동은 받아들이는 감정상의 정보를 통합하지 못하고, 여러 가지 관점에서 그 정보들을 해석하는 능력이 떨어져 있다. 사회적 상황에서 좌절된 경험들이 정서적/감정상의 정보전달에 문제를 야기하여 상대방의 정서적인 반응을 적절하게 파악하지 못하게 되어 상대방 감정의 미묘한 변화가 의미하는 바를 인식 및 통합하는 데 있어 어려움을 보인다.

3) 심리내적인 경험을 중심으로 하는 관점

이 관점을 따르는 치료자는 아동의 경험이나 동기를 이해하며, 경험이 주는 의미를 파악하려고 노력한다. 공감을 통하여 상대방의 마음을 이해할 수 있으며, 이러한 과정은 상대방이 어떻게 생각하고 느끼며 현실을 받아들이는지를 알도록 도와준다. 아동은 어려서부터 양육자와의 상호 정서적인 교류를 바탕으로 상대방의 생각이나 의도를 이해함으로써, 상대방의 입장에서 주어진 상황을 경험하고 생각이나 감정을 상대방과 공유하는 능력을 함양한다. 아동이 상대방의 생각과 감정을 공유하며, 상호적인 관계형성을 발달시키고, 내적인 사고와 이야기가 일치성(narrative coherence)을 유지하도록 함으로써 일탈된 자기감(sense of self) — 자기의지를 가지고 상호적인 인간관계를 하는 개인 — 을 제대로 형성할 수 있도록 한다. 이러한 관점은 애착이론이나 정신분석의 상호주관성(intersubjectivity) 이론과 일맥상통한다.

2. 평가 및 검사

1) 웩슬러 아동용 지능검사(WISC)

우선적으로 웩슬러 아동용 지능검사(WISC)가 시행되어야 한다. 이 지능검사는 세계적으로 통용되는 가장 표준화된 지능검사이다. 인지기능이나 학습능력을 평가하기 위하여 시행하는 각종 검사들 중 필수적이면서 기본적인 검사이다. 특히, 정상범주에 해당하는 지능을 보이면서, 인지기능의 불균형을 보일 때, 이 지능검사는 소검사 항목들의 편차를 통하여 불균형을 파악할 수 있게 한다. 특히, K-WISC-III에서 사용하는 영역별 지수들인 언어이해(Verbal Comprehension), 지각조직(Perceptual Organization), 주의집중(Freedom from Distractibility), 처리속도(Processing Speed)에서의 편차를 따져보는 것이 비언어성 학습장애 아동이 보이는 기능의 불균형을 이해하는 데 큰 도움을 준다. 지능검사에서 시지각 또는 시공간적 정보를 입력, 분석, 정보 처리하는 인지기능인 동작성 지능(performance IQ)이 언어적 정보를 다루고 대뇌에서 정보처리하는 인지기능인 언어성 지능(verbal IQ)보다 15점 이상 떨어지는 결과를 보이고 있다. 이때 언어성 지능은 적어도 85 이상으로 정상범주에 해당하는 IQ를 나타내고 있다. 하지만, 비언어성 학습장애가 의심되는 증상을 보이지만, 언어성 지능과 동작성 지능과의 차이가 15점 미만(때로는 10점 미만)이면서, 동작성 지능에 해당하는 소검사 항목들 사이의 편차가 큰 경우에도 비언어성 학습장애의 진단을 내리기도 한다.

일반적으로 비언어성 학습장애의 경우는 전체평균 지능(Full Scales, IQ)는 정상범주에 속하지만, 동작성 지능에 해당하는 시지각 발달에 현저한 어려움을 보이는 경우이다. 그러나 아동의 지능이 경계선 지능(IQ 71~84), 또는 경도의 정신지체(IQ 50~70)에 해당하면서, 앞의 글에서 언급한 비언어성 학습장애 증상을 보이는 경우도 있으므로, 이때는 아동이 보이는 이러한 신경심리적인 문제들을 치료계획에 잘 반영하여야 한다.

예

다음은 만 10세인 남아에게 시행한 지능검사 결과이다.
전체평균지능 108 언어성 지능 121 동작성 지능 94
상식 19 공통성 13 산수 9 어휘 13 이해 14 숫자 14
빠진곳찾기 10 차례맞추기 8 토막짜기 11 모양 맞추기 9 기호쓰기 9 동형찾기 10
영역별 지수 :
언어이해 125 지각조직 97 주의집중 109 처리속도 93

위의 결과에서 언어성 지능과 동작성 지능의 차이인 27점은 진단적으로 중요한 소견이다. 하지만, 영역별 지수에서 언어이해와 지각조직 지수의 차이인 28점 역시 의미 있는 소견이라고 할 수 있다. 여기서 언어이해 지수는 언어성 지능의 소검사항목들 중 산수 항목이 배제되므로 언어적인 능력을 보다 중점적으로 볼 수 있다.

예

다음은 만 8세인 여아에게 시행한 지능검사 결과이다.
전체평균지능 66 언어성 지능 80 동작성 지능 55
상식 6 공통성 11 산수 1 어휘 10 이해 7 숫자 3
빠진곳찾기 5 차례맞추기 5 토막짜기 4 모양 맞추기 3 기호쓰기 4 동형찾기 4
영역별 지수 :
언어이해 91 지각조직 58 주의집중 48 처리속도 64

앞의 결과에서 이 아동의 일차적인 진단명은 경도의 정신지체(IQ 50∼70)로 보아야 한다. 하지만, 언어성 지능과 동작성 지능의 차이인 25점은 중요한 소견이며, 아동은 동작성 지능의 저하로 인하여 비언어성 학습장애에 해당하는 증상들을 보이고 있다. 또한, 영역별 지수에서 언어이해와 지각조직 지수의 차이인 33점 역시 의미 있는 소견이다. 특히 이 아동은 언어성 지능 소검사 항목들 중 산수 항목이 유별나게 떨어지므로, 산수 소검사 항목을 배제한 영역별 지수인 언어이해 91점은 평균 하 수준으로 아동의 언어능력을 좀더 반영하여 나타낸다고 할 수 있다.

2) VMI와 DTVP

보편적으로 시지각 발달을 평가하기 위하여 사용되는 검사는 시각-운동 통합 검사(Visual-Motor Integration, VMI)와 시지각 발달검사(Developmental Test of Visual Perception, DTVP)이다. 이 두 가지 검사를 시행할 수 있는 연령대의 아동이라면, 검사들을 통하여 시지각 발달의 이상을 정확하게 평가할 수 있다. 그러나 VMI는 만 14세 이전의 아동에게만 시행이 가능하며, DTVP-II는 만 9세 이전의 시지각 발달을 보이는 초등학교 3학년 정도까지의 아동에게 시행할 수 있다. 하지만, DTVP-A는 만 9∼19세까지의 청소년들에게 사용할 수 있도록 최근에 시판되었다.

3) 기타 검사들

(1) 비언어성 학습장애 아동들 중 상당수가 주의가 산만하고 집중력이 다소 부족한 양상을 보여 주의력결핍 과잉행동장애(ADHD)를 동반한다고 알려져 있다. 이에 대하여 자세한 진료상담과 주의집중력 검사를 통하여 비언어성 학습장애 아동에게 ADHD이 동반하는지의 여부를 판정할 수 있다.

(2) 학습 영역에서 학습 부진을 보이는 아동이 많은데, 특히 수학을 못 하는

경우가 많다. 심하게는 단순 연산조차 힘들어하는 학생부터 초등학교 4년 이상에서 요구되는 보다 높은 수준의 심화된 논리 수학이 또래에 비하여 떨어지는 경우까지 다양하다. 그러나 수학능력이 또래에 비하여 전혀 떨어지지 않는 아동들도 일부 있다는 점은 흥미로운 소견이다. 이러한 학습영역에서의 어려움에 대하여 기초 학습능력검사나 기초 학력 평가를 통하여 아동의 학력 수준을 판단할 수 있다.

(3) 친구관계의 어려움을 경험하면서, 심리적으로 위축되면서 자신감이 없어지고 자존감의 저하를 보이는 경우는 흔하게 나타나며, 학교에서 친구와 어울리지 못하고 외톨이처럼 혼자서 지내다가 심한 경우는 소아 및 청소년 우울증이나 불안증으로 발전하기도 한다. 심리검사 의 정서 발달과 관련한 투사 검사 등을 이용하여 아동의 심리적인 어려움을 평가할 수 있다.

(4) 만 3세 10개월 이상 만 9세 미만의 아동이 보이는 시지각 발달 수준을 평가할 수 있는 시지각 발달검사(Developmental Test of Visual-Perception, DTVP-II)의 검사항목을 중심으로 시지각기능을 세분화하고자 한다.

a. 눈-손 협응(eye-hand coordination) : 시각적 경계를 따라 정밀한 직선이나 곡선을 그리는 능력을 측정한다.

b. 공간 위치(position in space) : 주어진 그림을 보고 일련의 비슷하지만 다른 그림들 가운데 공통적인 특성에 따라 두 개의 그림을 짝짓는 능력을 측정한다.

c. 따라 그리기(copying) : 그리기 위한 모델로 제시되는 그림을 보고 종이 위에 그리는 검사로, 그림의 특성을 재인하는 능력과 모델을 따라 그리는 능력을 측정한다.

d. 도형-배경(figure-ground) : 혼란스럽고 복잡한 배경 속에 숨겨진 특정 그림을 찾는 능력을 측정하는 검사로, 숨은 그림 찾기이다.

e. 공간 관계(spatial relations) : 시각적으로 제시된 패턴과 같은 모양을 만들기 위하여 바둑판 모양으로 그려진 일정한 간격을 유지한 점 사이를 연결하는 능력을 측정한다.

f. 시각 통합(visual closure) : 주어진 그림을 보고 불완전하게 그려진 일련의 그림들 가운데 아동은 그림에서 빠진 부분을 완전하게 재인하는 능력을 측정한다.

g. 시각-운동 속도(visual-motor speed) : 네 종류의 서로 다른 기하 도형으로 이루어진 자극 그림 가운데 두 개의 도형 속에 특별한 표시가 있다. 아무런 표시가 없는 네 종류의 도형들로 채워진 반응지를 제시하여 정해진 시간 내에 특정 그림에 특정 표시를 할 수 있는 민첩성을 측정한다.

h. 형태 항상성(form constancy) : 하나 이상의 변별적 특성 (크기, 위치, 음영 등)에 따라 변이된 두 개의 그림을 짝짓는 능력을 측정하는 검사로, 찾아야 할 표적 그림은 크기, 위치, 형태에 있어 자극 그림과 다른 여러 개의 그림 속에 숨겨져 있거나 복잡하게 그려진 배경그림 속에 숨겨져 있는 경우도 있다.

DTVP는 운동개입이 최소화된 운동감소 시지각 지수와 시각-운동 통합지수로 나누어 지수를 제공함으로써 아동의 잠재적 약점을 파악할 수 있다. 실제로 비언어성 학습장애 증상을 보이는 아동의 임상 양상이 매우 다양한 것은, DTVP의 여덟 가지 검사 항목 중 몇 가지 항목에서 손상이 있는 지가 개인마다 다르기 때문에 동일한 진단이라도 개별적인 차이가 나는 것이다.

아동이 시지각 기능에 결함이 있을 경우, 달리기, 잡기, 던지기, 쫓아가기, 모사하기, 습자 등 보편적인 일상의 생활에 필요한 기능에 방해가 될 수 있다. 그러나 일반적으로 부모들은 학교의 학업과 직접적인 관련이 있는 경우가 아니라면, 그다지 치료의 필요성을 느끼지 못하는 것이 현실이다.

시지각 발달 훈련에 의한 개선이 교과 학습으로 용이하게 전이되는 것도 아니고, 학교 수업을 위한 준비가 되는 것은 아니지만, 대부분의 전문가들은 시지각 발달과 눈-손 협응에 문제가 있을 경우 그 자체로 문제이기 때문에 반드시 치료되어야 한다고 주장하고 있다.

DTVP(시지각 발달검사)의 단점은 발달연령 만 8세 11개월까지, 실제 연령으로는 만 9~10세까지 평가가 가능하다는 점이다. 그러다 보니, 전에는 초등학교 고학년이나 청소년의 시각적 정보전달과정(시지각 발달)의 이상을 찾아내어 비언어성 학습장애라고 진단을 내리는 것은 이 분야에 경험이 많은 소아청소년정신과 전문의가 진료를 한 뒤, 지능검사 결과를 가지고 종합적인 판단을 내렸다. 최근에는 DTVP-A가 만 9~19세까지의 청소년들에게 사용하도록 시판되어, 나이가 많은 아동이나 청소년에도 진단에 있어 도움을 받고 있다.

신박이 경험한 한 예를 들어보자.

예

만 4세인 남아가 부모와 함께 신박 클리닉을 방문하였다. 엄마는 아동의 언어발달이 또래에 비하여 떨어지지 않으면서, 사회성의 저하는 보여 방문하게 되었다고 하였다. 아동의 발달과정에 대하여 상세하게 들은 후, 부모에게 우선적으로 아동의 언어발달 수준을 판단하기 위하여 언어평가를 권고하였다. 하지만, 아동의 엄마는 자신이 생각하기에는 아동의 언어 발달이 떨어지지 않는데, 왜 검사를 해야 하느냐고 항의를 하였다. 신박은 부모가 보이는 이러한 식의 반응은 별로 없는지라, 다소 당황한 마음으로 부모의 견해는 참조하지만, 아동의 언어발달 수준은 적정한 검사를 통하여 확인하는 것이 필요하다고 설명하였다. 아동의 엄마는 그다지 이해하는 눈치는 아니었다. 부모의 의견과는 별도로, 진단 과정에서 언어, 인지기능 및 사회성 영역에서 보이는 아동의 발달수준을 평가 및 검사를 통하여 정확한 데이터로 확인하는 것이 근거중심 의학의 기본이다.

모든 학습장애의 경우와 마찬가지로, 비언어성 학습장애에서의 정확한 진단은 매우 중요하다. 왜냐하면, 비언어성 학습장애라는 동일한 진단이 내려지는 아동들이라 하지라도, 아동이 보이는 문제의 양상이 개인에 따라 차이가 크기 때문이다. 상당수의 아동이나 청소년은 비언어성 학습장애라는 진단이 정당할 만큼 명백한 인지기능의 문제나 사회성의 어려움 및 심리적인 문제 등 여러 영역에서의 어려움들이 동시에 현저하고, 때로는 상대적으로 경미한 문제만을 나타내서 학습장애의 진단을 내리기에는 다소 무리가 있는 일부의 경우가 존재한다.

제4절 비언어성 학습장애 진단 체크리스트(부모용)

신박은 부모님들이 자녀의 비언어성 학습장애 증상을 이해하기 어려워하여 수년전에 부모님들을 위한 비언어성 학습장애 진단 체크리스트를 만든 바가 있다. 그동안 진단 체크리스트의 내용이 일부 미비하다는 지적이 있어서 이번에 관련 문헌들을 참조하고 동료 전문가들의 조언을 받아들여 내용을 대폭 수정하였다. 각각의 영역들 중 두세 가지 항목 정도에서 이상을 보이면, 전문가를 찾아 도움을 받는 것이 바람직하다.

1. 사회성 및 상호소통 영역

a. 귀하의 자녀는 친구를 새로이 사귀거나, 또는 기존의 친구관계를 유지하는 데 어려움이 있다.

b. 귀하의 자녀는 다른 아이들과 어떻게 놀아야 하는지에 대한 이해력이 부족하여 사회적 역할놀이에 관한 규칙을 잘 이해하지 못한다.

c. 귀하의 자녀는 사회적 관습이나 행동규범을 이해하지 못하는 것으로 보이며, 타인에 대한 이야기를 하면서도 그 말이 그 사람의 기분을 상하게 할 수 있다는 것을 알아채지 못한다.

d. 귀하의 자녀는 다른 사람들이 자신의 생각, 감정과 의도를 알아서 헤아려주었으면 하고 바란다.

e. 귀하의 자녀는 경쟁적인 스포츠나 게임, 그룹 활동에 참가하는 데 무관심한 편이다.

f. 귀하의 자녀는 상상력이 동원된 사회적 놀이를 하는 경우가 드물며, 자신의 가상놀이에 다른 아이들을 끼워주지 않는다.

g. 귀하의 자녀는 당신과 이야기할 때 당신 입장에 대해서는 무관심한 것처럼 보이고, 특정 주제에 대한 당신의 생각이나 의견을 묻지 않을 때가 자주 있다.

h. 귀하의 자녀는 또래의 수준에 비하여 새로운 환경에 적응하거나 복잡한 상황을 파악하여 대처하는 데 어려움이 있다.

2. 시공간적 지각 및 조직화 능력

a. 귀하의 자녀는 또래의 수준에 비하여 놀이나 학습을 위하여 가위, 자, 삼각자 등을 양손을 이용하여 적절하게 사용하지 못한다.

b. 귀하의 자녀는 특정한 사진을 보고 그 사건 전이나 후의 상황이나 결과를 추측하기 어렵다.

c. 귀하의 자녀는 혼란스럽고 복잡한 배경 속에 숨겨진 특정 그림을 찾는 숨은 그림 찾기를 힘들어한다.

d. 귀하의 자녀는 퍼즐이나 칠교세트를 맞추는 데 어려움을 보인다.

e. 귀하의 자녀는 또래의 수준에 비하여 단지 만지는 것만으로 이미 알고

있는 대상을 파악하기 어렵다.

f. 귀하의 자녀는 특정 속성에 따라 동일한 속성을 가진 것끼리 분류하기 어렵다.

g. 귀하의 자녀는 주어지는 여러 정보들을 중요도에 따라 분류하여 효율적인 전략을 세우는 데 어려움이 있다.

h. 귀하의 자녀는 생각하는 폭이 좁아 경직된 사고로 인하여 고집이 세다는 소리를 듣는 편이다.

3. 운동기능 및 시각-운동 협응 능력

a. 귀하의 자녀는 운동신경이 균형 있게 발달하지 못하여 달리기나 공을 잡는 데 서툰 편이다.

b. 귀하의 자녀는 또래의 수준에 비하여 젓가락질을 잘 하지 못한다.

c. 귀하의 자녀는 또래의 수준에 비하여 종이접기에 어려움이 있다.

d. 귀하의 자녀는 또래의 수준에 비하여 신발끈 매기에 어려움을 보인다.

제5절 비언어성 학습장애의 유형

비언어성 학습장애는 핵심증상들이 대부분 해당하는 심한 수준의 비언어성 학습장애로부터, 수학 등 학습영역에서의 부진이 없으면서 상기 증상 중 일부만을 나타내는 다소 경미한 경우까지 증례들이 매우 다양하다. 이 절에서는 비언어성 학습장애의 임상 양상에 따라 유형을 세분하여 구분하고자 한다. 이후의 절에서는 각각의 세분화된 유형별로 상세한 설명을 하면서, 적합한 사례들을 제시할 것이다.

a. 시각적 조직화 유형(visual-perceptual type) 비언어성 학습장애
b. 주의력 및 실행기능 유형(attentional and executive type) 비언어성 학습장애
c. 사회성 유형(social type) 비언어성 학습장애
d. 쓰기 유형(written expressive type) 비언어성 학습장애

여기서 명심해야 하는 점은, 임상에서 만나는 상당수는 비언어성 학습장애의 양상이 한 종류의 유형에 국한되어 나타나기보다는 두 가지 유형 이상이 동시에 복합적으로 증상으로 발현되는 경우가 많다는 것이다.

1. 유형 I : 시각적 조직화 유형 비언어성 학습장애

비언어성 학습장애의 기본적인 문제를 나타내는 경우로서 우뇌 인지기능인 시지각적 또는 시공간적인 정보전달체계가 기능의 장해가 주된 문제일 때를 의미한다.

이 유형에서는 전형적으로 시각적으로 입력된 각종 정보나 데이터를 분류하고 조직화하는 능력(시각적-조직화 능력, visual-spatial organizational skill)이 부족하거나, 시각적으로 입력된 정보를 대뇌에서 지각하여 정보 처리하는 능력(시/공간적 지각 능력, visual-spatial perceptual capacity), 학습을 하거나 과제를 수행할 때 얼마나 빨리 정보를 처리하는 능력 등의 현저한 저하를 보인다.

유형 I에서는 아동이 주어진 정보를 관련시키거나 의미 있는 단위로 묶는 기능으로 비교하기, 분류하기, 순서화하기, 표상하기 등이 떨어진다. 다양하고 복잡한 정보들 속에서 비슷한 것끼리 유목화하고, 주어진 정보들을 중요도에 따라 우선순위를 정하는 능력들이 현저하게 떨어지는 등, '패턴의 인식(pattern recognition)' 의 어려움이 특징적인 장해로 인식되

어, 결과적으로 유사한 상황간의 관계성을 이해하지 못하고 추론에 실패하는 경우가 매우 흔하다. 또한 유형 I에서는 동작성 지능이 IQ 85 미만으로 대개 수학의 학습장애를 동반하는 경우가 많다. 일부 동작성 지능이 IQ 85 이상의 정상범주라도 충분히 높지 못하면, 초등학교 고학년이나 중학교에서 심화된 수학 문제를 푸는 데 어려움을 보이는 경우가 흔하다.

실제 생활에서는 시간표나 책가방 정리, 과제물 챙기기, 책상 정리, 시간관리 등, 자기 관리하는 능력이 또래에 비하여 떨어지는 경우가 자주 있다. 또한, 청소년기에 공책에 필기하기의 어려움 등을 보이는 경우는 문제점을 보완하거나 대체하는 기술들을 훈련하여 성인기의 보다 높은 수준의 사회활동에 대비하도록 한다. 이런 부분들은 인지 학습치료의 과정에서 시지각 발달훈련의 하나로 점진적으로 조직화 기술훈련(organizational skills training)을 받아 개선될 수 있다.

예

중학교 2년인 남학생이 학습에 있어 의욕이 없으며, 특히 수학에서는 거의 포기 상태라면서 클리닉을 방문하였다. 스스로 계획을 세워 공부를 하는 자기관리능력이 부족하다고 하였다. 또한, 주의집중력에서의 문제를 함께 호소하였다. 이 학생은 학교에서의 교우 관계에서 어려움을 전혀 보이지 않으며, 외면적으로 사회성에 문제가 없어 보였다. WISC 지능검사 결과, 전체평균지능 85, 언어성 지능 100, 동작성 지능 71의 결과를 보였다. 주의집중력 검사에서도 주의집중력이 짧은 것으로 나타났다. 퍼즐이나 칠교세트에서 많은 어려움을 보이는 경향이 두드러졌다. 아마도 어려서부터 가정에서 가베놀이, 오르다, 퍼즐, 칠교세트를 했었더라면, 시지각의 조직화에 도움이 되었으리라 생각된다. 이 학생은 사회성 영역에서 문제가 없어 보였지만, 순간적인 눈치나 임기응변식의 대응하는 방식이 주로 보였으며, 상황을 전체적으로 조망하거나 장래의 상황을 고려하여 장기적으로 관점으로 이해하는 능력은 뚜렷하게 떨어졌고, 소위 '잔머리'가 뛰어난 편이었다.

유형 I인 시각적 조직화 유형 비언어성 학습장애의 일부 경우에서는 때때로 사회성에 문제가 없어 보이지만, 시지각의 조직화에 어려움을 보이는 경우를 볼 수 있기도 한다.

2. 유형 Ⅱ : 주의력 및 실행기능 유형 비언어성 학습장애

시지각 발달이 떨어지는 비언어성 학습장애에 있어 주의가 산만하고 집중력이 다소 부족한 양상을 보여 주의력결핍 과잉행동장애(ADHD)를 자주 동반한다고 알려져 있다. 비언어성 학습장애의 아동이 주의집중력에 문제가 있어 ADHD의 진단을 받았을 때, 비언어성 학습장애라는 진단을 ADHD가 대체하는 것이 아니라, 비언어성 학습장애의 진단에 ADHD라는 공존질환이 동반하는 것이다. ADHD는 과잉행동이나 충동성을 보이면서 주의집중력 결핍을 동반하는 군과 과잉행동과 충동성이 동반되지 않으면서 주의집중력 결핍이 핵심증상인 군으로 세분하여 진단할 수 있다. 비언어성 학습장애에서 동반하는 ADHD는 과잉행동이나 충동성이 동반하지 않으면서 주로 주의집중력이 떨어지는 경우가 대부분이다. 많은 부모들은 과잉행동이나 충동성이 있어야 ADHD로 진단된다고 오해를 하는 경우가 많아서, 비언어서 학습장애 아동에게 ADHD의 진단이 제대로 내려지지 않을 때가 꽤 있다. 그러나 비언어성 학습장애를 동반하는 아동이 학교에서 수업시간 중에는 주의집중력의 부족한 양상을 보이지만, 가정에서나, team sports, 여타 그룹 활동에서는 또래의 아동들과 비교하여 별 차이를 보이지 않는 경우가 있다. 이 경우에는 아동의 상태를 세밀하게 따져보아야 하며, ADHD의 진단기준에 부합되지 않을 때가 꽤 있다고 보아야 한다. 웩슬러 아동용 지능검사(K-WISC-III)를 시행하여 지표를 살펴보면, 일반적으로 ADHD는 주의집중력 지수(Freedom from Distractibility)가 떨어지지만, 상기의 경우는 주의 집중력 지수는 연령에 비하여 별로 떨어지지 않으나, 지각조직 지수(Perceptual Organization)나 처리속도 지수(Processing Speed)가 떨어지는 결과를 보인다.

실행기능(executive function)의 이상이 학습장애에서 보이는 증상들과 직접적인 관련이 있다는 연구결과가 많이 나오고 있다. 실행기능이란, 전전두엽(prefrontal lobe)/전두엽(frontal lobe)과 관련된 부위에서 다양한 영역에서의 정보들을 서로 연결하고 전달하여 인간의 행동과 성격의 발달에 중심적인 작용을 하며, 뇌의 많은 다른 기능 — 언어, 인지, 운동 기능 같은 — 을 지배하는 한 차원 높은 복잡한 사고 기술의 세트로 결과적으로 소위 회사의 CEO와 같은 역할을 하는 복합적인 인지기능이다.

구체적으로 실행기능의 역할을 살펴보면,

a. 다양한 정보들을 중요도에 따라 우선순위를 정하고, 과제에 대한 계획을 수립하고 그러한 계획을 제대로 수립하기 위하여 효율적으로 조직화한다. 주어진 상황을 관찰하여 그것으로부터 나오는 정보를 현 상황에 다시 이용한다.
b. 자신에게 들어오는 정보들에 대하여 자기 검색 기능(censorship)을 통하여 충동 조절(impulse control)에 관여한다. 스스로 경각심을 높여 주의 집중을 A에서 B로 바꾸는 능력(shifting attention)에 관여한다.
c. 시간을 적절하게 측정하거나 주어진 시간을 효율적으로 관리하는 능력(time estimation and management)이 포함되고, 현재 작업 중인 정보를 일시적으로 저장했다가 활성화시켜 결론을 산출하는 기능인 활동기억(working memory)에 관여한다.
d. 실행기능은 인지기능의 정보에 국한하는 것이 아니라, 정서적인 정보나 감정의 변화, 그리고 사회적 상황에 대한 정보들을 통합하는 기능을 수행한다.

매일의 삶에서 우리는 타인과 성공적으로 상호작용하기 위해 융통성과 자발성을 발휘하며, 상황에 맞추기 위해 필요한 경우 일상을 변화시킨다. 실행기능에 이상이 있는 경우는 사회적 상황에서 일상의 생활에서나 주어진 과제를 연령에 부합되게 적절한 대처나 관리를 하지 못하는 문제들로 나타나며, 이는 학습능력의 저하, 학습이외의 업무나 과제 수행능력, 시간이나 스케줄을 효율적으로 관리하는 능력, 복잡하거나 낯선 상황에서 문제해결 능력 등이 연령에 비하여 현저하게 떨어지는 양상으로 표출된다. 대부분 유사한 상황간의 관계성을 이해하지 못하고 추론에 실패하는 경우나 정리와 조직화를 하지 못하는 경우 등이 있다. 상황을 파악하고 그에 맞추어 계획을 바꾸기 위해 생각하는 능력은 비언어성 학습장애 아동의 경우 많이 떨어진다. 본질적으로 이러한 아동들은 일련의 학습된 반응에 의존하며, 그들은 쉽게 한 상황을 다른 상황으로 일반화하지 못한다. 쓸데없는 정보가 저장 영역을 차지하고, 순서가 뒤섞여 중요한 정보가 장기기억으로 전환되지 못한다. 또한, 이러한 아동은 충동조절이 잘 안 되고, 주의산만한 문제를 동반하는 경우가 많다. 조직화 기술(organizational skill)은 정보를 관련시키거나 의미 있는 단위로 묶는 기능으로 비교하기, 분류하기, 순서화하기, 표상하기 등이 있다. 조직화 기술이란 정보의 성공적인 재생뿐 아니라 의도적 학습을 위한 고도의 복잡한 전략 중 하나이다. 학습 자료간에 관련성이 없거나 결합이 잘 되지 않는 특징을 지니고 있을 때 학습자가 나름대로 정보를 정리하여 조직화해 나가는 방법이다. 개인에 따라 다양한 기억 증진 방법들(범주화, 머릿글자 활용하기, 리듬을 응용하는 방식 등)이 활용될 수 있다.

예

초등학교 2학년인 남학생이 주의집중력이 저하되고, 친구들과의 관계에서 산만하여 실수가 많고, 학습능력을 충분하게 발휘하지 못하며, 몇몇 친구들은 아동을 무시하는 등 사회적 관계에서 소외되어 있다는 이유로 본원을 방문하였다. 지능검사 결과, 전체평균지능 112, 언어성 지능 118, 동작성 지능 100으로 나타났으며, 사회적인 상황에서 맥락이나 분위기를 정확하게 파악하고 상황에 적절하게 행동을 취하는 등의 사회적인 문제해결 능력이 저하되어 있으며, 주의집중력의 장해가 과제수행이나 작업에 악영향을 미치고 있어, 스스로 자기 관리하는 능력이 눈에 띄게 떨어져 있었다. 아동은 친구관계에 대한 상당한 관심과 욕구를 가지고 있으나, 현재 상황적으로 소외되고 다소 고립되어 있어 외로움을 경험하고 있다는 결론이었다. 본원에서는 ADHD에 대한 약물치료를 시행하였으며, 정서적인 어려움으로 인하여 놀이(심리)치료와 인지기능의 불균형으로 인한 사회적 상황에서 대처하고 문제를 해결하는 능력과 자기 관리능력을 개선시키기 위하여 치료적으로 인지학습치료-시지각 발달훈련을 권고받았으나, 거리상의 이유로 시행되지 못하였다. 최근 아동이 보이는 학습상황에서의 주의집중력은 꾸준한 약물치료로 인하여 개선되었지만, 사회적 상황에서 분위기를 파악하지 못하고 엉뚱한 소리를 하거나 까부는 모습을 보여 친구들로부터 따돌려지는 양상이 나타나고 있으며, 스스로 학습하고 관리하는 조직화 기술의 부족 등의 문제들로 인하여 부모로부터 반복적인 지적과 체벌이 지속되어 아동의 시지각적인 어려움을 재평가하려고 계획하고 있다.

3. 유형 Ⅲ : 사회성 유형 비언어성 학습장애

일반적으로 비언어성 학습장애는 사회적 맥락에서 상황을 연결하여 파악하고 인과관계를 이해하여 결과를 예견하는 등의 상황 판단력이 떨어져서 사회적 관계형성능력이 떨어지는 경우가 대부분이다. 이러한 유형의 비언어성 학습장애의 문제를 보이는 아동들은 기본적인 상식이나 지식이 정상 범주이거나 우수한 수준임에도 불구하고 사회적인 상황에서 필요한 도식이나 사회적인 인지기능이 현저하게 취약하여, 사회적인 상황이나 대인관계와 같이 확실한 구조나 정답이 없는 모호하고 미묘한 상황에서 아동이 보다 핵심적이고 중요한 단서들을 변별해내고 포착해내는 데 상당한 어려움이 있다. 특히, 낯설거나 복잡한 상황에서 주어지는 다양한 정보나 자극들을 중요도에 따라 핵심적인 부분과 상대적으로 덜 중요한 부분으로 분류하는 인지기능상의 능력이 떨어져서 전반적인 흐름을 이해하거나 맥락을 파악하는 데 역시 제한이 있을 수밖에 없으며, 사회적인 눈치, 이른바 social sense가 취약하여 보다 적절하게 실제의 사회적 상황에 대처할 수 있는 전략이나 기술이 상당히 부족한 경우가 많다. 사회적 상황에서 때때로 어떻게 행동하는 것이 적절한지 알지 못하여 위축되는 모습을 보이거나 자신만의 엉뚱한 방식으로 대처하여 주변의 오해를 불러일으킬 소지가 있다.

이러한 유형의 비언어성 학습장애는 아스퍼거 증후군과 구분이 쉽지 않은 경우가 종종 있는데, 특히 아동이 정서적으로 위축되고 힘들어 하면서 불안이나 우울증상이 두드러지게 동반하는 사회성 유형 비언어성 학습장애는 초기 진단에서 때때로 아스퍼거 증후군과의 감별진단을 고민하기도 한다. 일반적으로 비언어성학습장애는 상대방의 감정이나 의도를 이해하는 면에 있어 또래의 정상군에 비하여 다소 어려운 점이 있으나, 최소한 자신과 직접적인 관련이 있는 상황에서는 어느 정도 눈치 있게 맥락을 이해하여 최소한의 필요한 대응을 가능하게 함으로써, 의미 있는 대인관계를 유지할 수 있는 경우가 대부분이다. 또한, 비언어성 학습장애는 자신의 생각을 상대방과 공유하거나, 자신이 상대방의 의견이나 감정에 공감하는 능력에 있어, 나이가 들어감에 따라 적절한 치료와 훈련을 통하여 상당한 정도까지 발달이 가능하다. 비언어성 학습장애와 아스퍼거 증후군에서 보이는 사회성의 문제를 개선하기 위하여 치료 그룹을 시행할 때, 비언어성 학습장애 환자군이 아스퍼거 증후군에 비하여 보다 빠르게 의미 있는 호전을 보이는 것을 쉽게 관찰할 수 있다. 비언어성 학습장애는 치료의 과정에서 사회적 인지기능(social cognition)의 개선이 상대적으로 빠르며, 사회적 지식(social knowledge)을 습득하는 능력이 아스퍼거 증후군보다 뚜렷하게 양호하다.

사회적 상호소통의 어려움을 개선하려는 체계적인 시도를 할 때, 인지기능의 불균형이나 장해를 개선시키는 인지치료를 보다 집중적으로 시행하는 것이 매우 중요하다. 즉, 인지기능의 영역으로 사회성 인지를 개선시키는 치료적 노력으로, 역할 바꾸기나 상황 설정을 통하여 상대방의 사고방식과 생각을 이해하도록 돕는다. 결과적으로 아동이 사회적 상황을 파악하여 문제해결하는 능력을 증진시키는 효과를 기대할 수 있다. 이러한 치료적인 접근은 선생님과 1 : 1로 하는 인지치료적인 방식으로 이루어진다.

사회성 유형 비언어성 학습장애를 보이는 아동이나 청소년은 학교생활에서의 적응을 힘들어하면서, 자존감의 저하, 자신감의 부족 및 정서적인 어려움을 흔히 동반한다고 해도 과언이 아니다. 이러한 경우들은 복잡한 문제 상황에서 전체적인 맥락에서 파악하는 능력이 부족하거나 중요한 요소를 간과하여 피상적으로 대처할 가능성이 높다. 또한, 친구들과의 대인관계에서 들어오는 정서적인 자극을 적절하게 대처하지 못하고 심리적으로 좌절감을 느끼는데, 이는 아동이 정서적으로 다양한 요구가 지속적으로 필요한 상황에서 많은 실패를 경험하면서 장기간 또래관계에서의 어려움으로 인하여 내적으로 심리적인 어려움, 부적절감을 느끼는 수가 많다. 일부 아동이나 청소년들은 심리적인 어려움이 우울증상으로 표현되기도 하며, 다른 경우는 공격적인 성향으로 표출되기도 한다. 이러한 유형의 비언어성 학습장애 아동은 정서적인 문제에 대하여 치료를 시작하는 경우에 있어, 우선적으로 개별 심리치료 또는 놀이치료를 6개월~1년가량 시행하다가 자연스럽게 또래들과 함께 하는 사회성 증진 그룹으로 넘어가는 것이 중요하다. 초기 진단 시 시행하는 심리검사에 정서적인 영역에 대한 평가가 포함되어 있으므로, 자존감의 저하, 심리적인 위축, 우울, 불안, 억압된 분노 등을 시사하는 검사결과를 보이면, 우선적으로 심리치료를 먼저 시작하는 것이 현명한 선택이라 할 수 있다.

예

초등학교 6년인 남학생은 어려서부터 조용하고 내성적인 모습을 보여왔으며, 학년이 올라가면서 친구들과 갈등이 있고, 교우관계가 원만하지 않았다고 하였다. 초등학교 6학년에 올라가면서 불안증상과 강박증상이 두드러져 학교 교우들과의 관계에서 받는 극심한 스트레스를 호소하였다. 신박클리닉을 방문하여 심리검사를 시행하였고, K-WISC-III 검사 결과, 전체평균지능 92, 언어성 지능 112, 동작성 지능 73로 나왔으며, 아동의 정신-운동 속도의 저하가 전반적인 수행에 부정적인 영향을 끼쳤으리라 추정되었다. 또한 매우 불균형적이고 비효율적인 인지기능의 발달로 인하여 보유하고 있는 지식들을 제대로 활용을 못하고 있으며, 외부자극에 대하여 기민하고 순발력 있는 대응이 어려우리라 추정되었다. 학교생활 등 대인관계에서 사회적 기술이 부족하여 적절하게 대처를 못하며, 아동이 외부 자극들에 대하여 마치 자신에 대하여 공격하고 비난을 가하는 부정적인 자극들로 과잉해석하는 경향이 있어 사소한 자극들에 대하여 매우 민감하게 반응할 가능성이 시사되었다.

4. 유형 Ⅳ : 쓰기 유형 비언어성 학습장애

비언어성 학습장애는 소근육 운동 기능(fine motor skill)이 떨어져서 젓가락질을 하거나 연필을 쥐고 글씨를 쓰거나 모사하는 능력이 부족한 소견을 보일 때가 많다. 소근육 운동기능이 적절하게 조절되어야 아동은 자신의 손가락을 정확하게 통제할 수 있다. 손가락이 어떻게 움직이고 있는가와 손으로 물건을 판별하는 능력과 손에서 사용되는 힘의 정도 같은 요소가 소근육 운동기능에 필수적이다. 또한 사물을 시공간적으로 적절하게 판별하는 능력이나 시각-운동 협응능력도 소근육 운동기능의 정확한 수행으로부터 출발한다. 이러한 유형의 비언어성 학습장애는 시각-협응 능력의 제한이 두드러지며, 점을 직선으로 잇거나 도형을 모사하는 등의 세밀한 소근육 조작이 요구되는 경우에는 또래에 비하여 저하가 존재하며, 정확하면서도 민첩하게 연필 조작을 해야 하는 경우에도 힘겨워할 수 있다.

비언어성 학습장애에서 특징적으로 나타나는 인지기능의 불균형을 보이는 아동에게 손의 소근육 운동기능의 어려움이 주된 문제로 나타날 때,

유형 IV 쓰기 유형 비언어성 학습장애로 볼 수 있다. 이런 경우는 아동이 학습능력 자체의 문제라기보다는 머릿속으로 아는 지식을 효과적으로 표현하는 쓰기 능력이 떨어지는 산출력(output) 또는 생산력(production)의 문제로 인식해야 한다. 전반적인 반응속도 또한 지연되는 양상으로, 실제의 양상보다는 대뇌의 인지적인 처리속도는 빠른 편이지만, 이를 행동을 옮기는 과정에서 정신-운동 속도의 지체가 나타나게 된다. 지능검사(웩슬러 아동용 지능검사, WISC-III)를 시행하여 지수를 살펴보면, 이런 유형은 처리속도(Processing Speed) 지수가 떨어지는 결과를 보인다. 특히 소검사 항목에서 기호쓰기(Coding)가 심각하게 떨어져 있는 경우가 대부분이다.

이러한 문제를 특징적으로 보이는 아동들 중 일부는 캐릭터를 모사하는 그리기는 매우 세밀하게 잘 그리지만, 학습상황에서 쓰기 영역(pencil-and-paper tasks in school)이 매우 비효율적인 문제를 드러내며, 주위로부터 '게으르다' 는 비난을 받기도 한다. 손의 소근육 운동기능이 떨어져서 시각운동-협응 능력이 저하되고, 쓰기 영역에서의 문제 역시 인지 학습치료에서 시행하는 영역이다.

예 초등학교 2년인 남아가 유치원생 시기부터 또래들과 잘 어울리지 못하고 혼자 노는 경우가 많았다고 한다. 그림을 그리거나 만들기를 할 때 또래들보다 항상 늦었으며, 수행 정도도 낮았다. 젓가락질을 어려워하여 어려서부터 가정에서 많은 노력을 기울였음에도 불구하고 현재까지도 또래에 비하여 많이 서툴다고 하였다. 이러한 문제들이 초등학교 입학 후에도 지속되어 신박클리닉을 방문하여 필요한 검사를 시행하였다. 지능검사 결과, 전체평균지능 103 언어성 지능 129 동작성 지능 73, 소검사 항목들에서는 상식 16 공통성 15 산수 15 어휘 15 이해 11 숫자 13 빠진곳찾기 7 차례맞추기 5 토막짜기 10 모양 맞추기 4 기호쓰기 6으로 나왔다. 인지기능의 불균형이 매우 심하고 현재 지적 능력이 충분하게 발휘되지 못하고 있으며, 이는 특히 동작성 소검사에서의 지체에서 상당 부분 기인하는 것으로 나타났다. 검사 과정에서 오류가 많이 있어 수행 수준을 저하시키는 것으로 보이며, 과제수행 속도를 떨어뜨렸다. 세심하고 꼼꼼하게 점과 점을 연결하거나 가이드라인을 벗어나지 않고 따라가면서 그리는 검사에서 상당한 어려움을 보여 소근육 운동기능의 취약성을 두드러지게 보였다.

제6절 영재이면서 동시에 학습장애(Gifted LD)

수년 전 한 공중파 방송 프로그램에서 중학교 때까지 계속 전교 1등만을 하다가 영재들만 모이는 고등학교에 진학한 학생이 높은 수준의 고등학교에 적응하지 못하여 고향의 고등학교로 전학한 경우를 방영하였다. 이 프로그램은 그 학생의 영재성을 제대로 키워주지 못하는 우리나라 교육 환경의 후진성에 대하여 비판하였다. 당시 방송에서 그 학생의 아버지는 아들의 능력과 한계에 대하여 얘기를 하면서, 자신의 아들이 갖는 뛰어난 부분을 개발하지 못하는 교육 현실을 안타까워하였다.

그 학생은 어려서부터 영재라는 소리를 들으면서 성장하여 중학교 때까지 줄곧 전교 1등만을 하였다고 한다. 그러나 그의 학습능력에 비하여 친구를 새로 사귀거나 친구관계를 유지하지 못하여 힘들어했으며, 또한 낯설거나 복잡하게 얽힌 상황에 처했을 때, 자신의 지적 능력에 비추어 너무나 당황하면서 적절한 대처를 못하는 양상을 지속적으로 보여왔다고 하였다. 신박이 직접 진료한 경우가 아닌지라 해당 학생의 심리검사 결과를 검토할 수는 없었지만, 아마도 그의 전체평균지능은 매우 우수하였으리라 추정되며, 언어성 지능에 비하여 동작성 지능이 꽤 떨어지는 결과를 보였을 가능성이 높다고 추정한다.

그렇다면, 수학을 비롯하여 학습능력이 또래에 비하여 전혀 떨어지지 않고 오히려 우수한 학생이 왜 고등학교에 적응하지 못하였는지에 대하여 원인을 살펴보자. 심리적으로 의욕이 떨어져 동기부여가 안 되는 경우도 생각해볼 수 있겠으나, 이 학생은 영재들을 위한 고등학교에서 적응하기 위하여 최대한의 노력을 기울였다고 하니, 아마도 심리적인 요인에 의한 학교 부적응의 가능성은 배제할 수 있으리라 추정된다.

의학적으로 인지기능을 구분하는 방식은 여러 가지가 있으며, 그 중 하나가 학습적 영역과 관련된 인지기능과 비학습적 인지기능으로 구분하는 것이다. 비학습적 인지기능은 과제나 업무수행능력, 문제해결능력, 다양한 과제를 계획하고 조직화하는 능력 등이 해당된다.

위에서 언급한 학생의 경우처럼, 학습능력이 오히려 뛰어난 학생이 이러한 비학습적인 인지기능 영역이 또래에 비하여 부족하여 과제나 업무 수행능력, 문제해결능력, 그리고 대인관계를 맺고 유지하는 데 어려움을 느끼는 문제들을 공통적으로 보이는 경우가 종종 있다.

미국에서는 이러한 학생들을 Gifted Learning Disability(Gifted LD)라고 하여 영재성을 가지고 있으면서 동시에 학습장애의 문제를 동시에 가지고 있는 학생들을 도와주는 특별한 프로그램을 운영하기도 한다. 일반적으로 이러한 학생들은 WISC에서 전체평균지능은 130 이상이며, 언어성지능과 동작성 지능 사이의 편차가 큰 경우로 볼 수 있다. 이론적으로는 언어성 지능이 동작성 지능보다 현저하게 떨어지는 Gifted LD의 가능성을 생각해볼 수는 있으나, 실제로는 언어성 지능에 비하여 동작성 지능이 떨어지는 비언어성 학습장애에 해당하는 Gifted LD의 경우가 거의 대부분이다.

Gifted LD에 해당하는 학생을 도와주는 방법에 있어, 가장 강조해야 할 부분은 영재성과 학습장애 모두를 고려하여 도와주어야 하는데, 학습장애의 해결에 어느 정도 더 높은 우선순위를 두어야 한다는 점이다.

예

인서는 현재 고 2인 남학생이다. 인서는 중 2가 끝나가는 무렵에, 주의가 산만하다는 이유로 부모와 함께 신박클리닉을 처음 방문하였다. 당시 부모에 의하면, 인서는 어려서부터 산만하다는 얘기를 많이 들어왔으며, 평소 상황에 맞지 않는 엉뚱한 면이 많다고 하였다. 또한, 특이한 호기심 역시 많아서 세계 나라의 수도 외우기, 공룡의 종류를 정확하게 기억하고 구분하기에 몰두하는 등의 모습을 보였다고 하였다. 어려서부터 부모는 인서에 대하여 학교에서 친구를 사귀지 못하고 적응을 잘 하지 못하고 힘들어하는 등 사회성이 떨어지는 부분을 걱정하였다고 한다. 의사소통에서도 대화 도중에 상대방으로부터 cues를 이용하는 능력이 부족하고, 상황을 곧이곧대로 받아들여 이면의 내용을 파악하는 데 어려움이 있었다. 학교에서 공책이나 책에 필기를 거의 하지 못하고, 수행평가 점수가 매우 낮다고 하였다. 그러나 필기 고사는 매우 우수하여 전교 몇 등 안에 들었다고 하였다.

한편, 인서는 아버지의 직장 때문에 중 1~2년 때 약 1년 반 가량 미국에서 지냈다. 미국에 있는 동안 학교에서 평가를 받은 적이 있는데, 당시 아스퍼거 증후군의 가능성에 대하여 얘기를 들었다고 하였다. 그러나 미국에서 치료를 받지는 않았다고 한다.

인서가 처음 신박클리닉을 방문했을 때, 심리검사(지능검사 포함)와 ADHD를 판별하기 위한 주의집중력 검사를 시행하였다. 검사 결과, 전체평균지능 132, 언어성 지능 137, 동작성 지능 118이었다. 또한, 주의집중력이 현저하게 떨어지는 소견을 보였다. 진료 및 검사결과를 바탕으로 신박이 부모에게 진단에 대하여, 인서는 비언어성 학습장애를 보이면서 과잉행동이 없는 ADHD가 동반된다고 설명하였다. 또한 사회적 상호작용에 어려움을 보여 본인은 친구 사귀기를 원하나 결과적으로 외톨이가 되는 경향이 두드러지며, 종종 우울 증상을 호소하는 것으로 보인다고 진단하였다. 인서의 전체평균 지능이 130이 넘으면서 언어성 지능이 동작성 지능에 대하여 15이상 높은 점을 들어, 비언어성 학습장애로서 Gifted LD에 해당한다고 설명하였다. 즉, 전체평균지능이나 학습능력만 놓고 보면 영재에 해당하지만, 동시에 동작성 지능에 해당하는 시지각 발달이 떨어져 학습 이외의 과제나 업무수행능력, 복잡한 상황을 파악하여 문제를 해결하는 능력, 사회적 관계형성능력, 다양한 정보를 중요도에 따라 유목화하여 정리하고 계획하는 능력 등이 떨어지는 비언어성 학습장애에 해당되는 것이다

그러면, 인서가 미국에서 얘기들은 아스퍼거 증후군과는 어떻게 다를까? 알려진 바와 같이, 아스퍼거 증후군은 고기능의 자폐스펙트럼장애로 비언어성 학습장애에 비하여 자폐적인 특성들이 더욱 두드러지는 점이 특징이다. 예를 들어, 특정 주제에 과도한 관심을 갖는다는 면에서는 유사하지만, 아스퍼거 증후군은 비현실적으로 특이한 주제(예 : 열차 시간표 등)에 심한 집착을 지속적으로 보여, 아스퍼거 증후군 아동의 일상적인 생활의 리듬을 깨뜨려 부정적인 영향을 미치는 경우가 많지만, 인서의 경우는 특이한 주제에 관심을 보이기는 하였으나, 과외나 학원에 간다든지, 학습 스케줄에 방해가 되지 않았다. 또

한, 아스퍼거 증후군은 손이나 손가락을 퍼덕거리거나 비꼬기와 복잡한 전신 움직임과 같은 상동증을 보이는 경우가 대부분이지만, 인서는 운동성 매너리즘이나 상동증이 없었다. 진료실에서 신박이 인서와 초기 상담을 할 때, 또래의 정상군에 비하여 눈맞춤이 어색하게 느껴졌지만, 시간이 지나면서 상당히 자연스럽게 정서적인 상호교류가 이루어진다고 판단하였다.

초기에 인서의 치료를 위하여 부모에게 두 가지를 우선적으로 권고하였다. 진료상담과 심리검사 결과, 학교나 사회적 상황에서 쉽게 심리적인 스트레스를 받으며, 낮은 자존감(low self-esteem)을 보이면서 종종 감정조절이 안 되는 양상을 보여 이를 위한 주 1회 심리치료를 권하였다. 심리치료를 통하여 정서적인 안정이 되면, 유사한 문제를 보이는 또래들과 그룹으로 하는 사회성 증진 프로그램에 참여하기로 잠정적으로 결정하였고, ADHD 치료를 위하여 Concerta를 처방하였다. 그러나 인서는 약물은 복용하기로 하였으나, 심리치료를 하는 것은 거부하였다. 엄마에 의하면, 인서가 자신의 내면 문제를 드러내기를 싫어한다는 것이다. 비언어성 학습장애를 보이는 청소년이 이전의 치료 경험이 없이 처음으로 치료에 참여하는 경우, 인서와 같이 치료의 틀로 들어오기를 거부하는 경우가 상당히 많다.

그 이후, 인서는 Concerta의 용량을 조절한 이후, 오히려 성적이 올라가는 면을 보였다. 1개월에 1회씩 진료를 하면서, 엄마는 인서가 고등학교에 들어간 이후에, 강남구 소재 고등학교에서 전교 1등을 여러 번 하고, 성적이 조금 떨어져도 전교 3등 정도라고 하였다. 그러나 인서의 엄마는 시지각 발달과 관련하여 자기 관리 능력, 조직화 기술이 부족하다고 한탄을 하고, 여전히 사회성 부족에 대하여 걱정을 하였다. 그나마 다행인 점은, 성적이 매우 우수하다보니 인서를 인정하여 주위에 약간의 친구가 존재한다는 사실이었다.

추가적으로, 신박이 비언어성 학습장애 환자들을 위하여 일반적으로 권하는 몇 가지 노력, 젓가락으로 콩 옮기기, 공기놀이, 종이접기, 교육용 컴퓨터 게임으로서 도시를 건설하는 '심시티' 를 추천하면서 집에서 시간이 있을 때마다, 인서가 꾸준하게 하도록 권고하였다.

예

초등학교 2학년인 남아는 어려서부터 신체활동보다는 책을 읽는 경우가 많았으며, 취학 전 어린이집에서는 규칙 따르기와 남을 배려하는 데 어려움을 보였다. 소근육 운동기능도 원활하지 않아서 사설치료기관에서 감각통합치료와 사회성 훈련을 1년가량 받았다고 하였다. 초등학교 입학 후에도 친구들과 잘 어울리지 못하고 몸 움직임이 둔하고 주변 정리나 자조 능력이 상대적으로 부족한 양상을 보였다. 학습능력이나 언어능력은 또래보다 우수하지만, 사회성 등 기타 영역에 대한 우려가 있어 신박클리닉을 방문하였다.

심리검사를 시행하였으며, 지능검사 결과 전체평균지능 136 언어성 지능 150 동작성 지능 114, 소검사 항목들에서 상식 18 공통성 18 산수 19 어휘 18 이해 14 숫자 19 빠진곳 찾기 7 차례맞추기 10 토막짜기 19 모양 맞추기 13 기호쓰기 10 동형찾기 14로 나왔고, 영역별 지수에서는 언어이해 141 지각조직 116 주의집중 149 처리속도 112였다. 아동의 전체평균지능은 최우수수준으로 '영재'에 해당하였다. 언어성 지능은 150으로 최우수 수준에서도 최상단에 해당하였으며, 동작성 지능은 평균 상 수준에 속하였다. 동작성 지능 자체는 양적으로 저하되었다고 볼 수는 없으며 객관적인 관점에서는 임상적으로 평균보다는 뛰어난 수행에 속하지만, 워낙 언어성 지능이 뛰어나다보니 아동의 내적인 평가에서는 상대적으로 취약한 양상을 시사하고 있다. 영역별 지수에서도 언어성 지능 중에서 수학적인 문제해결능력이나 수리력, 집중력 관련한 소검사를 제외하고 언어적인 능력에 보다 초점을 맞춘 언어이해지수는 141로 역시 뛰어난 수준을 유지하고 있으며, 정신-운동속도를 제외한 조직화 기술이나 시공간적 구성능력과 관련하여 평가하는 지각조직 지수는 116로 평균 수준보다는 뛰어나지만, 상대적으로 저조한 양상이었다. 주의집중력과 관련한 주의집중 지수는 149로 역시 매우 뛰어난 수준에 이르고 있는 반면 정신-운동 속도의 처리속도 지수는 112로 아동의 여러 인지적 기능 중 양적으로는 가장 저조한 양상을 보였다. 영역별 지수 간에도 상당한 편차가 시사될 뿐만 아니라 전반적인 소검사들의 프로파일 역시 큰 폭으로 분포하고 있어 현 단계에서 아동의 인지적 기능이 불균형적으로 발달하고 있으며, 효율성 역시 현저히 저하되어 있을 가능성이 시사되었다.

제7절 어려서는 언어장애, 학령기 이후에는 시지각 발달의 어려움

일반적으로 부모들은 아동의 언어 발달이 이상하다는 느낌으로부터 아동의 발달에 대하여 염려하기 시작한다. 어머니들이 말이 늦는다고 걱정을 하셔서 병원에 오는 시기는 대체로 만 2~3세 정도부터이다. 특히, 알아듣기는 잘 알아듣는 것 같은데 전혀 말을 못하거나 말을 하여도 꼭 필요한 단어를 표현하지 못하기도 한다. 혹시 혀가 짧은 것은 아닌지, 또는 머리가 나쁜 것은 아닌지 해서 문의를 해오는 경우가 많다. 언어장애는 또래의 정상 아동에 비하여 수용언어(언어이해력)나 표현언어(언어표현력) 수준이 모두 떨어지는 경우를 의미한다. 일반적으로 수용언어가 표현언어보다 더 낫거나 비슷한 경우가 많다. 만 3세 이전의 아동이 혼합형 수용-표현 언어장애가 있을 때, 수용언어가 떨어짐으로 인하여 이차적으로 사회성이나 인지기능의 발달이 뒤떨어져서 일부는 마치 자폐아와 유사하게 보여 종종 혼동이 되기도 한다. 자폐증이 아니라 혼합형 수용-표현 언어장애(mixed receptive-expressive disorder)로 진단된 경우에는 늦어도 만 36개월 이전에 체계적인 치료를 시작하여야 한다고 알려져 있다.

언어장애의 치료는 아동의 기능수준에 따라 달라질 수 있다. 치료기간이 1년 이하인 경우로 경미한 사례도 가끔 존재하지만, 대개는 2~3년 이상 걸리는 경우가 많다.

1) 언어치료

주 2~5회. 언어장애의 주된 치료이다. 아동의 생활연령과 언어 발달 연령의 간격이 1년 이상 차이가 나면 주 3회 이상이 바람직하다.

2) 기초 기능 발달훈련(pre-academic readiness skills training) 및 인지치료(개별 특수교육)

아동이 나이가 어리고, 기능수준이 떨어질 때, 본격적인 언어치료를 시행하기 위한 준비단계로서 지시따르기, 착석, 차례 지키기, 놀이의 상호성, 사물인지에 대한 기본적인 치료교육으로 기초기능 발달훈련을 우선적으로 실시한다. 이러한 치료교육은 언어치료의 과정에서 인지기능의 현저한 저하를 동반할 때 시행하는 인지치료로 자연스럽게 연결이 된다.

3) 작업치료

손의 소근육 운동기능의 저하는 비교적 흔해서 그림을 그리거나 가위를 사용하여 종이를 오리는 등의 소근육 운동기능이 떨어진다. 언어장애의 아동에게 이러한 문제가 두드러지는 경우에는 작업치료를 시행하기도 한다.

언어장애로 인하여 2~3년 정도 치료하면서, 부모님은 병원이나 치료실에서 아동의 언어표현 능력이나 의사소통기술에 대하여 주로 얘기를 듣게 된다. 특히, 아동의 사회성 발달과 연관하여 아동이 보이는 언어상의 문제점에 대하여 의사소통의 기능적 접근이나 화용론(pragmatics)에 관심이 집중되고 있다. 사회적 맥락 안에서 아동이 전하고자 하는 의미를 의사소통할 수 있는 기술이나 상대방의 의도를 파악하는 능력이 얼마나 떨어지느냐가 중요하다고 여겨진다. 언어장애 아동은 의사소통능력과 언어표현력의 부족으로 인하여 상호소통의 어려움을 보이는데, 사회적 상호작용능력을 증진시키는 첫 단계는 사회적 맥락 안에서 언어장애 아동의 적절한 의사소통기능의 레퍼토리를 확장시키는 것이다. 이러한 문제의 해결을 위하여 선택하는 그룹 언어치료는 기본적인 언어 능력이 어느 정도 향상된 상태에서 시행하는 언어치료의 형태로 대화 상황에서 시선, 몸짓, 얼굴표정 등 적절한 비언어적 의사소통기술을 향상시키며, 생활연령에 비하여 비유나 은유적 표현, 또는 유머를 구사하도록 도와주고, 상대방의 말로부터 피드백을 이용하는 능력을 개선시키는 노력이다. 언어장애의 치료를 꾸준하게 받아온 아동은 대부분 만 5~6세경에 종합적인 심리검사(지능검사를 포함하여)를 시행한다. 이때 지능검사 결과는 전체평균지능은 정상범주로, 언어성 지능이 동작성 지능보다 일정 수준 이상으로 떨어져 나오는 것으로 예상하기 마련이다. 그러나 소수의 경우이지만, 어려서는 명확하게 언어장애의 임상적인 양상을 보였으나, 만 5~6세경에 시행한 웩슬러 아동용 지능검사에서 시지각 또는 시공간적 정보를 입력, 분석, 정보 처리하는 인지기능인 동작성 지능이 언어적 정보를 다루고 대뇌에서 정보 처리하는 인지기능인 언어성 지능보다 15점 이상 떨어지는 결과를 보이고 있다. 이때 언어성 지능은 적어도 85점 이상으로 정상범주에 해당하는 IQ를 나타내고 있다. 이러한 경우가 나타나면, 부모들은 매우 당황해한다. 불과 얼마 전까지는 의사나 치료사로부터 언어능력의 발달에 대하여 얘기를 듣다가 갑자기 동작성 지능의 저하, 즉 시지각 발달의 어려움에 대하여 논의를 하니까 혼돈스러울 수밖에 없다. 그러나 이러한 경우가 명백하게 존재하므로, 이러한 경우에 해당하는 부모들은 전문가의 설명에 귀를 기울어야 한다.

a. 어려서는 언어장애 + 비언어성 학습장애의 경우에는, 우선적으로 언어장애의 문제를 학령기 이전에 해결하기 위하여 최대한 노력해야 한다. 만약에 언어장애를 보이는 아동이 손의 소근육 운동기능이 떨어지는 문제가 동반하는 경우라면, 언어치료와 더불어 이 부분도 함께 치료를 하는 것이 학령기 이후를 위하여 도움이 된다.
b. 학령기 직전이나 학령기 시기부터는 비언어성 학습장애의 치료원칙에 준하여 치료계획을 세우는 것이 바람직하다.
c. 어려서는 언어장애 + 비언어성 학습장애의 경우 역시, 아동이 보이는 IQ 수준이 아동의 예후에 매우 중요하다. 그러므로 학령기에는 시지각 발달의 증진을 통하여 동작성 지능을 개선하기 위하여 인지치료-시지각 발달훈련이 필수적이다.
d. 어려서 언어장애 + 비언어성 학습장애의 경우는, 어려서 언어장애가 뚜렷하게 지속적으로 존재하는 사례들이다. 여기서 강조하고 싶은 점은, 아스퍼거 증후군에서 아동이 언어발달의 지연을 보여 개별 언어치료를 잠시 동안(대개는 6개월 이내) 시행하다가 바로 화용언어의 향상을 위한 그룹 언어치료로 전환되는 경우들과는 명확하게 구분되어야 한다는 것이다.

예

초등학교 1학년인 남아는 어려서 언어발달이 지연되고 상호작용하는 능력이 부족하여 생후 28개월 경 말이 늦고 눈맞춤이 잘 안 되고 상호작용이 잘 이루어지지 않아서 소아청소년정신과를 방문하였다. 1년가량 조기 특수교육프로그램과 감각통합훈련을 집중적인 치료를 받았으며, 이후 일반유치원을 다니면서 언어치료와 감각통합훈련 등 치료교육 프로그램을 지속하였다고 하였다. 다른 소아청소년정신과를 방문하여 심리평가를 받은 후 비언어성 학습장애의 가능성에 대하여 듣게 되어 신박클리닉을 방문하였다. 당시 만 5세 2개월에 웩슬러 유아용 지능검사(K-WPPSI)를 시행하였으며, 전체평균지능 142 언어성 지능 145 동작성 지능 128로 최우수 수준에 해당하는 지능을 보였다. 소검사 간의 차이가 커서 지적 잠재력 및 발달 잠재력을 추정하기에 무리가 있다는 소견이 있었다.

초등학교 입학 후 학교에서 선생님 말씀을 바로 듣지 않는다고 하였으며 쓰기를 힘들어하고 주의가 흐트러지는 모습을 보였다. 만 6세 5개월경에 신박클리닉에서 웩슬러 아동용 지능검사를 시행하였으며, 전체평균지능 127 언어성 지능 134 동작성 지능 113 상식 19 공통성 14 산수 15 어휘 16 이해 13 숫자 12 빠진곳찾기 15 차례맞추기 7 토막짜기 15 모양 맞추기 9 기호쓰기 12 동형찾기 14 영역별 지수 언어이해 132 지각조직 111 주의집중 121 처리속도 118로 나왔고 언어성 지능과 동작성 지능의 차이가 21점이었다. 전반적인 하위 소검사 프로파일도 상당히 큰 폭으로 분산되어 있어, 아동의 인지적 기능이 상당히 불균형적으로 발달하고 있는 것으로 보이며 불안정한 상태에서 기능하고 있을 가능성이 시사되었다.

제8절 행동이 굼뜨거나 반응이 기민하지 못하는 시지각 발달의 어려움

비언어성 학습장애나 아스퍼거 증후군의 경우처럼 동작성 지능이 상대적으로 많이 떨어져서 시지각 발달에 문제가 있는 경우에 아동들이 행동이 굼뜨거나 반응이 기민하지 못하는 경우를 자주 관찰할 수 있다.

이러한 문제들을 보이는 아동들은 동시에 수학이나 새로운 과제를 수행하는 상황에서는 수행속도가 느려지는 정보처리 속도의 저하를 보이고 있다.

이러한 유형의 문제들은 소위 '운동신경'이라고 불리는 운동능력의 저하로 인하여 나타나는 부분과 대뇌에서, 특히 전전두엽/전두엽 부위나 우뇌기능에서 정보처리 속도의 저하와 관련되어 반응이 느리고 시각적 기민성이 떨어지는 경우로 나누어질 수 있다.

정상적인 발달을 하는 아동은 운동능력의 발달과 대뇌에서의 정보처리 속도의 영역은 별개로 발달한다. 그러나 비언어성 학습장애나 아스퍼거 증후군에서 두 가지의 문제가 함께 존재하는 경우가 대부분이다 보니, 많은 부모들은 이를 구분하지 않고 그냥 운동신경 개선을 위한 운동 프로그램을 찾는 경우가 자주 있다.

운동능력의 저하와 관련한 부분은 다시 대근육 운동기능(gross motor skill)과 손의 소근육 운동기능(fine motor skill)으로 나누어 설명한다. 비언어성 학습장애나 아스퍼거 증후군에서는 소위 '운동신경' 이라고 하는 대근육 운동기능이 떨어져서 일반적인 체육이나 스포츠 활동을 싫어하여 회피하는 학생들이 상당히 있는데, 또래의 수준에서 기대되는 운동 발달과제가 지연될 수 있으며, 서투른 동작들로 인하여 신체적 활동을 요하는 놀이를 제대로 수행하지 못한다. 특히, 비언어성 학습장애군보다는 아스퍼거 증후군을 보이는 아동들에서 나이에 비하여 걸음걸이가 현저하게 불안정하거나 '까치발' 등을 보이기도 하며, 무엇보다도 특징적인 상동증을 동반하기도 한다.

1. 운동기능의 구성

운동기능은 외부로부터 들어온 정보가 전달 및 처리하는 인지적 전달과정을 거쳐 분석된 후, 분석된 결과에 대하여 몸이 적절하게 반응할 수 있게 해준다. 아기를 안아들고 보살피기 위하여 몸을 사용하거나 단어를 말하기 위하여 입과 혀를 움직이거나, 또는 뛰어서 공을 잡기 위하여 다리와 팔을 움직이는 운동의 행위들이 우리가 외부 세상에 뜻하는 바를 반응할 수 있도록 하게 한다.

1) 근 긴장도(muscle tone)

특별한 노력 없이도 우리 몸을 지탱할 수 있도록 근육을 사용하는 능력을 뜻한다. 부모가 아이를 껴안으면 아이가 어떻게 반응하는지를 살펴본다. 몸이 흐느적거리는 듯한 양상을 보이면, 이는 근 긴장도가 떨어진다고 볼 수 있다. 일부 아동은 고개를 똑바로 들기가 힘들고, 놀이를 하는 동안 팔로 기대는 모습을 자주 보이기도 한다. 근 긴장도의 문제는 아스퍼거 증후군에서 훨씬 두드러진다.

2) 운동기획능력(motor planning)

일련의 근육 운동을 통하여 무엇을 이룰 것인가를 생각하고, 그것을 위하여 계획을 수립하고 수행하는 능력을 의미한다. 발달과정에서 이미 획득한 운동기능을 바탕으로 새로운 운동이나 움직임에 대하여 적응을 도모해 가는 뇌의 전달과정을 의미하기도 한다. 자신의 몸이 어떻게 작용하는지, 새로운 행동을 위하여 그 기능이 어떻게 사용되는지를 파악해야 한다. 운동기획능력에 문제가 있는 경우, 아동은 어느 발을 먼저 떼어야 할지, 어느 발이 다음에 움직여야 하는지, 몸의 균형을 유지하기 위하여 어느 방향으로 기대야 할지를 파악하기 어려울 때가 있다. 아동이 어느 동작이나 행동이 유별나게 서투르다면, 그 영역에 있어서 운동기획능력에 지체가 있을 가능성이 높다. 아스퍼거 증후군이나 비언어성 학습장애 아동의 운동기획능력이 떨어질 때, 치료과정을 통하여 의미 없는 행위나 단순하고 반복적인 하나의 행위로부터 시작하여 두세 가지의 순차배열과정(sequencing)을 거쳐 문제해결이 가능한 운동기능으로 발전한다.

3) 고유감각(proprioception)

위치 및 운동의 감각에 의하여 근육과 관절을 사용하여 근 운동을 조절하고 평형을 유지하는 기전이다. 체조에서 양손을 높이 위로 펴도록 지시해도 양손이 펴지지 않고 팔꿈치나 어깨 관절이 굽어있는 아스퍼거 증후군 아동을 종종 볼 수 있다.

소근육 운동 기능이 떨어져서 젓가락질을 하거나 연필을 쥐고 글씨를 쓰거나 모사하는 능력이 부족한 소견은 매우 특징적이다. 소근육 운동기능이 적절하게 조절되어야 아동은 자신의 손가락을 정확하게 통제할 수 있다. 손가락이 어떻게 움직이고 있는지와 손으로 물건을 판별하는 능력과 손에서 사용되는 힘의 정도 같은 요소가 소근육 운동기능에 필수적이다. 또한 사물을 시공간적으로 적절하게 판별하는 능력이나 시각-운동 협응 능력도 소근육 운동기능의 정확한 수행으로부터 출발한다.

시지각 발달이 떨어지는 비언어성 학습장애나 아스퍼거 증후군에서는 낯선 상황이거나 자신이 어렵다고 생각하는 부분에 대해서는 꾸물거리면서 정보처리 속도가 매우 느려지는 현상을 볼 수 있다.

예를 들어, 나이 어린 아동이 흐트러진 장난감 조각들을 다시 모아서 상자에 담을 수 있는지, 아동이 선반이나 장난감 장에서 물건들이 속해야 하는 각각의 장소를 구분할 수 있는지, 세모 조각을 세모 모양에 제대로 맞추어 넣는지 등을 관찰함으로써, 아동의 시각적 정보처리의 수준을 비교적 용이하게 평가할 수 있다.

시지각 발달이나 시각적 전달과정에 문제가 있는 아동들은 대개의 경우 퍼즐을 맞추는 능력이 떨어지게 마련이다. 모양을 구분하여 끼워 맞추는 장난감(shape-sorter toy)을 다루기 위하여 아동은 시지각에서의 능력과 적절한 소근육 운동기능이 모두 필요하다. 시지각 발달은 엄마가 눈에 보이지 않아도 엄마를 기억할 수 있는 대상 항상성(object constancy)의 개념을 포함한다. 부모가 손에 물건을 숨길 때, 일반적으로 아동은 그것을 찾을 수 있어야 한다. 또한, 일상생활에서 활동하는 데 큰 어려움은 없으나, 손을 이용하여 미세한 과제를 처리해야 하는 경우 느리게 처리할 가능성이 있는 경우들이 종종 있다. 충분한 시간이 주어진다면 과제를 처리할 수 있는 능력을 보유한 것으로 판단되므로 인내심을 갖고 기다려주는 것이 필요할 때가 있다.

비언어성 학습장애나 아스퍼거 증후군을 보이는 학령기의 아동이나 청소년은 수학 학습에서 현저하게 정보처리 속도가 느려지는 양상을 빈번하게 관찰할 수 있다.

2. 치료적 접근

전형적인 아스퍼거 증후군 아동은 어려서부터 대근육 운동기능과 소근육 운동기능의 저하가 매우 흔해서 이에 대한 보완이 필요한 경우가 많다. 또한, 감각조절 이상으로 인하여 소리나 촉각에 대하여 예민하고, 미각이나 빛의 세기에 대하여도 예민한 경우가 많다. 비언어성 학습장애에서는 보기 힘든 상동증을 아스퍼거 증후군에서는 자주 관찰할 수 있다. 이러한 문제들을 해결하기 위하여 치료 초기부터 감각통합 훈련이 필요한 경우가 상당히 많다.

비언어성 학습장애나 경미한 아스퍼거 증후군(내지는 아스퍼거 성향)의 경우는 운동능력 발달을 위하여 어려서부터 체계적인 운동프로그램에 지속적으로(수년 이상) 참여하는 것이 바람직하다. 미국에서는 아동에게 어려서부터 이것저것 운동을 가르치기보다는 아동에게 비교적 가능성이 보이는 스포츠들 중 전략적으로 한 종목을 신중하게 선택하여 어려서부터 집중적으로 훈련하여 대학생이 되어 그 특정 운동에서는 자신감을 가지는 상태를 기대해보는 방법도 가능하다.

외부에서 주어지는 정보나 자극들을 대뇌에서 입력하고 분석하고 정보처리는 과정의 속도가 떨어지는 경우는, 각종 정보들을 중요도에 따라 분류하고 상황에 따라 전체적인 전략 세우고, 문제를 파악하고 해결하는 시지각 발달훈련을 통하여 정보처리속도를 개선시킬 수 있다. 시지각 발달훈련에서 시각-운동 협응 능력의 개선이나 수학에서의 어려움도 상당 부분 도움을 받을 수 있다.

운동기능의 저하와 동반하여 정신-운동 속도가 떨어지는 경우는 감각통합훈련이나 운동치료를 시행하여야 한다. 이때, 시지각 발달훈련이 함께 이루어져야 보다 효과적이지만, 아스퍼거 증후군 아동이나 비언어성 학습장애 아동들이 대개 감각통합훈련이나 운동 프로그램만을 하는 경우를 자주 볼 수 있어 안타깝게 여겨진다.

외부에서 주어지는 정보나 자극들을 대뇌에서 입력하고 분석하고 정보처리는 과정의 속도가 떨어지는 경우는, 각종 정보들을 중요도에 따라 분류하고 상황에 따라 전체적인 전략 세우고, 문제를 파악하고 해결하는 시지각 발달훈련을 통하여 정보처리속도를 개선시킬 수 있다

신박은 소아청소년정신과 전문의로 뇌 기능의 발달이 인지기능, 언어, 사회성에 영향을 미치는 문제를 진단하고 치료하기 위하여 노력하는 것이 주 임무이기 때문에, 클리닉에서 아스퍼거 증후군이나 비언어성 학습장애의 증상을 보이는 아동이나 청소년을 만날 때, 반응이 느리고 정보처리 속도의 저하를 야기하는 근본적인 요인인 인지기능의 문제에 초점을 맞추어 시지각 발달훈련을 강조하게 된다. 또한, 전형적인 아스퍼거 증후군은 감각통합훈련을 찾아보라고 하며, 비언어성 학습장애는 운동 프로그램에 대하여 알아보라고 조언한다.

신박이 우려하는 것은, 많은 부모들이 근본적이고 핵심적인 문제인 인지기능, 특히 대뇌의 정보 전달 및 처리 속도에 초점을 맞추기보다는 소위 '운동신경' 에만 관심을 두는 것이 아닌가하는 점이다.

P.S. 신박이 주는 한 가지 팁

시지각 발달이 떨어지는 아스퍼거 증후군이나 비언어성 학습장애에 있어 주의가 산만하고 집중력이 다소 부족한 양상을 보여 주의력결핍 과잉행동장애(ADHD)를 자주 동반한다고 알려져 있다. 그러나 특이하게도 수학이나 새로운 과제를 수행하는 상황에서는 수행속도가 느려지는 정보처리 속도의 저하를 특징적으로 보이는 경우가 많다. 이런 경우에 ADHD를 치료하기 위하여 Methylphenidate를 처방하는데, Methylphenidate가 전두엽의 실행기능(executive function)을 개선시키면서 정보처리가 어느 정도 빨라지는 경우를 임상에서 종종 관찰할 수 있다.

제9절 비언어성 학습장애라고 진단을 내릴 정도는 아니지만, 경도의 문제를 가지고 있는 경우

지인의 딸인 초등학교 3년인 여아에 대하여 아동의 엄마가 하소연하기를, 자신이 생각하기에는 딸이 또래의 수준에 비하여 수학을 못한다는 것이다. 아동의 엄마는, 추가적으로, 수학 이외에도 딸이 그림 그리는 데 어려움을 보여왔고, 약간 복잡하거나 새로운 문제를 접하였을 때 꾸물거리거나 해결하는 시간이 많이 걸린다는 점이 마음에 약간 걸렸다고 하였다.

아동의 엄마와 상의하여 몇 가지 인지기능과 관련한 검사들을 받기로 하였다. 아동의 드러난 문제만을 보아 유추해볼 수 있는 여러 가능성들이 조금씩 정리되기 시작했지만, 아동의 엄마에게 아동의 상태에 대하여 구체적으로 설명을 하기 위해서는 검사결과가 필요하였다. 그래서 아동의 문제가 큰 장애이라거나 심각하다고 생각하지는 않지만, 일부의 영역에서 보이는 기능 수준이 또래에 비하여 떨어질 수 있으므로 이러한 부분에 대하여 검사를 해보는 것이 도움이 되겠다고 말하였다. 여타의 일반인들과 마찬가지로, 아동의 엄마도 병이 있는 것도 아닌데, 왜 검사하냐라고 처음에는 반응하였지만, 인지기능이나 학습능력에 대한 평가는 일반적인 검사들과는 달리, 꼭 장애가 있어야 평가를 받는 것이 아니라 정상, 비정상 구분없이 필요성에 따라 시행한다는 점을 강조하였다.

신박클리닉에서 아동에게 웩슬러 아동용 지능검사, 기초학습능력 평가, 시지각 발달검사(K-DTVP-2)를 시행하였다. K-WISC-III에서는 전체평균지능(Full Scales IQ) 110, 언어성 지능(Verbal IQ) 125, 동작성 지능(Performance IQ) 100으로 나타났으며, 언어성 지능과 동작성 지능의 차이는 25점이었다. 아동이 자신 없는 문제들에서 꾸물거리는 등 문제해결 및 정보처리속도가 지연되어 동작성 지능의 점수를 감소시킨 것으로 지적되었다. 기초학습기능 검사에서는 셈하기 영역에서 규준점수(연령) 7세 8개월로 지능지수에 준하여 조정된 정신연령인 만 9세에 비해 다소 낮은 정도의 수행을 보였다. 셈하기에서 아동은 기초적 수학적 사실의 이해 및 계산능력에 대해서는 학년수준에 알맞은 능력수준을 보였으나, 문제해결력에 있어서 간단한 문장제를 푸는 데 어떤 연산이 사용되어야 하는지 알아보는 문제에서 다소 실수를 보였으며, 구구단 곱셈의 역연산으로서 나눗셈 문제를 해결하는 데 어려움을 보였다. 이는 정보처리 영역에서 가역적 사고와 셈하기에 있어 역연산의 오류를 관계지어 해석할 수도 있다. 예를 들어, 3 + 5 = 8이라는 계산은 용이하게 잘 하지만, 3 + (   ) = 8에서 괄호 안의 답을 맞추는 문제들에 취약성을 보였다. K-DTVP-2를 기초학습기능검사 후에 검사를 실시함으로써 아동은 다소 지루해하였으며, 빨리 끝내고자 하는 행동들이 나타났고, 이에 따르는 다소 부주의한 행동들이 검사결과에 영향을 미칠 수 있었다. 아동은 시각-운동 속도에서 외곽선 밖으로 벗어나면서 예외처리 되었던 것이 많아 다른 하위검사에 비해 낮게 측정되었으며, 시각운동통합 내 하위검사에 있어서도 다소 편차가 보였다. 시각-운동 협응능력과 따라그리기의 경우 선이 세련되지 않았고, 거칠었으며, 이는 시각운동 속도에서 정확하게 표시하는 것에 부주의함으로써 영향을 미친 것으로 보인다. 우뇌기능으로서의 시각적 지각능력 자체에는 큰 문제가 없는 것이 보였지만, 연필로 백지에 그림을 그리거나 글씨를 쓰는 능력인 지필능력(graphomotor skills)이 다소 부족한 것으로 나타났다.

신박이 생각하기에, 사실상 아동의 엄마에게 있어 자녀가 전문적인 학습치료를 받는다는 사실은 아동에게 무언가 심각한 문제가 있는 것으로 인식되어 부담스러웠던 것 같아 보였다. 신박이 아동의 엄마에게 조언하기를, 당장 전문적인 인지치료를 시작하기보다는 특수교육 치료사 선생님이 해준 조언에 따라 아동의 엄마가 가정에서 부족한 수학을 보완하기로 하였다.

신박은 향후 아동의 수학 학습 능력이 얼마나 개선되는지의 경과를 살펴보고, 그런 후 재평가를 통하여 한 단계 수준을 높여 도움을 줄 수 있는 방법을 찾아야겠다는 계획을 내심 하고 있었다. 첫번째 진료로부터 6개월이 지나 아동의 문제에 대하여 재평가를 할 기회가 생겼다. 그동안 아동은 일반적으로 많이 시행하는 수학 학습지를 풀곤 하였으나, 학교에서 보는 수학 점수가 70점 수준이었다고 하였다. 아동의 엄마는 이 정도면 하위권이라면서 한탄을 하였다.

마침 기존의 학습성취도 검사가 아니라, 새로운 형태의 기초학력검사가 출시되어 신박의 클리닉에서 구입하였다. 아동에게 새로운 기초학력검사를 시행하였다. 특히, 수학을 중심으로 자세하게 시행하였다. 아동은 검사

수행 시 어렵다고 생각되는 문항에서는 수행속도가 오래 걸렸으며 몸을 계속 움직이는 등 주의가 산만한 양상을 보였다.

아동은 수학영역에서 전체적으로 보면 백분위점수 80점으로 또래학년 집단의 중상위에 속하는 것으로 나타났다. 하위 영역을 살펴보면 도형영역, 연산영역, 확률과 통계영역은 또래 학년집단의 중간에 속하는 것으로 나타났으나 다른 영역에 비해 상대적으로 낮은 수행을 보였다. 확률과 통계영역 중에서 표와 그래프 등을 해석하는 부분에서 어려움을 보였으며 공간감각, 좌표와 변환 등을 측정하는 도형영역에서는 공간감각과 입체도형 이해에 대해 어려움을 보였다. 연산영역에선 암산에서 어려움을 보였는데 계산능력의 부족보다는 정보처리(전략, 수행속도)의 어려움 때문에 낮은 수행을 보였다. 따라 그리기의 경우 선이 거칠고 정확하게 그리는 것에서 부주의한 모습이 관찰되었으며, 그림 그릴 때 먼저 생각을 하고 그리기보다 그림을 먼저 그리기 시작하는 경향이 있었고 효율적인 전략을 사용하지 않아 시각적으로 정보를 누락시키는 것이 있었다. 전반적으로 전략 세우기, 문제를 파악하고 해결하기, 시각적 · 청각적 정보처리에 어려움을 보여 시지각 훈련, 사고력훈련, 주의집중훈련을 중점으로 개선하는 것이 필요하다는 검사소견이 나왔다.

신박은 아동의 엄마와 함께 아동의 문제를 두 가지로 나누어 분석하여 대책을 세우기로 하였다.

우선, 수학 영역은 경험이 많은 과외선생님에게 지나치게 심화 문제를 다루지 말도록 부탁을 하고 맡기기로 하였다. 수학의 개별 영역에서 다소간의 편차는 있었지만, 검사결과에서 전체적인 수학 학습능력이 중간 이상은 되기 때문에 적어도 수학영역의 학습장애인 산술장애는 아니라고 볼 수 있다. 하지만, 향후 아동에게 있어 수학은 여러 과목들 중 상대적 취약과목으로 될 가능성이 있다.

그 다음으로 우뇌 기능에 해당하는 시지각적인 영역에서의 어려움(visual-perceptual difficulty)을 부분적으로 보였다. 이 부분에 대한 조치가 지난 번에는 이루어지지 못했다.

a. 정보처리속도가 느린 것이 중요한 문제라고 할 수 있다. 특히, 아동 자신이 어렵다고 생각하는 부분에 대해서는 꾸물거리면서 매우 느려지는 현상을 보였다.
b. 전반적으로 전략 세우기, 문제를 파악하고 해결하기, 시각적 정보처리에 어려움을 보였다. 예를 들어, 그림을 그릴 때 먼저 생각을 하고 그리기보다 그림을 먼저 그리기 시작하는 경향이 있었으며, 효율적인 전략을 사용하지 않아 시각적으로 정보를 누락시키는 점이 종종 관찰되었다.

아동이 보이는 시지각적인 어려움은 신박이 보기에 비언어성 학습장애의 진단기준에는 명확하게 맞지는 않았지만, 일부 관련된 소견들을 보였다. 평소 신박은, 정확하게 학습장애의 범주에는 해당될 정도로 떨어지지는 않지만, 특정 영역들에서 보이는 인지기능상의 심하지 않은 어려움은 학습장애의 연장으로 인식하여 인지치료를 해야 한다고 피력해왔다. 전문적인 치료로 인지치료를 주 2회씩 시지각훈련, 사고력훈련, 주의력 향상훈련을 중점으로 하였으며, 집에서 보드게임, 주의집중력 향상을 위한 컴퓨터 교육용 프로그램을 병행하였다. 3~4개월 정도의 짧은 기간이었으나, 아동은 문제해결을 위한 중요도에 따라 정보를 찾아 전략을 세우기, 따라 그리기 및 주의집중력 부분에서 시각적 정보처리과정이 향상되었다. 아버지의 직장문제로 가족이 외국으로 나가게 되어 아동이 받던 인지치료와 병원 진료가 중단되었다.

아동의 엄마는 딸의 문제를 학습장애라고 전혀 생각하지 않는다. 그러한 생각도 부분적으로 일리가 있다. 지능검사에서 전체평균지능이 110로 나왔고, 수학에 대한 학습성취도 검사에서 중상 수준이라는 결과가 나왔기 때문이다. 단지, 일반적으로 부모의 입장에서 취할 수 있는 노력들, 예를 들어, 학습지, 학원이나 과외 등으로 딸의 수학이나 시지각과 관련한 일부의 어려움을 명확하게 파악하여 대응방안을 세우기가 어렵다는 사실을 인정할 뿐이다.

하지만, 아동은 학습영역 외에도 전반적으로 전략 세우기, 문제를 파악하고 해결하기, 시각적 정보처리에 어려움을 보였다. 문제의 심각한 정도로 보아 진단적으로 비언어성 학습장애가 경미한 수준으로 평가되어야 할 수 있으나, 부모님은 개인적인 취약점이 일부 존재한다는 정도로 자녀의 문제를 판단하고 있다.

신박의 평소 견해처럼, 학습장애의 진단이 내려질 정도의 문제는 아니지만, 일부 인지기능 영역에서 심하지 않은 수준의 어려움을 보일 때, 학습장애를 제대로 이해하는 전문가에게 도움을 받는 것이 문제 해결의 첩경이다.

제10절 비언어성 학습장애와 아스퍼거 증후군은 어떻게 다른가?

비언어성 학습장애와 아스퍼거 증후군은 임상적으로 유사하다고 알려져 있다. 그러기에, 많은 부모들이나 치료자들은 이 둘을 구분함에 있어 곤혹스러움을 느낄 때가 많다. 그러나 전형적인 아스퍼거 증후군과 전형적인 비언어성 학습장애를 구분하는 것이 전문가에게 그다지 어려운 일은 아니다.

비언어성 학습장애와 아스퍼거 증후군을 비교해보면, 아스퍼거 증후군 환자들은 비언어성 학습장애의 특성과 장해를 공유하고 있으나, 전형적인 비언어성 학습장애에 해당하는 아동은 아스퍼거 증후군으로 볼 수 없다. 비언어성 학습장애와 아스퍼거 증후군을 구분하게 만드는 차이가 무엇일까?

현재의 진단기준으로는 아스퍼거 증후군은 전반적 발달장애의 하나로 비언어성 학습장애에 비하여 자폐성향이 두드러지는 것이 특징이다. 특정 주제에 과도한 관심을 갖는다는 면에서는 유사하지만, 아스퍼거 증후군은 비현실적으로 특이한 주제(열차시간표 등)에 심한 집착을 지속적으로 보여, 아스퍼거 아동의 일상적인 생활의 리듬을 깨뜨려 부정적인 영향을 미치는 경우가 많다. 또한, 아스퍼거 증후군은 다양한 상동증으로 손 또는 손가락을 퍼덕거리거나 비꼬기 또는 복잡한 전체적인 몸 움직임을 보이거나 몸이 흐느적거리는 양상들을 보이는 경우가 많지만, 비언어성 학습장애에서는 운동성 매너리즘이나 상동증이 거의 발견되지 않는다. 결과적으로, 아스퍼거 증후군은 비언어성 학습장애에 비하여 예후가 상대적으로 불량하다고 생각할 수 있으며, 비언어성 학습장애의 경우는, 지능이 정상 범주라면, 성인이 되어 대부분 직업을 갖고 결혼 생활을 유지하며 사회생활을 영위할 수 있다고 알려져 있다.

우리나라에서 자주 사용하는 표현 중에 하나가 '자폐성향(autistic tendency)' 이라는 용어이다. 소아청소년정신과 의사를 비롯하여 특수교사, 학부모들이 언어와 사회성이 떨어져 보이는 경우에 무차별적으로 사용하는 이 단어는 진단적으로 매우 모호한 표현이다. 왜냐하면, 발달이 느린 아동이 진짜 자폐증이 아니더라도 일시적으로 자폐스펙트럼과 비슷한 양상을 보일 수 있기 때문이다. 사실상 비언어성 학습장애의 진단을 받은 아동들이 비교적 어린 나이에 소아청소년정신과나 상담센터 등으로부터 자폐성향이 있는 것 같다는 식의 말을 듣게 되는 경우가 꽤 있다. 자폐스펙트럼장애에 국한하여 자폐성향이라는 용어를 사용하는 것이 진단을 내림에 있어 혼돈을 피할 수 있다.

비언어성 학습장애는 자폐적인 특성은 뚜렷하지 않으면서, 사회성이 부족하며 특이하고 제한된 관심을 보이고 운동신경이 떨어진다고 주장하는 범주에 해당하는 경우이다. 비언어성 학습장애와 아스퍼거 증후군는 70~80% 정도에서 증상적으로 유사성을 보이지만, 비언어성 학습장애와 아스퍼거 증후군의 차이에서 중요한 부분이 자폐적인 특성의 유무이다. 즉, 비언어성 학습장애는 자폐적인 특성이 없으면서, 사회성이 부족하고 시지각 발달이 유의하게 떨어지는 경우이다.

알려진 바와 같이, 비언어성 학습장애와 아스퍼거 증후군 아동들은 친구를 새로 사귀거나 유지하기가 어려우며, 교실에서 엉뚱한 행동을 하거나 상황에 부적절한 말을 언급하거나, 또는 상대방의 입장을 고려하지 않고 간섭을 하거나 말참견을 하고, 특정 주제에 대하여 과도한 관심이나 집착을 보이는 등, 사회적 맥락에서 상황을 연결하여 파악하고 인과관계를 이해하여 결과를 예견하는 상황 판단력이 떨어져서 사회적 관계형성능력이 떨어지는 증상들을 공통적으로 보이고 있다.

비언어성 학습장애와 아스퍼거 증후군에서 보이는 사회성의 문제를 개선하기 위하여 사회성 증진 프로그램을 시행할 때, 비언어성 학습장애 아동이 아스퍼거 증후군 아동에 비하여 보다 빠르게 호전을 보이는 것을 쉽게 관찰할 수 있다. 아스퍼거 증후군은 상대방과 상호작용하려는 자발적인 동기부여가 매우 떨어져서, 사회성 증진 프로그램을 통하여 발전하는 속도가 더디다.

비언어성 학습장애의 경우에 있어 또래의 정상군에 비하여 대화의 맥락에 충분하게 참여하지 못하고 화용언어(pragmatic language)가 미숙하며, 또래 아동들에 비하여 눈맞춤이 어색하게 느껴지기도 하지지만, 45분 동안 시행하는 진료시간 동안 정서적인 교류가 상당히 자연스럽게 이루어져 자폐적인 특성은 별로 없으면서, 사회성이 부족한 경우이다. 아스퍼거 증후군은 대화 상황에서 상호적인 면이 결여되고, 의도적인 의사소통이 제대로 안 되며, 특정 사건에 대하여 언급하거나 마음의 상태에 대하여 이야기체로 자연스럽게 말하는 데 어려움이 있다. 또한, 상대방의 관심사에 귀 기울이지 못하고 일방적인 대화를 하게 되어 보다 심각한 의사소통의 어려움을 겪는다. 전형적인 비언어성 학습장애와 아스퍼거 증후군의 임상 양상에 있어, 유사한 면이 많음에도 불구하고, 두 문제들은 뚜렷하게 질적인 차이를 보인다고 알려져 있다.

비언어성 학습장애와 아스퍼거 증후군을 제대로 구분하기 위하여 전문가에게 신경심리학적인 지식이 절실하게 요구된다. 비언어성 학습장애와 아스퍼거 증후군은 시지각 발달 영역과 실행기능의 어려움에서 공통점을 보이고 있다. 그러나 다른 주요 신경심리학적 기능들인 '마음의 이론(theory of mind)' 기능과 중앙 응집 기능(central coherence)에 있어 주요한 차이를 보인다.

아스퍼거 증후군은 상대방이 어떻게 생각하고 느끼는지에 대하여 아동이 이해하는 능력으로서 '마음의 이론' 기능이 손상 받는다. 결과적으로, 아스퍼거 증후군은 자신과는 다른 타인의 감정이나 의도를 적절하게 이해하지를 못하므로, 타인의 행동이나 의사소통 내용을 예상하기가 어려우며, 사회적 대화 상황에 내재하는 규칙(implicit rule)을 이해하지 못하는 경향이 뚜렷하다. 또한 자신의 요구나 감정을 제스처나 얼굴의 표정으로 표현하는 데 큰 어려움이 있다. 따라서 다른 사람의 감정 표현 제스처를 이해하지 못하며, 상대방의 얼굴표정의 변화를 통하여 상대방의 감정상태를 이해하지 못한다. 특히, 가장 중요한 것은 눈빛이나 눈짓의 양상을 통한 의사 표현의 의미나 상대방의 감정을 이해하기 쉽지 않다는 것이다. 그러나 비언어성 학습장애는 상대방의 감정이나 의도를 이해하는 면에 있어 또래의 정상군에 비하여 다소 어려운 점이 있으나, 최소한 자신과 직접적인 관련이 있는 상황에서는 어느 정도 눈치 있게 맥락을 이해하여 최소한의 필요한 대응을 가능하게 함으로써, 의미 있는 대인관계를 유지할 수 있는 경우가 대부분이다. 또한, 비언어성 학습장애는 자신의 생각을 상대방과 공유하거나, 자신이 상대방의 의견이나 감정에 공감하는 능력에 있어, 나이가 들어감에 따라 적절한 치료와 훈련을 통하여 상당한 정도까지 발달이 가능하다.

정상적인 발달을 하는 아동은 얘기를 들을 때, 전체적인 맥락에서 의미를 파악하고 그 줄거리를 하나로 연결하여 이해하고 기억하는데, 이러한 인지기능을 중앙 응집기능(central coherence)이라 한다. 아스퍼거 증후군은, 자폐증의 경우처럼, 중앙 응집 기능이 손상되어 상황을 전체적으로 이해하지 못하고 부분적으로 나누어서 이해하는 것에 훨씬 익숙하며, 따라서 자신의 생각이나 견해를 전체적으로 맥락에 맞추어 길게 서술하는 능력이 현저하게 떨어지게 된다. 이와 관련하여, 아스퍼거 증후군이나 자폐증은 WISC에서 토막짜기 항목이 특징적으로 높아지는 현상을 볼 수 있다. 하지만, 비언어성 학습장애에서는 이러한 기능 자체가 아스퍼거 증후군에 비하여 상대적으로 좋은 편이며, 언어치료를 통한 화용기술 훈련이나 독서 지도 등을 통하여 자신의 경험이나 주제, 생각 등을 길게 구체적으로 설명하거나 서술하는 능력이 개선되는 경우를 용이하게 관찰할 수 있다.

비언어성 학습장애와 아스퍼거 증후군는 공통적으로 동작성 지능이 언어성 지능에 비하여 떨어지는 경향을 보이지만, 지능검사(WISC)에서 미묘한 차이를 발견할 수 있다. 상당수의 아스퍼거 증후군은 동작성 지능 소검사 항목에서 토막짜기가 올라가고, 언어성 지능의 소검사 항목에서 이해가 떨어지며, 반면에, 비언어성 학습장애의 경우는 동작성 지능의 소검사 항목에서 토막짜기는 떨어지고, 언어성 지능의 소검사 항목에서 이해가 올라가는 것을 자주 관찰할 수 있다. 그러나 이러한 소견이 항상 전형적인 패턴으로 나타나는 것이 아니며, 지능검사의 소검사 항목의 결과는 해당 환자가 보이는 임상 양상의 개별적인 특성과 그동안 받아온 치료교육이 환자의 현재 인지기능에 미치는 영향 등에 따라 달라질 수 있다.

일반적으로 전형적인 비언어성 학습장애와 아스퍼거 증후군를 구분하는 것은 그다지 어려운 일이 아니지만, 비언어성 학습장애와 아스퍼거 증후군의 임상 양상을 구분하기 어려운 경우가 종종 있다는 사실을 명심해야 한다. 즉, IQ는 동일하다는 전제하에, 가벼운 상태의 아스퍼거 증후군과 비교적 심한 상태의 비언어성 학습장애를 구분하는 것이 까다롭다는 얘기이다. 신박과 같은 전문가의 경우도 쉽지 않은 것이 사실이다. 신박은 이러한 애매한 부분을 아스퍼거 증후군과 비언어성 학습장애 사이에 회색지대(gray area)가 있다고 표현한다.

그러므로 부모의 입장에서 책이나 참고논문을 통하여 가정에서 스스로 비언어성 학습장애와 아스퍼거 증후군를 구분하려고 골머리를 썩는 것은 전혀 바람직하지 않으며, 두 가지 진단의 구분이 불확실하다고 생각되면 전문가를 찾아 자녀의 상태에 대하여 상담하기를 권고한다.

제11절 비언어성 학습장애와 수학 학습

비언어성 학습장애를 보이는 아동들이나 청소년들의 상당수가 수학 학습을 어려워한다. 그러나 일부는 수학 학습능력이 또래에 비하여 평균 이상이거나 매우 뛰어난 양상을 보이기도 하는 경우를 볼 수 있다.

지능검사에서 동작성 지능지수를 아는 것이 의미가 있는데, 동작성 지능이 IQ 85 미만인 경우는 대개 수학의 어려움을 동반하는 경우가 많다. 이런 경우의 비언어성 학습장애나 아스퍼거 증후군은 일반적으로 시행하는 시지각 발달훈련 이외에도 수학에 대하여 학습치료를 병행해야 한다. 동작성 지능이 IQ 85 이상의 정상범주라도 충분히 높지 못하면, 초등학교 고학년이나 중학교에서 경시문제와 같은 심화된 수학 문제를 푸는 데 어려움을 보이는 경우가 많다.

일단 비언어성 학습장애의 임상 양상을 보이면서 수학 성적이 상대적으로 좋은 경우는, 웩슬러 지능검사에서 전체평균지능(FSIQ)이 높으면서, 동작성 지능 역시 100 이상으로 나오는 경우가 대부분이다. 신박이 영재이면서 학습장애(Gifted LD)의 경우로 예를 들었던 고등학생 역시 전체평균지능 132, 언어성 지능 137, 동작성 지능 118로서 전체평균 지능이 130 이상으로 영재에 해당하는 수준을 보였다. 물론 이 학생은 수학을 매우 잘 하였다. 학교에서 수학으로 인하여 학습에 어려움이 겪지 않으려면, 적어도 동작성 지능이 100 이상이어야 할 것이다.

예

아스퍼거 증후군의 가능성을 염려하며 신박클리닉을 찾았던 초등학교 6년의 남학생은 웩슬러 아동용 지능검사(WISC)에서 전체평균지능 105, 언어성 지능 117, 동작성 지능 89으로 나왔다. 상동증도 없으면서 특이한 대상에 대한 집착의 정도가 상대적으로 덜 심한 양상을 보이는 등 전문가가 조금만 신경 써서 살펴보면, 아스퍼거 증후군과 쉽게 구분이 되는 비언어성 학습장애의 경우였다. 이 아동의 엄마에게 수학능력에 대하여 질문을 하니, 초등학교 4학년이 되어 수학 응용편(심화 과정)을 풀기 시작하면서 어려워하기 시작했다고 한다. 동작성 지능이 정상범주에 속하지만, 평균 하위에 해당하는 경우에는 대개는 초등학생 4년 이상, 때로는 중학교에 들어가서 심화 수학에 어려움을 보이는 양상이 보편적인 양상이다. 이러한 경우에 부모는 자녀가 수학 영역에서 학습부진이라고 생각하지만, 소아청소년정신과에서나 신경심리학적으로 이를 개선하기 위하여 도와줄 수 있는 여지가 별로 없다.

예

초등학교 5년인 남학생이 대인관계의 어려움, 학습부진, 사회적 기민성이 부족하여 반응이 느렸으며, 자신감의 부족이나 감정조절의 어려움 등 정서적인 문제를 동반하고 있었다. 웩슬러 지능검사에서 전체평균 지능 76, 언어성 지능 87, 동작성 지능 72를 보였다. 전체 지능이 경계선에 해당하는 수준이었으며, 동작성 지능이 72로 역시 경계선 수준이었다. 초등학교 저학년 때부터 수학에 대한 어려움을 엄마가 인지해왔다. 동작성 지능이 경계선 수준(IQ 71~84)에 해당된다면, 기초적인 연산은 가능하지만, 초등학교 저학년 때부터 수학에서 어려움을 보이는 경우가 대부분이다. 이러한 경우는 아동이 수학 영역에서 학습장애 또는 학습부진에 해당하는지를 검토하여야 한다.

예

초등학교 2년의 여학생이, 발음이 부정확하고, 또래들과 원만하게 지내는 것이 힘들며, 주의가 산만하고 학교 적응에 어려움이 있었다고 하였다. 또한 유치원 시기에 엄마가 기초적인 수학을 가르치려고 하였을 때, 아동이 이해를 못하여 매우 힘들었다고 하였다. 웩슬러 지능검사에서 전체평균 지능 81, 언어성 지능 103, 동작성 지능 63으로 나왔다. 동작성 지능이 정신지체 수준(IQ 70 이하)에 해당되는 경우에는 기본적인 수학 과정을 가르치는 노력이 집중적이고 장기적으로 이루어져야 할 것이다.

진단 초기에 정확한 검사 결과를 바탕으로 아동의 기능수준과 증상에 맞추어 적합한 치료계획을 세우는 것이 매우 중요하며, 이 치료계획에 따라 일관성 있게 장기적으로 자녀의 문제를 치료하려는 부모의 노력이 마찬가지로 중요하다.

제12절 비언어성 학습장애라는 진단을 최초로 받았을 때 부모의 역할

자녀의 문제가 걱정되어 소아청소년정신과 클리닉을 방문하여 자세한 진료상담과 필요한 검사를 받은 뒤, 비언어성 학습장애라는 진단을 받았을 때 부모의 침착하면서도 현명한 대응이 필요하다.

(1) 우선적으로 자녀가 보이는 문제들 중 어느 부분이 비언어성 학습장애

의 전형적인 증상인지를 파악해야 한다. 자녀의 문제를 구체적으로 파악한 부모는 비언어성 학습장애의 증상에 해당하는 문제로 인하여 나타나는 어려움들에 대하여 인내심을 가지고 오히려 아동을 지지하고 위로하는 마음가짐이 필요하다. 즉, 자녀의 문제를 절실하게 이해하여 적절한 치료적인 접근과 더불어 보다 안정적이고 따뜻하고 여유 있는 양육환경으로의 변화가 필요하게 된다.

(2) 부모는 자녀가 보이는 비언어성 학습장애라는 문제를 최대한 빨리 해결되기를 기대한다. 유감스럽게도 비언어성 학습장애에서 보이는 문제들은 발달과 관련한 인지기능 상의 문제이므로, 빨리 해결되는 간단한 문제로 보아서는 안 된다. 그렇다고 전문가가 부모에게 자녀에게 구체적으로 몇 년간의 치료가 필요할 것이라고 단언하듯이 예측하기도 용이하지 않다. 아동이 보이는 지능이 정상범주라고 가정하는 경우에 있어, 비언어성 학습장애의 치료기간 및 예후는 다음의 요인들에 의하여 많이 좌우된다.

a. ADHD와 같이 동반하는 공존질환(comorbidity)의 유무가 치료과정에 상당한 영향을 미친다.

b. 초기 진단을 받는 연령이 어릴수록, 아동이 치료적인 접근에 보다 적응을 잘 하는 경향이 높다.

c. 초기 진단 후에, 아동을 위하여 제시된 치료계획을 일관성 있게 지속적으로 시행하는 부모의 인내와 노력이 매우 중요한 요소라 할 수 있다. 즉, 부모는 자녀에게 단시간에 어떠한 가시적인 변화를 가져오려는 조급함을 버리는 것이 치료초기에 필요한 덕목이다.

(3) 자녀의 전형적인 비언어성 학습장애의 전형적인 증상에 해당하는 문제를 파악한 부모는 자녀가 비언어성 학습장애에 추가적으로 동반하는

소아청소년정신과적 문제인 공존질환은 없는지를 파악하여야 한다. 이 부분은 소아청소년정신과 클리닉에서 진료상담과 필요한 검사를 통하여 비언어성 학습장애의 진단과정이 이루어질 때 함께 다루어진다.

(3) 공존질환은 비언어성 학습장애 아동이 성장/발달과정에서 동반할 수 있는 정신과적 문제이다. 예를 들어, 비언어성 학습장애가 있는 아동이 주의집중력에 문제가 있어 ADHD의 진단을 받았을 때, 비언어성 학습장애라는 진단을 ADHD가 대체하는 것이 아니라, 비언어성 학습장애의 진단에 ADHD라는 공존질환이 동반하는 것이다. 이러한 경우는 소아청소년정신과 진단명이 두 개가 주어진다고 볼 수 있다. 그러므로 치료계획 역시, 비언어성 학습장애를 위한 전반적인 치료계획에 ADHD에 대한 치료를 추가하여야 한다.

(4) 자녀는 그동안 자신이 주위의 타 아동들과 다르다는 인식이 들면서, 시지각 및 사회성 발달의 어려움을 보이는 아동들은 대부분 학교를 비롯하여 사회생활에 점차로 어려움을 겪게 되고(항상 그러는 것은 아니지만), 이러한 반복적인 좌절은 아동에게 자신감의 부족, 자존감의 저하, 대인관계에서의 만성적인 부적절감을 느끼게 한다. 이러한 정서적인 영역에서 감정조절이 잘 안 되거나 짜증을 부리는 등 우울감이나 불안을 야기하게 되는 경우가 많다.

(3) 초등학교 저학년 시기에는 이러한 부분들이 부각되지 않기도 하지만, 초등학교 고학년부터, 특히 청소년기에는 비언어성 학습장애의 증상을 보이면서 동시에 정서적인 어려움을 대부분 동반하게 된다. 비언어성 학습장애의 진단을 최초로 받은 청소년의 경우는, 초기에 이러한 정서적인 어려움을 다루는 것이 치료의 초기 중재에 필수적이다.

(5) 신박은 비언어성 학습장애를 보이는 아동을 위한 치료계획의 필수요건으로 인지치료-시지각 발달훈련을 강조한다. 시지각 발달훈련은 비언

어성 학습장애나 아스퍼거 증후군과 같이 동작성 지능의 저하로 인하여 시지각 발달의 저하를 보이는 경우에 있어 시지각/시공간적 조직화 능력이나 시각-운동 통합능력, 시각적 기민성 등에 초점을 맞추어 기능을 개선시키는 특수교육적 접근으로 인지치료의 한 종류이다. 아동이 시지각 기능에 결함이 있을 경우, 달리기, 잡기, 던지기, 쫓아가기, 모사하기, 습자, 시간표나 과제물 정리 등 보편적인 일상의 생활에 필요한 기능에 방해가 될 수 있다.

(3) 일반적으로 부모들은 학교의 학업과 직접적인 관련이 있는 경우가 아니라면, 그다지 치료의 필요성을 느끼지 못하는 것이 현실이다. 시지각 발달훈련에 의한 개선이 교과 학습으로 용이하게 전이되는 것도 아니고, 학교 수업을 위한 준비가 되는 것은 아니지만, 신박은 시지각 발달, 자기 관리기술(조직화 기술 포함)과 시각-운동 협응능력 등에 문제가 있을 경우 그 자체로 문제이기 때문에 반드시 치료되어야 한다고 강조하고 있다.

(6) 비언어성 학습장애는 기본적으로 교과 학습과는 큰 상관이 없는 문제이다. 물론, 동작성 지능이 뚜렷하게 떨어지는 경우는 수학에 어려움을 동반할 수 있다. 그러나 전체평균지능이 우수하며, 동작성 지능도 정상 범주에 속하고, 언어성 지능과 동작성은 15 이상 차이가 나는 대상들은 수학에 어려움이 없을 때가 상당수이다.

3) 이러한 경우에 부모들은 비언어성 학습장애에 나타나는 사회성의 어려움이나 자기관리기술(조직화 기술 포함)의 부족 때문에 치료를 받기는 하지만, 초등학교 고학년이나 청소년기가 되면, 문제가 충분하게 해결되지 않았음에도 불구하고, 자녀의 학습에 보다 집중을 해야겠다는 생각으로 치료를 중단하고 학원이나 과외의 시간을 보다 늘리는 경우들이 많아 안타까울 때가 많다.

(7) 비언어성 학습장애 아동의 행동을 다루는 데에 있어서 부모들이 흔히 저지르기 쉬운 실수들이 있다. 아동을 대할 때에 얼마나 자주 이러한 행동을 하게 되는지에 대해서 생각해보자.

a. 아동의 좋은 행동이나 생각은 당연한 것으로 생각되어 칭찬에 인색한 반면 잘못된 행동에만 관심을 갖는다.
b. 아동이 잘못된 행동을 하고 있는 것을 보게 되면 아동이 그 행동을 그만두도록 확실한 행동을 취하기보다는 멈추도록 반복해서 말을 하다가 언성이 높아지는 경향이 있다.
c. 아이가 하는 말을 다 듣기도 전에 "안 돼"라고 하는 경향이 있다.
d. 아이에게 안 된다고 했던 일도 아이가 조르거나 다음부터는 안 그러겠다고 하면 들어주는 경향이 있다.
e. 아동이 부적절한 행동을 하고 있는 것을 보게 되면 내심 답답해져서 지나치게 간섭을 하거나 아동을 대신하여 나서는 경향이 있다.

(8) 아동이 상황에 적합한 행동이나 말을 했을 때, 관심을 표현하는 것이 중요하며 아동이 한 행동에 대해서 즉각적으로 반응을 하는 것이 필요하다. 특별히 지시를 하지 않았는데 아동이 자신의 일이나 행동을 적절하게 한 것을 발견하였다면, 아동의 작은 행동에 대해서 특별한 칭찬을 해주어야 하며, 때로는 작은 상을 주는 것도 좋은 방법이다. 이러한 경험을 하게 되면 아동은 특별 보너스를 기억하게 되고 지시를 받지 않고서도 해야 하는 일이라는 것을 배우게 된다.

(9) 부모는 비언어성 학습장애 아동에게 지시를 할 때, 부모와 아동 사이의 불필요한 갈등을 줄이고 효율성을 높이기 위하여 노력해야 한다.

a. 부모는 아이에게 무엇을 지시하는지에 대해서 확실하게 인식해야 한다. 아동에게 어떠한 것을 하도록 할 때에는 부모는 그 행동의 결

과에 대해서 관심을 가지고 있다는 것을 아동에게 알게 할 필요가 있고, 아동의 행동에 결과에 따라 엄마로부터 긍정적인 혹은 부정적인 반응이 뒤따라야 한다.

b. 아동에게 무엇을 지시할 때에는 질문이나 부탁의 형식으로 하기보다는, 지시하려는 것을 간단하고 직접적인 방식으로 그리고 다소 사무적인 목소리로 말하도록 한다.

c. 한 번에 너무 많은 지시를 하지 않아야 한다. 대부분의 아동들이 한 번에 한두 가지의 지시에 따를 수 있으며, 가능하다면 한 번에 한 가지의 구체적인 지시만을 하도록 한다. 만약 아동에게 시키고자 하는 과제가 복잡한 것이라면 과제를 여러 작은 단계로 나누고 한 번에 한 단계씩 하도록 한다.

d. 아동이 부모의 말에 주의를 기울이고 있는지를 확인하여야 한다. 아동에게 지시를 할 때에는 아동과 시선을 맞춘 상태여야 하며, 필요한 경우에는 부드럽게 아동의 얼굴을 부모 쪽으로 돌려서 아동이 부모의 말을 듣고 있다는 점을 확인하여야 한다.

e. 때로는 부모가 지시한 것을 아동으로 하여금 다시 반복하여 말을 하도록 하는 것이 필요할 때가 있다. 지시를 할 때마다 이렇게 반복할 필요는 없지만 아동이 지시를 들었는지, 혹은 지시를 제대로 이해했는지 확실하지 않을 때는 이 방법을 사용해야 한다.

02

신경심리 발달의 관점으로 이해하기

제1절 신경심리학적 관점으로 보는 학습장애의 분류 : 실행기능의 이상과 관련

1. 신경심리학적인 관점에 따른 학습장애

뇌의 편측화 불균형에 의한 문제로 인식하여 신경심리학적인 관점에 따른 학습장애는 언어성 학습장애와 비언어성 학습장애로 구분하여 그동안 연구되어 왔다.

1) 언어성 학습장애(Verbal Learning Disability) 또는 좌뇌기능 학습장애 (Left hemisphere Learning Disability)

중요한 좌뇌 인지기능으로서의 청각적 정보전달체계(auditory information processing system)가 기능의 결함으로 인하여 발생한다.

2) 비언어성 학습장애(Non-Verbal Learning Disability) 또는 우뇌기능 학습장애(Right hemisphere Learning Disability)

중요한 우뇌 인지기능으로서의 시지각적 또는 시공간적인 정보전달체계가 기능의 결함으로 인하여 문제가 발생했을 때를 의미한다.

2. 실행기능의 정의

최근에는 전전두엽(prefrontal lobe)/전두엽(frontal lobe)의 실행기능(executive function)의 이상이 학습장애에서 보이는 증상들과 직접적인 관련이 있다는 연구결과가 많이 나오고 있다. 전전두엽은 대뇌 발달에 있어 첫 돌 이전에 이미 발달을 시작하여 성인기 초기(early adulthood)까지 점진적으로 발달하게 된다. 신경해부학적으로 대뇌피질 중 가장 늦게 발달하는 영역이면서 고기능적 인지 기능을 담당하는 곳으로 알려져 있는 전두엽이 실행기능의 중추가 된다. 전두엽이 수행하는 대표적 기능들은 운동기능, 언어를 산출하는 기능, 주의, 작업기억, 관리기능, 사회적 판단력 등이다. 아울러 전두엽은 뇌의 다른 부위, 듯 감각기관, 운동을 담당하는 기저핵, 변연계 등과 같은 기관들이 정상적으로 기능하도록 통제하는 역할을 한다.

실행기능은 설정된 목표를 성취하기 위해 자신의 행동과 생각을 스스로 조절하며 문제 해결에 필요한 인지 · 행동 전략을 수립하고, 관리하는 기능을 말한다. 어떤 의미에서 우리의 뇌는 일상생활에서 다양하게 실행하는 중대한 프로젝트들에 대해 전반적으로 조절하고 통제하는 기능을 담당하고 있다. 특히 전두엽의 통제기능에 이상이 발생하게 되면 불필요한 자극에도 반응하여 지나치게 과잉행동을 보이거나 주의력 부족 성향을 보이게 된다. 즉, 실행기능은 전전두엽과 관련된 부위에서 다양한 영역에서의 정보들을 서로 연결하고 전달하여 인간의 행동과 성격의 발달에 중심적인 작용을 하며, 결과적으로 소위 회사의 CEO와 같은 역할을 하는 복합적인 인지기능이다.

3. 구체적인 실행기능의 역할

a. 다양한 정보들을 중요도에 따라 우선순위를 정하고, 유사한 정도에 따라 유목화하여 과제에 대한 계획을 수립하고 그러한 계획을 제대로 수행하기 위하여 적합한 순서에 맞추어 내용을 챙기고 효율적으로 조직화한다(planning, sequencing and organization). 아스퍼거 증후군 아동은 당장 처리해야 할 과제에는 우선순위를 두지 않고 별로 가치가 없는 일에는 열심이다. 이와 같이 우선순위를 정하는 데 있어서 문제

가 있다면 여러 가지 일을 관리하는 데 어려움이 있다. 앞으로 해야 할 일들을 분류하는데 시급하게 처리할 일과 긴급을 요하지 않는 일로 분류하거나, 혹은 중요한 일과 별로 중요하지 않은 일로 분류하는 것도 쉽지 않을 것이다. 이러한 우선순위 설정 능력의 부재는 곧 학습과 관리 능력에 큰 지장을 초래하게 된다. 또한, 아스퍼거 증후군 아동이 순서 개념을 이해하지 못하면 여러 단계를 가진 과제를 주었을 때 어디서부터 시작하고 혹은 언제 끝낼지를 알지 못할 가능성이 높다. 또한 아동이 순서 개념을 모른다면 숙제나 과제를 끝냈지만 제출하지 않거나 교사에게 보여주지 않을 가능성이 높을 것이다. 현재 수행했던 일에만 초점을 맞출 뿐 그 다음 단계의 일에는 관심이 없기 때문이다. 계획과 재배열의 문제는 기억의 효율적인 기능을 제한한다.

b. 주어진 상황을 관찰하여 그것으로부터 나오는 정보를 현 상황에 다시 이용한다(monitoring performance and using feedback).

c. 자신에게 들어오는 정보들에 대하여 자기 검색 기능(censorship)을 통하여 충동 조절에 관여한다(impulse control).

d. 스스로 경각심을 높여 주의 집중을 A에서 B로 바꾸는 능력(shifting attention)에 관여하여 빠르게 수행의 변화를 요구하는 과제를 이행하도록 한다.

e. 시간을 적절하게 측정하거나 주어진 시간을 효율적으로 관리하는 능력(time estimation and management) : 아동이 시간의 개념에 대한 이해가 부족하면 사건이 일어난 순서를 이해하는 것도 어려울 것이다. 만약 일의 순서를 이해하는 데 어려움이 있다면 어떤 의미에서 원인과 결과에 대한 개념을 이해하기도 어려워진다. 이러한 개념들에 대한 이해의 부재는 결국 아동이 시간을 관리하는 데 큰 어려움을 겪게 되고 어떠한 활동이나 사건에 대하여 미리 준비한다거나 아니면 그 사건

의 결과를 예측하는 일은 더욱 어려워질 것이다.

f. 인지적 과제에서 처리가 진행 중인 단기간의 정보저장 능력으로서 현재 작업 중인 정보를 일시적으로 저장했다가 활성화시켜 결론을 산출하는 기능인 활동기억(working memory) : 학습을 위해서는 새로운 생각과 정보가 뇌에서 일정한 카테고리에 따라 분류될 필요가 있다. 카테고리에 따라 정보는 단기기억과 장기기억로 나누어 저장된다. 우리가 새로운 정보를 학습하는 동안 집중력과 기억력이 중첩되는 영역을 활동기억이라고 한다. 일정량의 정보만이 활동기억에 저장될 수 있다. 이것은 컴퓨터의 램(ram)에 해당하는 기능으로 비교적 단기기억의 영역이라서 정보가 쉽게 잊혀진다. 쓸데없는 정보가 저장 영역을 차지하고, 순서가 뒤섞여 중요한 정보가 장기기억으로 전환되지 못한다.

g. 주어진 상황에서 과제를 성취하기 위하여 언어를 상황에 맞게 유창한 구사 : 아스퍼거 증후군 아동들은 지나치게 구체적 사고와 문자 그대로의 말 해석은 비유와 은유의 이해에 영향을 미친다. 비유나 은유를 적절하게 사용하는 것도 어렵지만, 동시에 문학이나 수업에서 자주 사용하는 비유나 한 가지 생각을 다른 생각을 빌어 묘사하는 은유는 아동들에게 매우 이해하기 어려운 언어기술이다.

h. 나이가 들어가면서, 추상적인 사고를 가능하게 하며, 자신의 행동에 의한 훗날의 결과에 대하여 예측하게 한다.

i. 실행기능은 인지기능의 정보에 국한하는 것이 아니라, 정서적인 정보나 감정의 변화, 그리고 사회적 상황에 대한 정보들을 통합하는 기능을 수행한다.

4. 실행기능의 이상(executive dysfunction)

아스퍼거 증후군과 자폐스펙트럼에서 실행기능이 손상되어 있으며, 특히 전두엽(frontal lobe)에 손상을 입은 환자(frontal lobe syndrome)에게서 상동증과 유사한 증상을 보이는 것으로 잘 알려져 있다. 전두엽의 발달지연이 발견되는 자폐스펙트럼장애 아동들은 자기관리능력, 충동성과 기획력 기능이 지체되는 것으로 여겨진다. 전두엽의 기능을 파악하기 위하여 Wisconsin card sorting test를 실행하면 아스퍼거 증후군이나 자폐증 환자가 검사를 진행하지 못하고 반복하는 것을 관찰할 수 있다. 자기관리 능력이 지체된 장애아동들은 자신들이 지체된 영역을 보충하기 위한 방법으로 특정한 패턴이나 의식화된 생활 일과를 설정하여 어느 정도 질서적인 삶을 유지하려는 경향이 있다. IQ가 정상범주인 아스퍼거 증후군에 있어 실행기능과 관련된 수행능력은 자폐증 환자군보다 일상생활이나 학습상황에서 오히려 많은 관련이 있는 것으로 알려져 있다. 아동들은 주어진 환경과 정보를 조직적으로 관리하거나 편성하는 일에 어려움을 호소한다. 이러한 관리나 편성하는 일에는 무엇보다도 각각의 내용을 세분화하고 분석해야 하는 추상적인 사고 체계가 준비되어야 하는데, 이러한 필요조건이 자폐스펙트럼장애 아동들에게 가장 큰 걸림돌이 된다. 이러한 이유에서 그들은 특정한 관리 능력을 요하는 과제를 수행하라고 지시를 받으면 흔히 아무 일도 하지 못하고 만다. 결국 그는 지시 불이행으로 여겨지게 되는데, 사실은 아동이 그 일에 대한 관리 능력의 부족으로 인하여 그 과제가 어려울 뿐인 것이다.

5. 발달성 언어장애와 실행기능의 이상

최근 실행기능과 언어성 지능의 연관성에 대한 연구가 이루어져, 자폐아나 발달성 언어장애의 경우는 언어적 정보가 적절하게 입력이 되지 않아 실행기능 과제가 제대로 수행되지 않았을 가능성을 제시하고 있다. 발달성 언어장애 아동에 있어서, 실행기능의 이상과 적응능력(adaptive skill) 사이에는 뚜렷한 연관성이 있는 것으로 보고되고 있다. 알려진 바와 같이 언어성 학습장애는 어려서부터 언어장애가 있어 오던 아동이 언어장애의 치료가 적절하지가 못하여 학령기에 학습영역의 문제를 야기하게 되는 것이다. 즉, 언어성 학습장애 역시 실행기능의 이상과 어느 정도 연관이 있음을 알 수 있다.

6. 비언어성 학습장애와 실행기능의 이상

틀에 박힌 일상은 대부분의 비언어성 학습장애나 아스퍼거 증후군 아동에게 편안하긴 하겠지만, 아동들은 이것에 집착하는 경향이 있다. 그들은 주어진 여러 과제들을 멀티태스킹을 하는 작업과 새로운 정보를 받아들여 이를 바탕으로 적절한 행동을 취하는 것을 어려워한다.

본질적으로 비언어성 학습장애나 아스퍼거 증후군 아동은 일련의 학습된 경험에 의존하여 반응한다. 아동들은 이미 경험한 상황을 다른 상황으로 일반화하는 데 어려움을 보인다. 아동은 세상의 규칙에 근거해서 어떻게 반응할지에 대하여 매뉴얼처럼 미리 써놓은 방식에 의거했을 때에만 적절하게 행동이 가능한 것처럼 보인다. 실행기능의 이상은 사회적 상황에서 일상의 생활에서나 주어진 과제를 연령에 부합되게 적절한 대처나 관리를 하지 못하는 문제들로 나타나며, 이는 학습능력의 저하, 학습이외의 업무나 과제 수행능력, 시간이나 스케줄을 효율적으로 관리하는 능력, 복잡하거나 낯선 상황에서 문제해결 능력 등이 연령에 비하여 현저하게 떨어지는 양상으로 표출된다. 그러나 아스퍼거 증후군이나 자폐스펙트럼 장애와 같은 발달장애뿐만 아니라, 비언어성 학습장애에서 나타나는 여러 증상들과 상당히 겹치며, 구분하기가 어려운 것이 현실이다.

실제적으로 임상에서 비언어성 학습장애의 문제를 보이는 아동이나 청소년을 평가하여 환자를 이해하고 치료계획을 수립하는 데 있어, 신경심리학적으로 실행기능의 이상과 관련된 부분들을 고려하여 판단하고 있다.

제2절 인지기능과 시지각 발달

청각적, 시각적 혹은 촉각적으로 받아들여진 자극이나 정보는 대뇌에 전달되어 입력, 분석 및 정보처리 과정이 일어난다. 시각적 정보의 전달은 안구의 렌즈로부터 상이 망막에 맺히게 되고 시각적 자극이 시신경을 통하여 대뇌의 시각중추로 전달되는 과정을 보인다.

1960년대에 알려지기 시작한 대뇌의 반구(hemisphere)의 분화에 대한 과학적 지식은 '뇌가 파손된' 환자를 연구함으로써 크게 발전되었다. 그 환자는 외상성 간질발작이 있어서 뇌의 좌뇌 반구와 우뇌 반구를 연결하는 신경다발을 절단하는 대수술로 목숨을 구했다. 이런 환자들을 연구하면서 좌뇌 반구는 원래 언어표현의 중심부이고, 반면 우뇌 반구는 공간 관계를 이해하는 중심부라는 사실을 확인했다. 뇌파 연구도 역시 우뇌 반구는 어떤 사람이 언어적 · 수학적 퍼즐을 풀려고 할 때, 즉 좌뇌 반구가 작용을 하고 있을 때 비교적 덜 적극적으로 작용함을 보여준다. 한편 같은 사람이 시각적 퍼즐을 풀려고 한다면 좌뇌는 우뇌가 작용하는 동안 그 작용을 늦춘다.

우뇌는 인지한 것을 언어로 표현할 수는 없었지만 공간관계를 이해하는 능력뿐만 아니라 글로 쓰여진 것은 인식할 수 있다. 우뇌는 인과관계에 대한 감각이 거의 없다는 점을 보여주는 실험이 있다. 동시에 전체를 인지하고 생각할 수 있기 때문에 직관적이고 전반적이다. 우뇌는 구체적이고 현실적인 맛을 풍기는 감각적인 영역이다. 또한 그것은 실제를 은유적으로 표현하고, 정서적 뉘앙스로 인지하는 주관적인 역할을 한다.

시각적 이미지에 의한 사고는 추상적이고 이론적인 것에서부터 현실적이고 일상적인 것에 이르기까지 인간 활동에 보편적으로 나타나고 있다. 외과의사는 수술하는 장면을, 화학자는 분자모델의 구성을, 수학자는 추상적인 시간과 공간의 관계 구상을, 엔지니어는 회로, 구조물 그리고 기계장치의 디자인을, 행정가는 일의 계획과 집행을, 건축가는 건물의 아름다움과 기능의 조화를 눈에 보이는 듯이 생각해본다.

시각적 사고를 통해 장기판의 판도를 바꾸기도 하고 지도를 펴놓고 국제정치를 구상하기도 한다, 두 사람이 계단을 따라 피아노를 옮길 때, 그들은 그 복잡한 과정을 눈앞에 보이듯이 생각해보고 그에 따라 피아노를 들어올리고 옮기고 방향을 바꾸는 것이다. 센스 있는 주부는 별로 마음에 들지 않는 거실도 전등을 달고 의자와 소파를 재배치하는 것만으로도 멋진 거실을 바꾸어놓는다. 이렇듯 시각적인 정보전달과 사고는 모든 사람들에 의해 끝없이 사용되고 있다.

시각적 정보전달과정에 의한 사고는 세 종류의 시각적 심상에 의하여 이루어진다. 첫째, 보는 것이다. 사람은 문제를 보는 것이 아니라, 이미지를 본다. 둘째, 꿈꿀 때처럼 마음의 눈으로 상상하는 것이다. 셋째, 낙서, 스케치, 그림을 직접 그려보는 것이다. 시각적 사고를 유연하게 하는 사람은 보는 것, 상상하는 것, 그리는 것을 이용하여 한 심상에서 다른 심상으로 유동적으로 이동한다. 어떤 문제는 다양한 각도로 볼 수 있고, 어떤 종류의 문제는 직접 보아야만 해결할 수 있다. 그 문제를 직접 보아서 해결하기 전에, 다른 방법도 상상해본다. 기억력만 믿지 말고 나중에 평가하고 비교하기 편하게 문제가 되는 대상을 스케치해보자.

1. 시공간적 기능

우리의 주제인 비언어성 학습장애는 우뇌 인지기능인 시지각적 또는 시공간적인 정보전달체계가 기능의 장해가 있을 때를 의미한다.

시지각(visual perceptual-spatial function) 기능의 장해는 구체적으로 무엇인지에 대하여 알아보기로 한다.

아동의 시지각 발달 수준을 평가할 수 있는 시지각 발달검사(Developmental Test of Visual-Perception, DTVP)의 검사항목을 참조하여 구체적인 시지각 유형을 분류해보면 다음과 같다.

1) 공간 위치(position in space)

주어진 그림을 보고 일련의 비슷하지만 다른 그림들 가운데 공통적인 특성에 따라 두 개의 그림을 짝짓는 능력을 측정하며, 그림의 역전과 회전의 변별이 포함된다. 공간위치 지각은 대상이 있는 공간과 관찰자와의 관계를 지각하는 능력을 말한다. 공간위치 지각에 문제가 있으면 물체나 문자, 기호 등을 정확하게 인지하지 못하며, 안과 밖, 위와 아래, 왼쪽과 오른쪽과 같은 공간위치를 나타내는 용어의 의미를 잘 이해하지 못한다. 이 능력은 보통 만 4.5~7.5세에 발달한다.

2) 공간 관계(spatial relation)

시각적으로 제시된 패턴과 같은 모양을 만들기 위하여 바둑판 모양으로 그려진 일정한 간격을 유지한 점 사이를 연결하는 능력을 측정하며, 사람의 신체와 공간과 관련된 모양과 형태의 분석이 포함된다. 공간관계 지각은 시각-운동 협응능력(눈 · 손 협응)과 공간관계로 측정되는데, 만 56세 사이에 빠르게 발달하는 것으로 두 가지 이상의 대상의 상호관계를 지각하는 능력이다. 이 지각은 공간위치 지각 능력에 기초하여 발달하는 것이다. 공간관계 능력이 떨어지는 아동에게는 사물의 위치와 정도를 고려한 지시 따르기 프로그램이나 거리, 크기, 모양이 다른 물체의 관계를 설명하기 등이 도움이 된다.

3) 도형-배경(figure-ground)

혼란스럽고 복잡한 배경 속에 숨겨진 특정 그림을 인식하는 능력을 측정하는 검사로, 숨은그림찾기이다. 도형-배경 지각은 다양한 자극 가운데 특정 자극을 선택할 때 작용하는 능력이다. 도형은 주의집중의 중심이 되어 있는 부분이고, 배경과의 관계에서 지각되지 않으면 올바른 지각이 되지 않는다. 이 지각 능력에 결함이 있으면 주의집중력이 부족하고 무질서하다. 이 기능은 도형과 배경을 구분하는 낱말이나 구문, 또는 문장을 분석하거나 통합하는 데 기초가 되는 것이다. 이 능력은 만 4.5~6세까지이며 8세경에는 완성된다. 도형-배경 지각에는 같은 사물찾기, 퍼즐맞추기 등이 도움이 된다.

4) 형태 항상성(form constancy)

하나 이상의 변별적 특성(크기, 위치, 음영 등)에 따라 변이된 두 개의 그림을 짝짓는 능력을 측정하는 검사로, 찾아야 할 표적 그림이 크기, 명암, 질감, 위치가 다르게 제시되어도 어떤 속성이나 형태의 지배적인 특성을 인식하는 것이다.

형태 항상성 지각은 따라 그리기, 시각통합, 시각-운동 속도, 형태항상성으로 측정되며 그 사물의 고유한 속성, 즉 형태, 색채, 크기, 위치 등은 언제나 동일하다는 것을 아는 능력이다. 이 능력은 학교에서 배운 문자가 다양한 형태로 변형되어 있더라도 그 문자를 바로 읽어내는 능력을 갖도록 해준다. 이 능력은 주로 만 5.9～7세경에 발달한다.

인지치료로서 시지각 발달훈련은 문자 학습 이전 단계에 있는 아동들의 학습준비기능을 향상시키는 데 도움이 된다. 우리나라에서는 아동의 문자 습득이 지나치게 어린 나이에 이루어지므로, 학습을 시작하기 전에 연령에 적합한 놀이들을 통하여 시지각 발달을 촉진하는 것이 중요하다. 시중에서 판매하는 유아용 장난감은 아동의 시지각 발달을 감안하여 만들어진 것들이 대부분이다.

비언어성 학습장애나 아스퍼거 증후군의 경우와 같이 시지각 기능의 장해가 있는 경우에 저기능의 발달장애에서 시행하는 포괄적인 의미의 특수교육이라기보다는 시지각 발달을 개선시키는 노력으로 시지각/시공간적 조직화 능력이나 시각-운동 통합능력, 시각적 기민성 등에 초점을 맞추는 교육적 접근이 필요하다.

2. 동작성 지능의 저하가 의미하는 기능적 이상

동작성 지능이 떨어지면, 일반적으로 사회성 및 시지각 발달에 어려움이 있다고 알려져 있다. 하지만, 개인이 보이는 편차의 정도, 떨어지는 소검사 항목의 종류와 정도 등에 따라 개인차가 크다고 할 수 있으므로, 아동에게 해당하는 영역을 잘 평가하여 집중적으로 치료하는 것이 중요하다. 동작성 지능이 떨어질 때, 문제가 될 수 있는 영역들은 다음과 같다.

a. 사회성의 저하 : 특히 사회성 인지(마음의 이론, 마음읽기 능력)의 개선이 중요
b. 시각적 조직화 능력

c. 소근육 운동기능과 시각-운동 협응 능력

d. 조직화 기술(organizational skills training)

e. 정보처리속도 증진

f. 주의집중력 개선하기

g. 학습기술 배우기

h. 때로는, 수학의 어려움

제3절 조직화 기술

조직화 기술(organizational skill)은 자신에게 주어진 업무와 환경을 적절하고 효율적으로 관리하는 능력이다. 전두엽에서 복합적으로 작용하는 실행기능과 밀접한 관련이 있다. 일반적으로 자신의 성향에 따라 상황에 적응하고 대처하는 방식에 차이가 존재한다. 어떤 사람들은 구조적이고 틀이 짜여 있는 환경과 예상가능한 일과 등을 편안하게 느끼지만, 한편으로는 자유분방하고 다소 어질러져 있으며, 자신이 선호하는 환경에 있는 것을 좋아하는 사람들이 있다. 아동이 학교생활이나 학습을 배우는 과정에서도 개인이 보이는 스타일의 차이가 실제적으로 아동을 교육하는 프로그램에도 반영되어야 한다. 우리나라에서는 아동이 다소 어질러 있고, 책들은 산더미같이 흐트러져 있는 환경을 선호한다면, 무언가 문제가 있다고 보기가 십상이다. 대개는 ADHD가 있어 정리정돈이나 자기관리능력이 떨어지거나, 혹은 기능적으로 문제가 있을 가능성을 고려하게 된다. 사실상 이러한 차이는 좋고 나쁨의 문제로 보기보다는 개인이 선호하는 적응 스타일로 보아야 할 때가 많다. 이러한 스타일의 차이를 두 가지로 나누어 살펴보면, 체계적으로 정리된(organized) 유형과 유연하게 융통성 있는

(flexible) 유형으로 구별할 수 있다.

부모의 성격 특성이 융통성 있으며 자유분방한 유형인 경우는 자녀를 정리정돈을 잘 하고, 정해진 규칙에 따라 일정한 시간에 자신의 과제나 일과를 수행하여 체계적으로 정리된 유형으로 자녀를 양육함에 있어 어려움을 느낄 것이다. 이러한 부모들은 어려서 자신의 양육과정에서 강압적으로 정리정돈을 하도록 요구받은 경험들이 많다. 하지만, 이러한 유형의 부모들은 자녀가 체계적으로 정리정돈을 잘 하지 못하는 자녀들의 어려움을 보다 잘 이해하고 그들을 교육함에 있어 인내심을 발휘할 수 있다.

부모의 성격 특성이 정리정돈을 잘 하고, 정해진 규칙에 따라 일정한 시간에 자신의 과제나 일과를 수행하기를 선호하는 체계적으로 정리된 유형인 경우에는 자녀들이 정리를 잘 못하여 책이 산더미처럼 쌓여져 있으며 바닥에는 옷들이 흐트러져 있는 자녀를 유연하고 융통성 있게 양육함에 있어 심리적으로 많은 불편감을 갖게 된다. 이러한 부모들은 어려서부터 스스로 정리를 체계적으로 잘 하고 규칙을 잘 준수하는 생활을 해왔을 가능성이 높다. 그러다 보니, 자녀가 방이나 주변을 정리하지 못하고 어지럽히는 것을 전혀 이해하지 못하고 쉽게 화를 내면서 자녀를 혼내는 경향이 있다. 이러한 유형의 부모들은 체계적으로 정리정돈을 잘 하지 못하는 자녀들에게 강압적으로 정리정돈을 하도록 요구하는 경우가 많은데, 차분하게 자신이 자녀를 교육하는 방식이 어떠한지를 성찰하는 시간이 필요하고, 자녀들을 교육함에 있어 유연하게 접근하도록 노력해야 한다.

1. 조직화 기술의 분류

인지기능에서 조직화 기술이란 전두엽에서 작동하는 실행기능의 일부로서, 정보를 관련시키거나 의미 있는 단위로 묶는 기능으로 비교하기, 분류하기, 순서화하기, 표상하기 등이 있다. 조직화 기술이란 정보의 성공적인 재생뿐 아니라 의도적 학습을 위한 고도의 복잡한 전략 중 하나이다.

1) 위계적 조직화(hierarchical organization)

이미 정해진 규칙이나 방식에 의해 분류하거나 유목화 또는 조직화하는 것이다. 예컨대, 모든 사물들을 물체라고 하고 물체를 다시 생물과 무생물로, 생물을 다시 동물과 식물로 유목화하는 식이다.

2) 주관적 조직화

학습 자료 간에 관련성이 없거나 결합이 잘 되지 않는 특징을 지니고 있을 때 학습자가 나름대로 정보를 정리하여 조직화해 나가는 방법이다. 개인에 따라 다양한 기억 증진 방법들 (범주화, 머릿글자 활용하기, 리듬법 등등)이 활용될 수 있다.

2. 조직화 기술의 구성

조직화 기술에 해당하는 내용은 아동의 연령이나 상황에 따라 매우 다양하다.

1) 조직화 기술

자기관리라고 불리는 협의의 개념으로 아동이 정리정돈을 하여 상황을 조직화하는 능력을 의미한다.

a. 방이 정리정돈이 안 되어 있고 어지럽혀 있을 때는 아동에게 플라스틱 통들을 주어 각각의 통들에 들어갈 물품들의 이름을 적어 정리하게 한다.

b. 우리나라에서도 책가방을 등에 메고 다니는 경우들이 많은데, 책가방에 달려 있는 주머니들을 적절하게 활용하여 용도에 맞게 구분하여 사용한다.
c. 각종 노트나 과제물을 정리함에 있어 다른 색깔의 폴더들을 사용하여 구분하게 한다.

2) 시간관리능력

스케줄을 계획하고 필요한 관련 상황을 확인하며 정하는 과정에서 필요한 능력이다. 나이가 어린 아동들에게는 쉽지 않은 영역이라 할 수 있다. 아동은 자신이 하는 일이 얼마나 걸릴 지를 가늠하기가 어렵고, 이 과제는 신속하게 수행해야 한다는 시급함에 대한 감이 부족하기 때문이다.

a. 아동이 주어진 과제를 정해진 기한의 마지막 순간까지 미루다가 하는 경향을 우선적으로 변화시켜야 한다. 아동에게 일정을 주고 일정에서 단계마다 아동에게 촉구하는 방식을 취한다.
b. 시간제한을 명확하게 정하고 아동에게 얼마나 시간이 남았는지를 알려준다.
c. 필요에 따라 시계나 알람을 적절하게 사용한다.

3) 유연성(flexibility)

아동이 환경의 장해물에 방해를 받거나 실수를 하거나 새로운 정보를 취득했을 때, 기존의 계획을 적절하게 수정하여 환경에 적응하는 능력을 뜻한다. 아동은 낯설거나 익숙지 않은 상황에 적응을 못할 가능성이 높다.

a. 미리 새로운 환경을 견학하거나, 예상되는 상황을 미리 예행 연습하는 시도들이 바람직하다. 교재를 미리 예습을 하여 새로운 수업에 대

비하게 한다.

b. 아동은 변화에 대하여 미리 정보가 주어지면, 새로운 환경으로의 전화에 있어 훨씬 적응이 용이하게 된다. 변화가 급격하게 이루어지면, 아동은 힘든 적응 과정을 겪게 된다.

c. 새로운 환경에 체계적이면서 점진적으로 노출이 되는 것은 적응에 도움이 된다.

d. 아동은 규율이나 구조가 명확한 환경에서 보다 더 적응을 잘 하기 마련이다.

4) 자기성찰능력(self-monitoring)

한걸음 뒤로 물러서서 다른 사람들이 어떻게 문제를 해결하는지를 관찰하고 상황을 이해하는 능력이다.

a. 학교에서 선생님들이 "그 문제를 어떻게 해결하였니?", "그 문제를 해결할 수 있는 다른 방법은 없을까?" 등의 예상 질문을 미리 준비한다.

b. 문제를 평가하기 위하여 주어진 과제의 허실을 파악할 수 있는 체크리스트를 준비하는 것이 도움이 된다.

제4절 정보처리과정의 이해

일반적으로 말단 감각기관을 통하여 들어온 정보들은 그 자체로는 의미 없는 정보 덩어리일 뿐이다. 시각적인 정보로 들어온 빛(light)들은 색깔, 그림, 얼굴들, 그리고 다른 시각적 이미지들로 대뇌에서 해석된다. 또한, 음파로서 들어온 소리가 단어, 음악, 신호음 등으로 해석되고 있다. 이와 같이 받아들인 정보를 우리가 이해할 수 있게끔 하는 두뇌에서 전달 · 처리하는 과정이 감각/정보 전달 과정이다. 가장 기본적인 정보의 전달과정은 감각기관으로 들어 온 각종 데이터를 처리하고 해석하는 감각 전달과정이다. 아마도 갓 태어난 아기의 경우, 일차적인 감각적 정보전달이 이루어지는 세계에 산다고 생각할 수 있다. 이 과정에 이어서 특정한 패턴을 보고 여러 데이터를 연결하여 종합하고 분석하는 인지적 전달과정이 일어난다. 시간이 지나면서 인지적 전달과정은 점차로 정교해져서 인지기능 영역의 여러 요소들이 종합적으로 작용하여 한 영역의 정보가 다른 영역의 정보들과 연결되어 정보 전달이 이루어지고 분석되는 세밀하면서도 복합적인 정보전달과정이 이루어진다.

우뇌 반구는 인지한 것을 언어로 표현할 수는 없었지만 공간관계를 이해하는 능력뿐만 아니라 글로 쓰여진 것을 인식할 수 있다. 각종 실험들은 우뇌 반구는 사실상 시간 감각은 없고 그렇기 때문에 인과관계에 대한 감각이 거의 없다는 사실을 보여주었다. 그것은 비합리적이고 이성이나 사실의 기초 없이 생각하고 판단하는 것을 중지시키는 의지를 갖고 있다. 그것은 또한 전체를 인지하고 생각할 수 있기 때문에 직관적이고 전반적이다. 우뇌는 구체적이고 현실적인 맛을 풍기는 감각적인 반구이다. 또한 그것은 실제를 은유적으로 표현하고, 정서적 뉘앙스로 인지하는 주관적인 역할을 한다. 반면, 좌뇌 반구는 말로 표현할 뿐만 아니라, 상징과 추상적 개념을 사용하여 '객관적으로' 생각하기를 좋아한다. 좌뇌는 시간 감각이 강하고, 따라서 자연히 연속적이고 논리적인 인과관계를 잘 할 수 있다. 또 합리적이므로 논리와 사실과 양을 수치로 표시한 것도 찾으려고 애쓴다.

대뇌에 입력된 정보들에서 비슷한 패턴을 찾아 유형끼리 그룹을 짓는 유형찾기는 모든 지각의 첫 단계이다. 한 문제를 해결함에 있어 정보를 지각하는 유형 또는 패턴은 그런 문제를 풀려고 하는 방법에 영향을 미친다. 정형화된 사고를 하는 사람들은 습관적인 유형으로 반응한다. 창조적인 사람들은 이 과정을 다양한 유형으로 재조직(reorganization)함으로써 동일한 문제에 대해 뇌가 과거에 정보를 지각하던 방식을 재조정한다.

시각적 심상(imagination)을 통하여 전체를 의미 있게 통합하는 능력은 그 전체를 부분으로 분리하여 분석하는 능력으로 보완된다. 상황을 창조적으로 보기 위해서는 유형(패턴)화하는 것과 분석하는 능력이 모두 필요하다. 만약 심상을 제대로 분석하여 특정 문제를 조사하고 개발하고자 한다면, 부분을 통일된 전체로 보는 연습을 해야 한다. 머리에서 번쩍 떠오르는 이미지들을 그려보고, '재빠르고 간결하게' 스케치를 하는 것이다. 시각적 유형을 적절하게 조직화하는 과정이나 추후에 재조직하는 것을 집중하도록 훈련한다. 정보를 '유형화' 하고, 그리고 '분석하는' 능력은 시각적 정보의 처리과정에서 나타나는 자연스러운 결과로 인식된다. 주어진 상황에 주의를 한다면, 세부적인 분석을 통하여 전에는 정확하게 인식되지 못했던 전반적인 시각적 유형의 오류를 고칠 수 있다.

적절하게 유형을 모색하는 방식을 통하여 관찰할 만한 가치가 있는 것들을 보다 잘 선택할 수 있다. 이러한 훈련은 유형들이 섞여 있을 때 시각적으로 변화나 차이점, 예기치 못했던 점들을 더욱 파악할 수 있다. 유형 모색을 한 후에 분석적으로 보는 과정이 시행되어야 한다면, 창조적인 사고를 가진 사람들이 전체적으로 유형을 재조정하는 과정도 시각적 분석에 선행되어야 한다. 이것이 시각적 사고를 진부하게 정형화된 영역에서 끄집어내어 재창조하는 기본적인 방법이다. 유형 모색과 분석적 시각은 시각사고에 있어 두 가지 기본적인 측면이다. 시각적 사고를 유형화한 후에 분석하고 나서, 창조적으로 재조정하는 것을 반복함으로써 시각적 및 정신적 능력을 더 효율적으로 이용할 수 있다.

또한, 많은 지식이 언어와 관련되어 저장되기 때문에 언어는 사실을 분명하게 보는 방식의 촉매작용을 한다. 과학적인 관찰자들은 사려 깊은 언어묘사에 의한 지식의 활용과 좀더 정확하게 시각적으로 생각하는 방식에 대해 강조한다. 단어에 사물을 맞추지 말고, 사물에 단어를 맞추는 방식으로 정확한 언어묘사를 하게 되면 좋은 효과를 기대할 수 있다. 시각적 심상과 기존의 언어지식을 연관시킴으로써 시각적 기억을 향상시킨다. 언어와 시각적 방식을 결합시킴으로써 시각적 사고를 제대로 하는 법을 훈련할 수 있다.

제5절 시지각 발달의 어려움을 야기하는 유전질환들

다양한 유전질환들은 뇌에 작용하여 행동, 마음의 상태, 언어, 인지기능 및 사회성 등에 영향을 미친다고 알려져 있다. 이러한 유전질환을 있는 환자들은 정신과 진단명이 함께 내려지게 된다. 여기서는 시지각 발달에 악영향을 미친다고 알려진 유전질환들을 소개하고자 한다.

1. Fragile X 증후군

X 염색체에 존재하는 FMR-1이라 불리는 유전자의 이상으로 발생되는 유전질환이다. Fragile X 증후군은 다운 증후군(Down syndrome) 다음으로 가장 흔한 정신지체의 원인이며, 정신지체를 일으키는 가장 흔한 유전성 질환이다. Fragile X 증후군은 비교적 흔한 질환으로 남자에서는 4,000~9,000명당 1명꼴로, 여자에서는 6,0008,000명당 1명꼴로 발생하며, 정신지체 환자에서 남자 중 5.9%, 여자 중 0.3%를 차지하는 것으로 알려져 있다. Fragile X 증후군을 가지는 여성들 중 절반은 정신지체에 해당하는 지

능을 보인다고 알려져 있다. 나머지 절반의 여성들은 학습장애나 경계성 지능, 사회성의 부족 등을 보인다고 한다. Fragile X 증후군을 보이는 대부분의 남성들은 정신지체 수준의 지능을 가지고 있으며, 자폐 증상을 보이는 남아들도 많이 존재한다. 최근의 연구는 자폐증의 2.5~5%의 경우가 Fragile X 증후군과 관련이 있다고 보고하고 있다. Fragile X 증후군 시 나타나는 정신지체의 정도는 다양하나 대개 중등도에서 중증의 정신지체를 보이며 IQ는 30~55 정도로 알려져 있다. 하지만 어떤 때에는 아주 경미한 정신지체에서부터 정상 IQ의 가장 낮은 수준을 보이기도 한다. 특히, 정신지체 이상의 지능을 보이는 여성들은 시지각 발달에 어려움을 보여 시공간적 조직화 능력, 주의집중력, 실행기능 등의 자기관리 능력, 수학능력 등이 떨어지는 경우들을 자주 관찰할 수 있다. 이러한 경우에는 수학 학습능력에 비하여 언어적인 능력들이 상대적으로 좋다고 보아야 한다. 남아들도 시공간적 인지기능, 시각적 기억력, 산술 능력 및 순차적 정보처리능력이 유별나게 떨어진다.

또한, 손을 퍼덕거리거나 물어 뜯는 행동이 60%에서 보일 수 있고, 90%에서는 눈을 제대로 맞추지 못한다. 경증의 아동에서는 재잘거리는 대화(cluttered speech)를, 중증의 아동에서는 짧게 반복적으로 말하는 모습을 보이며, 일부의 중증에서는 아예 말을 못하기도 한다. 주의력 집중에도 문제를 보여 지나치게 활동적인(hyperactive) 모습을 보일 수 있으며, 자극에 민감하여 심각한 행동문제를 야기하기도 한다. 60%에서는 자폐증의 진단 기준에 맞는 양상을 보인다. 종종 특이한 신체 양상을 나타내는데, 넓은 이마, 긴 얼굴, 악전돌증, 돌출된 큰 귀, 비대고환 등이 알려져 있다. 그러나 신체증후는 특정적이지도 일정하지도 않고 대개 아동기를 지나서 나타나게 된다. 따라서, 유년기 초기에는 대두(macrocephaly)를 보이지만, 악전돌증(prognathism)의 경우에는 사춘기 이후에 발견되는 경우가 대부분이다. 콧등이 두꺼워져서 코끝(nasal tip)까지 두꺼워지거나, 부드러운 연골을 보이면서 큰 귀를 보이거나, 홍채가 창백한 푸른색이거나, 내측 눈구석주름(epicanthal fold)을 보이거나, 치아가 밀집되어 보이기도 한다.

2. 터너 증후군

여자는 남자와 달리 온전한 X 성염색체가 2개 있어야 하는데(46, XX), 터너 증후군(Turner syndrome)은 이 염색체의 1개 또는 일부분이 소실되거나, 염색체 모양의 이상이 자궁 내에서 발생하는 질환이다.

키가 작은 것이 가장 큰 특징이다. 출생 시 약간 작으며, 출생 후 3세까지는 비교적 정상적으로 성장하다가 이후 성장 장애가 심해져 성인 키가 결국 140cm 정도밖에 안 된다. 이 외에도 가슴이 넓어 보이고, 목이 짧으며, 목 뒤 두발선이 낮게 내려와 있다. 또한 외반주(팔을 곧게 폈을 때에 팔꿈치 아래가 바깥쪽으로 굽은 것)와 함께 4번째 중수골(손바닥뼈)의 돌출이 적다. 또한, 태아 시기에 림프관 폐쇄가 있어 익상경(목이 날개가 달린 듯이 두꺼워지는 모습) 등이 발생하게 되고, 심장 기형, 콩팥 기형 등이 잘 발생하며, 갑상선 기능 이상, 비만, 당뇨병, 중이염, 난청, 골다공증 등이 출생 후 발생하기도 한다. 난소 기능 장애가 이른 시기에 발생하여 거의 대부분의 환자에서 사춘기가 잘 오지 않으며, 불임 등이 발생한다.

일반적으로 여자 아이에게 특징적인 모습, 기형 등이 관찰되거나, 유방 발달이 없거나, 또는 키가 작거나 성장 속도가 떨어지면 병원에 오게 되며, 혈액에서 염색체 검사를 실시하여 X 염색체 이상을 확인하면 진단할 수 있다.

터너 증후군을 보이는 여성들은 언어능력은 정상범주이면서, 시각적 기억력, 주의집중력, 운동기능, 실행기능 등 시지각 영역에서 부족함을 보이고 있다. 특히 수학 영역에서의 학습부진이 특징적이라고 알려져 있으며, 이는 정보처리속도가 느리고 작업기억(working memory)의 저하와 연관이 있다고 한다.

3. 윌리엄스 증후군

윌리엄스 증후군(Williams syndrome)의 특징은 심장질환 외에 요정처럼 보이는 외모(치켜 올라간 코, 작은 턱)와 정신지체를 가지고 있다. 아이 때부터 젖먹이기가 힘들고, 복통과 변비 및 탈장이 흔하다. 잠을 잘 자지 않고 민감하고, 혈중 칼슘이 올라가는 증상들을 보인다. 커가면서 쉰 목소리를 내고, 신체와 정신발달이 지체되고, 평균 21개월에 걷고, 걷는 것이 기묘하며 이 현상은 평생 지속된다.

미세근육운동에도 문제가 있으며, 소리에 극도로 민감하고, 또래에 비해 키가 작으며, 머리가 회색으로 되고 피부에 주름이 지는 등 일찍 나이가 드는 것처럼 보인다. 또한 심장에서는 잡음이 들리고, 큰 혈관들이 좁아져 있으며, 특히 대동맥협착이 흔하다. 고칼슘혈증 또는 말초폐동맥협착을 동반할 수도 있다.

7번 염색체의 유전자 이상으로 인하여 발생하는 윌리엄스 증후군은 상당수의 환자들이 경도에서 중등도의 정신지체에 해당하는 인지기능을 보이고 있다. 일부에서는 정상 범주의 지능을 가지고 있다. 윌리엄스 증후군을 보이는 환자들은 상대적으로 양호한 언어표현능력을 보이고 있지만, 시공간적 지각능력과 비언어적인 추론능력이 부족한 것으로 알려져 있다. 수학적 능력이 떨어지는 편으로 간단한 수학문제도 풀지 못하는 것이 문제이다. 윌리엄스 증후군의 경우는 사람들에 대하여 관심이 많으며 특히 낯선 사람들에게 강한 호기심을 보인다. 타인을 사귀고자 하는 욕구가 뚜렷하고 상대방을 공감할 수 있다. 윌리엄스 증후군의 경우에는 자폐스펙트럼장애와는 달리 안면인식을 하는 능력에 큰 손상이 없다. 집중하는 시간은 짧지만 음악을 잘 듣고, 악기연주도 잘한다. 악보를 읽을 수는 없지만, 멜로디는 정확히 기억한다.

4. 디조지 증후군

디조지 증후군(DiGeorge syndrom/Velocardiofacial syndrome)은 CATCH22 증후군이란 명칭으로도 불리는데, Cardiac defect, Abnormal face, Thymic hypoplasia/aplasia, Cleft palate, Hypocalcemia, 22q11.2 deletion의 약어로서, 특징적인 임상소견을 가진 22번 염색체이상과 관련된 유전자 증후군이다. 병인은 동일하지만 다양한 임상증상들이 나타나기 때문에 임상소견에 따라 디조지 증후군, velocardiofacial 증후군(Shprintzen 증후군), conotruncal anomaly face 증후군, Takao 증후군 등으로 분류되기도 한다. 심장 기형과 안면 이상, 흉선 형성 부진과 저칼슘혈증 등이 대표적인 증상들이다. 흉선의 정상적인 발달이 안 되기 때문에 면역력 약화로 인해 감염에 의한 사망이 많으며 심장 기형으로 인한 질환 역시 사망의 원인이 된다. 저칼슘혈증으로 인한 경련이 일어나는 신생아의 경우 필히 검사가 요망된다.

인지기능에 있어 시공간적 지각과 수학 능력이 부족한 것이 특징이다. 어려서 언어 발달의 지연이 있는 경우가 있지만, 지능검사에서 동작성 지능이 언어성 지능보다 떨어지는 소견을 보인다.

치료 계획을 세울 때 주의할 점

아동이 유전질환의 가능성을 보일 때, 일반적으로 소아청소년과 의사가 유전적인 이상을 최초로 인지하여 대학병원의 유전의학클리닉으로 의뢰를 하게 된다. 유전의학클리닉에서는 필요한 정밀검사를 시행하여 임상 양상을 야기하는 유전적인 결함을 확인하여 진단을 내린다. 유전적인 이상을 보이는 아동은 유전의학 전문의를 주치의로 하여 유전질환이 동반하는 신체적인 문제들을 해결하기 위하여 해당 전문의를 찾게 된다.

여기에 우리나라에서 나타나는 문제가 있다. 아동이 보이는 유전질환의 상당수가 발달의 지체, 인지기능의 저하 또는 불균형 및 사회성의 저하 등을 동반하고 있다. 그러나 유전질환을 보이는 아동의 대부분은 발달이나 인지기능의 문제를 해결하기 위하여 전문가를 찾지 않는다. 아동의 기능수준에 적절한 특수교육(인지치료), 언어치료, 심리치료 및 사회성 훈련 등을 받지 못하고 신체적인 문제를 치료하는 데 초점을 맞추고 있다. 그러다 보니 아동은 초등학생이 되어 학교생활의 적응에 어려움을 겪고 있다.

부모님들은 아동이 보이는 신체적인 장해뿐만 아니라 뇌기능 및 발달의 문제에도 관심을 두어 소아청소년정신과 전문의와 상담을 하면서 아동이 필요한 치료를 받도록 하여야 한다.

제6절 언어성 학습장애

1. 언어성 학습장애의 정의

뇌의 편측화(lateralization) 불균형에 의한 신경심리학적인 관점에 따른 학습장애로, 우뇌기능의 이상을 보이는 비언어성 언어장애와는 별도로 언어성 학습장애(verbal learning disability) 또는 좌뇌기능 학습장애(left hemisphere learning disability)가 있다. 또한, DSM-5에서는 언어성 학습장애와 유사한 측면이 많은 문제로, 자폐스펙트럼장애의 진단기준에 해당하지 않으면서 의사소통능력이 떨어지고 동시에 사회성 영역에 부족함이 있는 경우를 사회적 의사소통장애(Social Communication Disorder)로 진단하고 있다.

일반적으로 부모들은 아동의 언어 발달이 이상하다는 느낌으로부터 아동의 발달에 대하여 염려하기 시작한다. 어머니들이 말이 늦는다고 걱정을 하셔서 병원에 오는 시기는 대체로 만 2세 정도부터이다. 때로는 아동이 알아듣기는 잘 알아듣는 것 같은데 전혀 말을 못하거나 말을 하여도 꼭 필요한 단어를 표현하지 못하기도 한다. 혹시 혀가 짧은 것은 아닌지, 또는 머리가 나쁜 것은 아닌지 해서 문의를 해오는 경우가 많다. 그것은 언어발달이라는 것이 운동발달이나 사회성보다도 더욱 개인에 따른 차이가 많으며, 특히 표현언어의 발달은 정상범위가 아주 넓다. 실제적으로 아동이 만 2세 정도까지 의미 있는 단어를 상황에 적절하게 말하지 못하는 등, 필요한 표현 언어능력을 보이지 못하거나, 또한 만 2세가 넘은 아동이 비언어적인 의사소통기술(예 : 몸짓, 눈짓, 얼굴표정, 미소 등)에서 비교적 적절한 발달이 없어 상호소통이 안 된다면, 반드시 소아청소년정신과를 방문하여 평가를 받아야 한다.

아동들이 말을 하게 되었다고 해서, 반드시 적절한 의사소통을 한다고 말할 수는 없다. 이들이 언어사용의 규칙을 획득하더라도 자신이 습득한 언어를 다른 맥락에 일반화시키지 못하는 경우가 대부분이다. 언어사용의 규칙을 배운 것만으로는 연령에 맞는 적절한 의사소통능력을 익혔다고 할 수 없다. 의사소통은 단순히 말할 수 있거나 적절한 순서로 단어를 조합할 수 있는 그 이상이다. 즉, 의사소통은 원하는 것을 다른 사람이 알도록 만

듣고, 사건에 대하여 다른 사람에게 얘기를 하며, 행위에 대하여 설명을 할 수 있고 다른 사람의 존재나 의미를 인식하는 능력이다.

최근에는 아동이 보이는 언어상의 문제점에 대하여 의사소통의 기능적 접근이나 화용론(pragmatics)으로 관심이 집중되고 있다. 사회적 맥락 안에서 아동이 전하고자 하는 의미를 의사소통할 수 있는 기술이나 상대방의 의도를 파악하는 능력이 얼마나 떨어지느냐가 중요하다고 여겨진다. 언어장애 아동은 의사소통능력과 언어이해력의 부족으로 인하여 상호소통의 어려움을 보이는데, 사회적 상호작용능력을 증진시키는 첫 단계는 사회적 맥락 안에서 장애 아동의 적절한 의사소통기능의 레퍼토리를 확장시키는 것이다.

아동에게 발달의 장애를 야기하는 여러 요인들 중 언어장애는 다른 종류의 장애들에 비하여 흔한 편이라고 할 수 있다. 이렇듯 흔한 유병률을 보이는 언어장애에 대한 이해가 부족하여, 적절한 치료시기를 놓치게 됨으로써 결과적으로 학령기에 언어영역뿐만 아니라 학습영역에까지 악영향을 미치는 경우를 자주 볼 수 있다.

언어성 학습장애는 좌뇌의 인지기능으로서 청각적 정보전달체계가 기능의 결함으로 인하여 손상을 받았을 때, 읽고 이해하기 능력과 같은 기능이 장해를 보인다. 이외에도, 말로서 표현된 정보를 적절하게 이해하여 파악하는 능력이 현저하게 떨어진다. 이 경우의 학습장애는 어려서부터 언어장애가 있어 오던 아동이 언어장애의 치료가 충분하지 못하여 학령기에 학습영역의 문제를 야기하게 된다.

2. 임상양상

언어성 학습장애는 학령기 또래의 아동들에 비하여 기능이 떨어지는 특징을 보이고 있다.

a. 언어를 이용한 상호소통능력의 부족
b. 어려서부터 역할놀이 등과 같은 상호적인 놀이 능력의 저하 등을 보여 대인관계의 어려움
c. 국어 등 언어 관련된 학습영역의 부진
d. 자존감의 저하나 심리적인 위축
e. 항상 나타나는 문제는 아니지만, 손의 소근육 운동기능의 저하를 일부에서 동반함

언어성 학습장애의 진단은 소아청소년정신과에서 진료상담을 받은 후, 일반적으로 언어발달이 느려서 시작된 문제이므로, 언어평가가 시행되어야 하며, 심리검사의 형태로 인지기능 검사(WISC 등)와 함께 학습성취도 검사(우리 나라에서는 기초학습기능검사가 번역되어 표준화되어 있다)를 실시해야 한다. 또한, 학습장애가 심리적인 문제를 동반하는 경우가 많으므로, 정서적인 영역을 검사하기 위한 심리검사의 종류로 투사검사를 시행한다.

신박에게 오는 환자들 중 많은 수가 자폐증, 발달성 언어장애, 정신지체 등 발달장애에 해당한다. 특히 발달성 언어장애로 진단된 아동들이 치료실에서 언어치료, 인지학습치료, 놀이치료 등을 받으면서 호전되어 가는 과정을 자세하게 관찰할 수 있다.

발달성 언어장애는 아기가 태어난 후, 두뇌의 발달(특히, 언어중추 부위)이 미성숙해서 뚜렷한 구조적인 병변이 없음에도 불구하고, 또래의 타 아동들에 비하여 언어발달이 늦은 경우이다. 화용언어는 아동의 환경에서 언어적인 자극이 충분해야 정상적으로 발달한다. 유전적인 요인도 일부 작용하는 것으로 알려져 있다. 최근에 이루어지는 연구에서는 언어성 지

능이 비언어성(동작성) 지능에 비하여 15 이하로 떨어지는 경우를 진단기준에 포함하기도 한다.

참고적으로, ICD-10(세계 보건기구가 제정한 진단체계)에서는 뇌의 구조적 손상이 없으면서 두뇌 발달의 미성숙으로 인하여 언어가 늦는 경우를 발달성 언어장애(developmental language disorder)라고 한다. DSM-IV-TR에서는 뇌의 외상적 손상에 의한 경우나 특수한 소아간질의 형태인 Landau-Kleffner 증후군을 포함하여 의사소통장애(communication disorder)라고 명명한다. 또한 언어치료학계에서는 특수언어장애(Specific Language Impairment, SLI)라고 칭하고 있다.

일반적으로 이러한 언어장애 아동들이 만 3세 이전에 정확한 진단이 내려져 적절한 치료를 대략 2~3년 정도 받는다면, 비교적 좋은 예후를 기대할 수 있다. 하지만, 치료가 늦게 시작되거나 또는 아동의 상태에 비하여 너무 적은 양의 치료를 받는 경우에는 학령기에도 여전히 문제들의 일부가 남아 있음을 볼 수 있다. 어려서 언어장애로 진단된 아동이 학령기에도 여전히 의사소통의 문제, 친구 관계 등 대인관계 형성의 어려움 및 학습 영역의 부진을 보일 때 언어성 학습장애로 진단될 수 있다. 즉, 언어성 학습장애는 어려서부터 있어온 언어장애의 연속선상(continuum)에 있다.

어려서 언어장애로 진단되어 치료를 꾸준하게 받아왔지만, 충분하게 증상이 치료되지 못하고 문제가 남아 언어성 학습장애로 진행되는 경우가 대부분이지만, 어려서 언어발달이 늦었음에도 불구하고, 소아청소년정신과에서의 진료나 언어치료 등을 전혀 받지 않은 상태로 지내다가 초등학교에 입학 후 타 아동들과의 차이를 알게 되어 뒤늦게 병원을 찾는 경우가 가끔 있다. 후자의 경우에는 부모가 아동의 상태를 정확하게 인식하고 문제를 대처하는 데 다소 시간이 걸릴 수 있다.

3. 초등학교에 다니는 언어성 학습장애 아동들이 보이는 언어영역의 어려움

a. 의사소통기술(communication skill)이나 화용기술의 부족이 여전히 아동을 힘들게 하고 있다. 같은 반 아동들과 대화를 주거니 받거니 하면서 상호적으로 대화를 개시하고 지다가 끝내거나 대화의 주제를 A에서 B로 바꾸는 능력이 부족하다. 이는 또래 아동들과의 친구사귀기를 어렵게 하여 아동 스스로 소외감이나 정서적인 위축을 야기할 수 있다.

b. 자신의 생각이나, 경험, 주제 등에 대하여 구체적으로 길게 설명하는 능력이 많이 떨어진다. 간단한 표현이나 짧은 문장을 사용을 생각을 말로 기술할 수 있으나, 말해야 하는 문장이 길어지면 아동은 당황해하거나 말을 제대로 끝맺지 못할 수 있다.

c. 아동이 어떠한 상황에 처했을 때 언어를 사용하여 문제를 해결하는 능력이 매우 부족한 것이 특징이다. 이러한 상황에서 어쩔 줄 몰라 하면서 부모나 주변의 도움을 청하는 모습은 애처롭기까지 하다.

언어능력의 부족은 아동으로 하여금 친구들을 사귀는 것을 힘들게 한다. 언어성 학습장애를 보이는 아동들은 수업시간에 답변을 한다든지, 또는 친구들과 얘기를 하면서 어울리는 것을 회피하게 한다. 결과적으로 아동들은 심리적으로 위축된 양상을 보이면서 자신감의 부족 및 자존감의 저하를 나타내는 경우가 흔하다.

어려서부터 언어장애가 있어 온 아동들은 유치원에서 또래의 정상 아동들과 어울리는 것이 언어모방이나 사회성발달에 큰 도움이 되므로, 대개의 경우는 조기에 통합유치원 교육을 권고받는다. 하지만, 아동은 유치원에 다니면서 다른 친구들에 비하여 언어가 부족하여 여러 면에서 부족하다는 사실을 점차로 깨닫게 된다. 치료적인 관점에서 언어장애 아동에게 통합유치원 교육이 매우 중요하지만, 일부 감수해야 할 부작용으로 매일의 유치원 생활이 아동에게 자그마한 좌절(minor frustrations)의 연속으로 경험된다. 이러한 또래아동들과의 사회생활에서의 어려움은, 언어장애가 제대로 치료되지 않은 아동에게 있어 초등학교에 입학한 후에 보다 심각한 양상으로 전개되는 경우가 빈번하다. 초등학교에 들어가서도 화용기술 중심의 언어치료를 지속적으로 받는 것이 언어성 학습장애 아동에게 필수적이다.

예

초등학교 1학년인 철수는 언어 발달의 지연으로 1년 전 초등학교 입학을 유예한 바 있어 현재 9살이다.

만 3세 반경에 철수의 언어 발달이 늦는 것을 염려한 부모는 소아청소년정신과를 방문하여, 언어발달이 지체되어 있으니 언어치료를 받고 어린이집이나 유치원을 다니라는 치료적 권고를 들었다. 그러나 자폐증은 아니라는 소아청소년정신과 의사 말에 일단 안심을 한 부모는 전문적인 치료 없이 그냥 유치원에 다니면서 상태가 호전되기를 기다려보기로 결정하였다. 그러나 철수의 나이는 들어가지만, 또래의 아동들에 비하여 언어능력이나 사회성 발달이 많이 떨어진다고 생각한 부모는 만 5세가 되어 본원에 방문하였다.

처음 신박에게 진료가 의뢰되었을 때, 철수는 문장으로 의사소통하는 능력이 뚜렷하게 떨어졌으며, 유치원에서 친구를 사귀지 못하고 아이들과 어울리지 못하여 주변을 맴돌면서 유치원의 프로그램에 잘 적응하지 못하는 모습을 보였고, 검사 결과 자신의 생활연령에 비하여 언어발달연령이 2년 이상 떨어지는 소견을 나타냈다.

언어치료와 인지학습치료를 받기 시작한 철수는 언어능력이나 인지기능의 객관적인 향상에도 불구하고, 유치원에서 적응이 힘들다는 점을 지속적으로 호소하였다. 철수의 심리적인 위축과 정서적인 문제를 도와주기 위하여 개별 놀이치료를 시작하였으며, 또래 아동들과의 사회성 기술 발달을 위하여 또래 놀이치료(사회성 그룹)를 추가적으로 시행하였다.

언어발달의 지연 및 사회성 부족 등에 대한 전문적인 치료가 상대적으로 늦었던 철수의 경우, 부모는 적극적인 치료를 통하여 증상을 호전시킨 후에 철수를 초등학교에 보내기로 하고 초등학교 입학 유예를 하였다. 초등학교에 입학한 후에도, 철수는 가까운 친구를 사귀고 학우들과 어울리는 것을 힘들어하면서 소심하면서 위축되는 부분은 충분하게 극복되지 못하여 여전히 전문적인 도움을 필요로 하는 상태이다.

4. 언어의 지연과 영어 조기교육

어려서 언어발달이 늦은 아동들이 영어 조기교육을 받는 것이 아동의 향후 언어발달에 얼마나 부정적인 영향을 미치는가에 대하여 임상적인 관점에서 이야기해보기로 하자.

취학 전의 아동이 두 가지 언어를 동시에 배우는 능력은 두 가지 언어의 구조나 문법의 차이에 의하기보다는 아동의 지능과 관련이 있다고 한다. 정상적인 지능을 가지고 있는 아동이라면, 큰 어려움이 없이 자신이 말하는 대상에 따라 한 언어에서 다른 언어로 바꿀 수 있다고 한다. 물론 한 종류의 언어를 먼저 배웠다면, 두 번째 배운 언어는 어느 정도 혼란을 일으킬 것이다. 그러나 정상적인 아동은 어른보다는 훨씬 잘 흉내를 낸다고 한다.

두 가지 언어를 배울 경우, 모국어만 배운 경우보다는 모국어를 정확하게 말하는 데 있어서 장애아동으로 하여금 심리적 타격을 줄 뿐 아니라, 모국어로 이루어진 수리적 사고, 친구관계와 같은 개인적 사회적 적응에도 좋지 않은 영향을 주어 인지기능과 학습능력을 떨어뜨릴 수도 있다. 따라서, 지능이나 언어발달이 정상보다 떨어져 있는 아이에게는 이러한 조기의 영어교육은 심각한 장해를 초래할 수 있다.

부모가 언어장애를 보이는 아동에게 영어교육과 같은 이중언어 교육을 가르치기 원할 때, 아동은 두뇌의 발달이 미숙하여 두 가지 언어를 습득할 능력이 없기 때문에 이중 언어교육으로 인하여 좌절감에 빠지고 혼란감에 사로잡히게 된다. 부모님의 지나친 기대감으로 영어를 계속 가르치면, 아동의 발달수준이나 인지기능에 따라 얼마 지나지 않아 장애아동은 좌절감과 혼돈감으로 인하여 퇴행하는 모습을 나타낼 수 있다. 언어발달이 늦은 아동은 종합적인 치료 계획의 일환으로 언어치료를 조기에 시작하여 일차적 언어를 제대로 사용할 수 있도록 도와주어야만 한다.

가끔 일부 부모님들께서 사정으로 인하여 미국 등 외국에 가서 지내면서 현지에서 치료받는 것에 대하여 물어 보시는 경우가 있다. 이런 경우, 한국인인 아동이 영어를 쓰는 미국의 유치원이나 치료프로그램과 집에서 한국말을 쓰는 부모 사이에서 언어적인 혼란감을 느끼게 된다. 대뇌의 기능에 있어 발달의 장애로 인하여 두 개의 언어를 익힐 수 없기 때문에 혼돈감과 좌절에 빠져, 결과적으로 아동은 미국의 좋은 프로그램에서 실제적으로 득보다 실이 많을 것이다.

예

만 4세가 갓 넘은 여아인 영희는 가정에서 어려서부터 영어 비디오를 많이 보았으며, 현재 영어유치원을 다니고 있다. 영희의 엄마는 어려서부터 미국에서 자라 학교를 다녔기 때문에 집에서 영희와 대화를 나눌 때 영어를 빈번하게 사용해 왔다.

영어유치원에 입학한 영희는 또래의 아동들과 잘 어울리지 못하고 주변에 머물면서 혼자 지내는 양상을 보여 나에게 진료 의뢰되었다. 부모는 영어는 영어유치원에서 곧잘 하는 편이며, 엄마와 영어로는 간단한 의사소통이 가능하다고 하였다. 하지만, 모국어인 우리말은 단어 수준의 표현이 10~20개 정도 가능하였다.

진료상담 시 아동의 발달 상태에 대한 정확한 평가를 위하여 필요한 검사를 시행함과 동시에 가정에서 영희에게 영어를 가르치거나 사용하는 등 영어에 노출되는 상황을 엄격하게 금지하였다. 또한, 가정에서 아동의 기능수준에 적합하게 역할놀이 등 상호적인 놀이를 많이 하도록 부모를 교육하였다.

신박은 언어성 학습장애는 어려서부터 있어온 언어장애의 연속선상(continuum)에 있다고 강조하였다. 이는 어려서 언어장애의 증상을 제대로 치료하는 것이 학령기에 학습장애로 진행하는 것을 예방하는 지름길이라는 의미이다.

5. 언어장애의 예후

학령기에 언어성 학습장애 또는 사회적 의사소통장애로 진단되는 아동들은 어려서 언어장애로 진단되어 치료를 꾸준하게 받아 왔으나, 충분하게 증상이 치료되지 못하고 문제가 남아 언어성 학습장애로 진행되는 경우가 대부분이다. 어려서 언어발달이 늦었음에도 불구하고, 소아청소년정신과에서의 진료나 언어치료 등을 전혀 받지 않은 상태로 지내다가 초등학교에 입학 후 타 아동들과의 차이를 알게 되어 뒤늦게 병원을 찾는 경우가 가끔 있다. 후자의 경우에는 부모가 아동의 상태를 정확하게 인식하고 문제를 대처하는 데 다소 시간이 걸릴 수 있다.

일반적으로 언어장애를 보이는 아동의 예후가 좋으려면, 증상 자체가 심하지 않으면서 조기에 진단되어 기능수준에 맞추어 적절한 치료를 받는 경우여야 한다. 또한, 아동의 지능(IQ)이 높을수록, 가정의 경제 수준이 우수할수록, 그리고 동반하는 여타 정신과 문제가 없어야 예후가 좋다고 알려져 있다.

신박은 그동안 많은 언어장애 아동들을 진단하고 치료받는 과정을 수년에 걸쳐 관찰할 수 있었다. 일부 아동들은 1~2년 정도의 비교적 단기간의 치료를 받은 후 증상이 또래 아동들의 평균 수준에 도달하여 완치 판정을 받고 정상 아동군에 당당하게 참여할 수 있었다. 이러한 아동들은 예외없이 만 3세 이전에 병원을 방문하여 언어장애가 있으나 상대적으로 경미하다는 진단이 내려지고 아동의 기능수준에 따른 맞춤 치료를 받은 경우라 할 수 있다. 또한, 평균적으로 2~3년 정도 치료를 받은 언어장애 아동이 충분히 호전되어 정상 아동군에 참여하는 경우를 많이 경험하고 있다.

하지만, 어려서 언어장애로 진단되어 치료를 꾸준하게 받아 왔으나, 충분하게 증상이 치료되지 못하고 문제가 남아 언어성 학습장애로 진행되는 경우도 상당히 존재한다. 이런 경우들에 있어 세분하여 원인들을 살펴보면, 우선적으로 약간 늦게 진단되어 치료를 만 36개월 이전에 시작하지 못한 경우가 많다. 늦어도 생후 36개월 이전에 적절한 치료를 시작해야 하며, 경험적으로 생후 30개월 이전에 치료를 시작하는 아동의 경우는 보다 나은 예후를 기대할 수 있다. 부모들이 언어가 늦은 아동을 생후 36개월이 지나, 예를 들어, 만 3세 6개월경이나, 또는 만 4세가 넘어 데리고 오는 경우도 꽤 많다. 이때 아동의 치료는 생후 36개월을 초과한 기간만큼 불리한 점을 갖고 시작하는 것이다.

두 번째로 소아청소년정신과를 만 36개월 이전에 방문하여 치료를 시작하였으나, 아동의 상태나 기능수준에 맞추어 맞춤치료가 이루어지지 못한 경우를 자주 보게 된다. 자주 보는 예로서 언어장애가 현저한 아동임에도 불구하고, 타 기관에서 아동의 양육 환경이 나빠 심리적으로 위축되고 정서적인 조절능력이 떨어져서 언어나 사회성 발달이 늦는 것으로 설명하면서 주로 놀이치료 등 심리적인 요인을 해결하려는 노력을 주로 해왔으나, 언어능력이나 사회성, 인지기능 등의 수준이 또래 정상 아동과의 차이를 좁히지 못하는 상태로 있는 아동들이다. 아동의 문제에 대한 원인을 보는 관점이 잘못되어 치료적인 노력이 시도되었음에도 불구하고 아동의 상태가 호전되지 못하는 결과를 보이게 되는데, 이는 맞춤치료가 되지 못한 경우라 할 수 있다. 또 다른 경우로 치료는 빨리 시작되었으나, 충분한 양의 치료가 시행되지 못한 아동들이 있다. 예를 들어, 신박이 언어치료 주 3회 이상, 인지학습치료 주 2~3회, 부모의 상호적 놀이하는 능력 향상을 위한 floortime 주 1~2회를 하는 것이 아동의 상태에 치료적으로 도움이 된다고 부모에게 권고하였으나, 지방에 거주하여 주위에 치료실이 부족하여 충분한 치료를 못 받거나 경제적인 사정으로 인하여 치료를 제대로 못 받는 경우가 종종 있다.

어려서 언어장애로 진단된 아동이 2~3년간의 집중적인 치료 후, 지능검사를 시행하였을 때 IQ가 정상 범주에 속하지 못할 때 예후가 불량할 수밖에 없다. 특히, IQ 70 이하로 검사 결과가 나온 아동은 학령기에 진단적으로 지적장애의 문제가 우선하게 된다. 따라서, 아동의 지능 수준은 예후에 매우 중요한 요인이다.

6. 언어성 학습장애의 치료

일반적으로 학습장애의 치료는 학습 능력을 증진시키고 이차적으로 나타나는 심리적인 문제를 치료하는 것이 목적이다.

우리나라에서는 학습장애의 특수교육적인 치료프로그램이 상대적으로 발달이 안 된 형편이다. 아동의 학습능력에 대하여 철저한 평가가 선행된 후, 학습장애의 종류에 따라 적절한 개별교육계획표(Individualized Educational Plan, IEP)를 작성하여 개별적으로 시행하는 관심과 교육이 관건이다. 부모나 아동은 주위 사람에게 적극적으로 도움을 받는 노력을 해야 한다. 특히, 인지치료사나 특수교육 전공 교사들에게 전문적인 도움을 받아야 한다.

부모는 우선적으로 자녀의 학습과 연관된 장점과 단점을 파악해야 한다. 또한, 학업성취의 실패 결과 발생할 수 있는 학습부진의 문제 이외에도 심리적인 문제를 예상하고 대비하는 지혜가 필요하다.

학습장애의 원인이 되는 학습능력과 인지기능의 문제를 해결하려는 인지치료나 언어치료, 작업치료 등의 노력 없이, 아동이 이차적으로 보이는 심리적인 어려움을 중심으로 파악하여 단지 놀이치료(소아 심리치료)만을 시행하는 경우는 빈번하게 볼 수 있어 안타까운 심정을 금할 수 없다.

a. **언어를 이용한 상호소통능력의 개선** : 학령기 연령이 되어도 언어성 학습장애 아동에게 지속적인 언어치료가 필수적이다. 개별 언어치료와 더불어 의사소통기술(pragmatic language, 화용언어)의 향상을 위하여 비슷한 언어 수준을 보이는 2~3명이 함께 치료받는 그룹언어치료를 받아야 하는 경우가 대부분이다.

b. **어려서부터 역할놀이 등과 같은 상호적인 놀이 능력 및 대인관계의 증진** : 사회기술훈련(social skills training)을 목적으로 하는 개별 심리치료를

받는 학습장애 아동을 종종 볼 수 있다. 추가적으로 상호적인 놀이를 하는 능력을 함양하기 위하여 사회성 그룹으로 또래놀이치료를 시도할 수 있다.

c. **국어 등 언어 관련된 학습영역** : 심리검사와 학습성취도검사를 통하여 아동의 인지기능의 문제와 학습상의 어려움을 자세하게 파악한 후, 인지학습치료를 받아야 한다. 학습지 선생님이나 부모가 대충 할 수 있는 부분이 아니라, 특수교육 전공자가 아동의 학습능력 및 인지기능 증진을 위하여 전문적으로 맞춤치료를 시행해야 한다.

d. **자존감의 저하나 심리적인 위축** : 언어능력의 부족은 아동으로 하여금 친구들을 사귀는 것을 힘들게 한다. 언어성 학습장애를 보이는 아동들은 수업시간에 답변을 한다든지, 또는 친구들과 얘기를 하면서 어울리는 것을 회피하게 한다. 결과적으로 아동들은 심리적으로 위축된 양상을 보이면서 자신감의 부족 및 자존감의 저하를 나타내는 경우가 흔하다. 학습장애로 인하여 이차적으로 발생하는 심리적인 문제들이 소아우울증, 불안증, 적응장애 등의 진단기준에 해당되는 경우가 흔하다. 심리검사를 통하여 아동의 정서적인 문제를 파악한 후, 아동이 보이는 심리적인 위축과 정서적인 문제를 도와주기 위하여 개별 심리(놀이)치료를 받아야 한다.

e. **항상 나타나는 문제는 아니지만, 손의 소근육 운동기능의 저하** : 심리검사를 통하여 아동이 소근육 운동기능의 현저한 저하가 파악되면, 작업치료(occupational therapy)를 시행하여 아동의 소근육 운동기능과 시각-운동 협응 능력을 개선해야 한다. 이 부분은 부모의 노력과 더불어 그동안 투자한 전문적인 치료의 양이 기능의 향상 수준과 정비례한다.

03

아스퍼거 증후군의 개관

제1절 아스퍼거 증후군이란 무엇인가?

아스퍼거 증후군은 사회적 상호작용에서의 심하고 지속적인 장해와 제한적이고 반복적인 행동이나 관심 등을 보이는 전반적 발달장애의 하나로, 최근에는 고기능의 자폐스펙트럼장애로 보고 있다. 아스퍼거 증후군을 보이는 대부분의 아동들은 정상 수준의 인지능력을 보이기 때문에 학과수업의 내용이나 언어기능에서는 크게 지체되지 않아 보이지 않는다. 또한 지능 지수도 정상적인 수치(IQ > 85)를 나타내는 아동들이 대부분이다. 최근에는 특정영역에서 천재적인 재능을 보이는 경우도 관찰된다는 보고가 꽤 있다. 또한, 아스퍼거 증후군을 보이는 아동들은, 비록 동일한 진단을 가지고 있더라도, 그 임상양상이 매우 다양한 것이 특징이다.

아스퍼거 증후군을 지닌 아동들은 유치원생이나 초등학생 때 '특이하거나 이상하게' 보이기도 한다. 이러한 아동들이 보이는 부적절한 사회성(관계형성능력)으로 인하여 흔히 '왕따'가 되기도 한다. 특이하고 애매모호한 대상에 지나친 관심을 나타내는 그들은 근육운동기능 이상으로 인하여 보행이나 여타 운동기능이 자연스럽지 못하고 어색한 경우가 많다. 일반적인 사회적인 관습에 대하여 익숙하지 않거나 무지한 경우가 많으며, 대인관계를 어떻게 맺고 유지하는가에 대한 인식이 부족하다. 환경의 변화에 잘 적응하지 못하는 그들은 사소한 변화에 예민하게 반응하면서, 이로 인하여 스트레스를 받는다.

미국 정신의학 진단 체계인 DSM-IV-TR에서는 전반적 발달장애의 하나로 아스퍼거장애(Asperger's disorder)를 분류하고 있으나, 이 진단기준에 불만족한 연구자들에 의하여 독자적인 아스퍼거 증후군의 진단기준이 개발되어 임상에서 지난 수년간 아스퍼거 증후군의 진단에 많은 혼돈을 주었던 것이 사실이다. 다행스럽게도, 새로운 진단기준인 DSM-5가 출간되면서 진단에 있어 아스퍼거 증후군은 고기능의 자폐스펙트럼장애로 인식되어 혼돈이 정리되었다.

우리나라에서도 아스퍼거 증후군이라는 진단이 아동에게 내려지고 있으나, 아직까지는 임상적으로 경험이 부족하고 진단상의 혼돈 등이 충분히 정리되지 못하고 있는 실정이다.

1. 아스퍼거 증후군의 특징

보편적으로 받아들여지는 아스퍼거 증후군의 특성은 다음과 같다.

a. 임상적으로 DSM-5의 자폐스펙트럼장애의 진단기준에 해당해야 한다. 사회적 의사소통에서의 의미 있고 지속적인 장해가 있어 사회적 상호작용을 위하여 사용되는 눈맞춤, 미소, 얼굴 표정, 몸짓과 같은 다양한 비언어적 의사소통기술이 현저하게 떨어진다.

b. 언어적으로는, 사회적 상황에서 어색해하며, 상대방과 상황에 맞추어 의사소통하는 능력이 떨어지는 양상을 보이며, 화용언어의 저하가 특징적이다. 일반적으로 언어검사(PRES)에서 생활연령에 비하여 언어발달연령이 6개월 이상 떨어지면, 언어치료를 추천한다. 그 차이가 1년 이상이면, 언어지연이 뚜렷하다고 말한다. 아동이 보이는 수용언어와 표현언어의 발달은 생활연령에 비하여 떨어지지 않으면서 상황에 적절한 의사소통기술이 부족한 경우에 화용언어의 지연이 있다고 정의한다. 이러한 화용언어의 지연이 특징적인 아스퍼거 성향 중 하나이다. 흔하지는 않지만, 언어발달의 지연이 있을 수 있는 아스퍼거 증후군의 경우는, 일단 언어치료를 시작하면, 빠르게(대개는 6개월 이내) 언어발달이 개선되어 수용언어와 표현언어의 수준이 정상범주에 이르게 된다. 언어발달의 지연이 지속적으

로 심각하게 존재하는 아스퍼거 증후군은 없다고 보아도 과언이 아니다. 만약 그렇다면, 오진일 가능성이 높다.

c. 기능수준에 맞는 친구 관계가 발달하지 못한다.

d. 사회적 또는 정서적으로 서로 주고받는 상호관계가 뚜렷하게 부족하다.

e. 특이하고 제한적인 관심에 집착한다. 사고의 폭이 좁고, 지나치게 자기중심적인 모습이 특징이다.

f. 특이하게 틀에 박힌 일이나 의식에 고집스럽게 매달린다. 강박적인 성향으로 받아들여진다.

g. 상동증적이고 반복적인 동작들을 보인다.

h. 지능은 정상범주이거나 정상범주에 가깝다.

i. 상기의 특성들은 일반적인 교육이나 사회적 관계형성에 있어 방해가 된다.

j. 동작이 느리다든지, 또는 운동신경이 떨어진다는 소견과 관련하여, 아스퍼거 증후군에 그러한 경우들이 많은 것은 사실이지만, 그렇지 않은 경우들도 꽤 있으므로, 운동신경이 떨어지고 동작이 느린 소견이 아스퍼거 증후군의 진단에 있어 중요한 잣대가 되는 것은 곤란하다.

예

만 13세 된 남학생이 엄마와 함께 신박클리닉을 방문하였다. 기본적인 의사소통에 큰 어려움은 없었으나, 발음이 다소 부자연스러웠고, 어투가 다소 특이하며 간혹 혼잣말을 하는 모습이었고 상담 도중에 불쑥 상황에 맞지 않는 질문을 하기도 하였다. 아무런 반응없이 한참을 가만히 바라보는 모습을 보이기도 하였는데, 빤히 신박의 얼굴을 바라보면서 "선생님, 이렇게 쳐다보는 것은 나쁘대요."라고 이야기하기도 하였다. 지능검사에서 전체 평균지능이 83 언어성 지능 95 동작성 지능 72로 나왔으며, 사회적 상황에서의 자극들에 대한 의미파악이나 사회적 맥락에서의 이해력은 지체되어 있었고 사회적 규범, 현상 및 상식에 대한 이해가 취약하였다. 사회적 상황에 부합되게 보편적인 방식으로 행동을 조절하려 하거나 주위의 여건을 살피고 고려하면서 나름대로 최선의 방안을 찾아가기보다는 자신의 충동이나 욕구에 따라 자의적이고 즉흥적으로 행동을 취하는 경향이 있었다. 사회적인 상황에서 융통성 있게 어울리고 상호작용하는 데 어려움이 있으며, 사회적 눈치가 제한이 있으리라 생각되었다.

2. 아스퍼거 증후군의 임상양상

a. 아스퍼거 증후군은 일반적으로 자폐증보다 다소 늦게 발병하거나, 적어도 늦게 발견된다. 일반적으로 자폐증은 부모가 자신의 자녀에게 발달상의 문제가 있다고 느끼는 것이 평균 18개월 정도이고, 아스퍼거 증후군은 약 30개월경으로 알려져 있다. 아동이 유치원에서 또래의 아동들과 어울리면서 사회성의 어려움을 호소하게 된다. 아스퍼거 증후군 아동들은 상대적으로 언어능력이 발달되어 있어 사회적 의사소통의 영역에 덜 손상이 있다. 그러다 보니, 실제적으로는 만 5~6세가 지나서 병원을 방문하여 진단이 이루어지는 경우가 많다.

b. 아스퍼거 증후군은 어려서부터 언어능력이 비교적 발달하는 양상을 보여 약 만 5세경까지는 또래의 정상 아동들과 쉽게 구분하기가 어려운 경우가 많다. 반면, 화용언어에 어려움을 보여 의사소통 상황에서 요점을 정확하게 표현하지 못하며, 대화 과정에서 상대방의 관점이나 생각을 이해하지 못하고, 자신만의 관점에서 대화를 하기 때문에 일방적인 대화이거나, 혹은 지리멸렬한 대화가 이루어진다. 구체적이고 융통성이 없는 언어가 특징이며, 지나치게 격식을 차리는 것으로 비추어져 'little professor' 라는 불리기도 한다. 언어가 발달할 때, 음성의 고저, 억양, 속도, 리듬 및 강도가 비정상적일 수 있다(예 : 음성의 억양이 단조롭거나 의문문처럼 문장의 끝을 올려 말한다). 아스퍼거 장애

를 보이는 아동의 경우, 풍부한 어휘력으로 인해 타인들의 기대치가 높기 때문에, 대화 도중 부적절한 반응을 보이는 경우에 말을 안 듣거나 고집이 센 것으로 오해받을 가능성이 높다. 대화과정에서 농담이나 비유를 적절하게 사용하는 능력이 결여되어 있다. 이런 아동은 엉뚱한 것을 자세하게 말하는 경향이 강하고 특정 주제를 반복하기도 하며 상황에 맞지 않게 새로운 주제로 옮겨가기도 하여서, 상대방이 듣기에 장황하고, 수다스럽다고 여겨지기도 한다.

최근에는 아스퍼거 증후군도 드물게 언어발달의 지연이 있을 수 있다고 알려져 있다. 이러한 경우에는, 일단 언어치료를 시작하면, 빠르게(대개는 6개월 이내) 언어발달이 개선되어 수용언어와 표현언어의 수준이 정상범주에 오르게 된다.

예

20대 초반인 아스퍼거 성인 여성은 어려서부터 언어발달이 현저하게 늦고, 사회성이 많이 떨어졌다. 병원을 방문하여 언어치료를 권고받았으며, 약 6개월 정도의 언어치료 후에 언어발달이 급속하게 이루어져 수용언어와 표현언어의 발달연령이 정상범주에 이르게 되었다. 하지만, 여전히 또래와 의사소통하는 능력이 다소 부족하였고, 사회성 문제가 지속적으로 존재하였다. 추후에 시행한 지능검사에서 전체평균지능은 105였지만, 언어성 지능 123, 동작성 지능 81로 나와서 인지기능의 불균형으로 시지각적인 어려움이 두드러졌다.

c. 자폐증은 주변 사람들과의 상호작용이 제대로 이루어지지 않으며, 관계형성에서 동떨어져 있는 양상을 흔히 보인다(world of their own). 반면, 아스퍼거 증후군은 환자가 스스로 사람들과의 관계형성을 추구하지만, 상황에 적절하지 못하고 특이한 방식으로 접근을 하는 모습을 보인다(our world in their own way). 아스퍼거 증후군을 보이는 환자는 사람들을 만나는 데 관심을 보이지만, 그의 어색한 접근방식으로 인하여 관계형성이 단절되기 쉽고, 타인의 감정 상태나 의도를 잘 파악하지

못하므로 일방적으로 접근하는 모습을 보여 대인관계가 유지되기 어렵다.

> **예**
>
> 만 7세 된 여아는 어려서부터 유치원 등에서 또래들과 잘 어울리지 못하고 자주 울었으며 규칙이나 지시를 따르는 데 힘든 모습을 보였으며, 초등학교 입학 이후에도 이러한 양상이 지속되어 신박클리닉을 방문하였다. 만 5세경에 대학병원을 방문하여 사회성 저하 등을 이유로 아스퍼거 증후군의 진단을 받은 후, 언어치료, 작업치료, 감각통합, 약물치료 등을 받은 바 있다. 본원에서 시행한 지능검사에서 전체평균지능 86, 언어성 지능 98, 동작성 지능 70으로 나왔으며, 특히 사회성과 관련한 소검사 항목들인 이해와 차례맞추기에서 뚜렷한 저하를 보였다. 상황의 맥락을 파악하거나 상황적 단서를 충분히 살피고 결과를 예측하는 능력이 미발달한 것으로 나타났고, 관습적인 수준의 상황판단이 곤란하고 적절한 대처방략이나 규칙에 대한 이해도 미약하였다. 사회적 상황에서 사소한 단서에 예민해져서 그것에만 집착하는 경우가 많으며, 전반적인 분위기나 숨은 뉘앙스, 유머 등을 포착하고 상황에 동참하는 것이 힘들었다. 다른 사람들과 어울리고자 하는 욕구는 어느 정도 있으나, 사회적으로 워낙 미숙하다 보니 또래의 아이들과 원활하게 교류하기는 힘든 상태였다.

d. 아스퍼거 증후군은 비현실적으로 특이한 주제(예 : 열차시간표, 공룡 등)에 심한 집착을 지속적으로 보여, 아스퍼거 아동의 일상적인 생활 리듬을 깨뜨려 부정적인 영향을 미치는 경우가 많다. 또한, 아스퍼거 증후군은 다양한 상동증으로 손 또는 손가락을 퍼덕거리거나 비꼬기 또는 복잡한 전체적인 몸 움직임을 보이고, 운동기획능력(motor planning)에 문제가 있어 몸이 흐느적거리는 양상들을 보이는 경우가 많다.

> **예**
>
> 만 4세 5개월 된 남아가 의사소통이 어색하고 손을 퍼덕이는 상동증을 보여 신박클리닉을 방문하였다. 아동은 사회성이 부족하여 또래와 어울리지 못하였고, 유치원에서 적응에 어려움을 보여 선생님은 우려를 보이고 있었다. 진료상담에서 아동은 눈맞춤은 어느 정도 가능하였으나, 질문의 의도나 상황에 적합한 답변을 하기가 어려웠고, 대화 주고받기가 이어지지 못하였다. 긴장을 하면 평소에 보이는 손을 퍼덕이는 증상이 보다 빈번하게 나

타났다. 최근에 공룡에 관심이 많아져서 엄마가 보기에는 지나치게 집착을 하는 것으로 비쳐졌다. 언어평가에서 수용언어나 표현언어가 정상범주에 해당한다는 소견이 나왔다. WPPSI에서 전체평균지능은 105, 언어성 지능 110, 동작성 지능 101로 인지기능의 양적인 불균형은 현저하지 않았다. 아동은 화용언어가 뚜렷하게 떨어지고 또래와의 관계형성이 잘 안 되며 상동증적인 행동이 반복되는 양상을 보여 아스퍼거 증후군의 진단을 내렸다.

e. 아스퍼거 증후군 아동들은 공간적 개념에 대해서는 강한 반면 상대적으로 시간적 개념에 대해서는 약한 특성이 있는데, 이것이 관리능력 지체의 한 요인으로 작용하고 있다. 실제 생활에서는 중요한 시간 개념을 이해하기 위해서 시계와 시간표를 사용하게 된다. 아동이 보이는 시간 관리능력을 개선하는 노력의 하나로 시간의 흐름이나 순서를 교육하기 위해 시간표를 사용한다. 시간표에 의해 생활하는 습관을 형성하는 것은 자기관리 능력을 증진시키는 데 도움이 되지만, 만약 돌발 상황이 발생하였다거나 혹은 갑자기 시간 변동이 필요하여 시간표와 다르게 활동이나 학과가 진행된다면 아동은 불안감에 빠지거나 초조해질 가능성이 높다. 하지만 여기서 분명한 것은 아동에게 시간표는 중요하며 꼭 필요한 요소임에 틀림없다는 것이다. 그러나 때로는 시간표의 틀에 얽매이지 않도록 상황에 따라서 변동될 수 있는 여지가 있음을 가르쳐야 한다. 돌발 상황에 대해서는 변화 바로 직전에 시간표의 내용을 수정하여 아동에게 숙지시키면 어느 정도 아동이 갑작스러운 변화에 심리적으로 준비할 수 있다.

또한, 아동이 시간 개념에 대한 이해가 부족하면 사건이 일어난 순서를 이해하는 것도 어려울 것이다. 만약 일의 순서를 이해하는 데 어려움이 있다면 특정 상황에서 원인과 결과에 대한 개념을 이해하기도 어려워진다. 이러한 개념들에 대한 이해의 부재는 결국 아동이 시간을 관리하는 데 큰 어려움을 겪게 되고 어떠한 활동이나 사건에 대하여 미리 준비한다거나 아니면 그 사건의 결과를 예측하는 일은 더욱 어려워질 것이다.

아스퍼거 증후군 아동이 순서 개념을 이해하지 못하면 여러 단계를 가진 과제를 주었을 때 어디서부터 시작하고 혹은 언제 끝낼지를 알지 못할 가능성이 높다. 현재 수행했던 일에만 초점을 맞출 뿐 그 다음 단계의 일에는 관심이나 준비가 부족하기 때문이다.

f. 아스퍼거 증후군 아동은 자신이 가장 관심을 갖고 있는 일이나 사물을 가장 우선순위가 높은 것으로 취급한다. 이러한 경향은 여러 가지 과제를 처리하거나 사건을 대처하는 과정에서 나타난다. 당장 처리해야 할 과제에는 우선순위를 두지 않고 상대적으로 무가치한 일에는 열심이다. 이와 같이 우선순위를 정하는 데 있어서 문제가 있다면 여러 가지 일을 관리하는 데 어려움이 있다. 만약 앞으로 해야 할 일들을 분류하는 데 시급하게 처리할 일과 긴급을 요하지 않는 일로 분류하거나, 또는 중요한 일과 별로 중요하지 않은 일로 분류하는 것도 쉽지 않을 것이다. 우선순위 설정 능력의 부재는 곧 학습과 관리 능력에 큰 지장을 초래하게 된다.

g. 자기관리 능력이 지체된 아스퍼거 증후군 아동들은 자신들이 지체된 영역을 보충하기 위한 방법으로 특정한 패턴이나 의식화된 생활 일과를 설정하여 어느 정도 질서적인 삶을 유지하려는 경향이 있다. 그러나 아동이 이런 일정한 패턴이나 일과에 집착하게 되면 오히려 치밀하게 관리하는 성향을 보이게 된다. 예를 들면 자기 책상이나 방이 먼지 하나 없이 너무 깔끔하게 정돈되어 있다거나 거실의 책들이 모두 제자리에 꽂혀 있어야 안심을 하게 된다. 아동이 가지고 있는 놀이감들이 일렬로 정돈되어야 만족하는 것도 이러한 성향에 속하는 것이다. 아동들의 책상이 줄이 맞지 않으면 반드시 정렬해 놓는다. 그런데 이러한 아

동이 철저하게 정리하는 능력은 결코 기능적이거나 실용적이지 못하다. 관리능력의 부재를 보충하려는 특정한 패턴 형성의 한 방편이지만, 오히려 실질적인 관리체계에 지장을 주는 것이다. 아스퍼거 증후군 아동은 자기 나름대로 규칙을 만들어서 한 과제를 마치기 전에는 다른 과제로 넘어가지 않는 경향이 있다. 예를 들어, 첫 시간이 미술 시간인데 이 시간에 얼굴 모양의 판화를 만든다고 가정하자. 일반적으로 한 시간 안에 판화를 완성하지 못하면 다음 미술 시간에 계속 하면 되지만 이 아동은 다음 시간인 수학 시간에 들어가는 대신에 미술실에 혼자 남아서 판화를 완성하고자 한다.

h. 사회성의 저하와 더불어 인지기능의 불균형을 어려서부터 보여 온 아스퍼거 아동과 청소년은 학교생활에서의 적응을 힘들어하면서, 친구들과의 대인관계에서 들어오는 정서적인 자극을 적절하게 대처하지 못하고 심리적으로 좌절감을 느낀다. 이는 아동이나 청소년이 정서적으로 다양한 요구가 지속적으로 필요한 상황에서 많은 실패를 경험하면서 장기간 또래관계에서의 어려움으로 인하여 내적으로 심리적인 어려움, 부적절감을 느끼는 수가 많다. 스트레스가 증가하는 상황에서는 정서적으로 압도되어 지각적 왜곡 및 판단력 손상이 나타날 수 있다. 외부에서 자신을 어떻게 평가하고 대우하는지에 관심이 집중되어 있어 자신의 문제를 숨기고 싶어 한다.

i. 아스퍼거 청소년은 자신을 방어하고 정상적으로 보이려는 데 몰두하여 주변으로부터의 사소한 개입도 고민하며 반응하는 등 편집증적인 증상을 보이기도 한다. 심한 경우에는 보편적인 방식으로 사회적 상황이나 자극을 인식하는 능력이 매우 부족하여 중립적인 현상도 임의적으로 왜곡하고 오판단을 한다. 지하철이나 길거리에서 주변 사람들이 자신을 쳐다본다는 관계망상으로 인하여 심하게 불안한 경우들을 종종 볼

수 있다.

j. 아스퍼거 증후군의 발생 빈도는 보수적으로 보아 10,000명당 36.4명 정도로 추정되며, 많아도 10,000명당 60명 정도로 알려져 있다. 최근에 아스퍼거 증후군의 발생 빈도가 빠르게 늘어가는 것이 현실이다. 남녀 비율은 4.3 : 1 정도로 남성에게 흔하다. 과거에 Hans Asperger는 기본적으로 아스퍼거 증후군은 남자에서만 발생한다고 하였으나, 실제적으로 여자 환자들에게도 발견되고 있다.

k. 아스퍼거 증후군은 유전적으로 연관성이 많은 질환이다. 자폐스펙트럼장애 아동의 형제 · 자매들 중에서 약 12~20% 정도가, 자폐스펙트럼장애의 진단기준에 맞지는 않는다고 할지라도, 가벼운 형태의 인지기능 장애나 사회성 부족 등을 보인다고 알려져 있다. 'broader phenotype' 의 임상양상을 살펴보면, 자폐스펙트럼장애에서 특징적으로 보이는 비정상적인 언어소통기술이 뚜렷하지 않고, 존재는 하지만 그다지 두드러지지 않는 상동증적인 행동, 살짝 드러내는 대인관계의 미숙, 그리고 간질이나 정신지체의 동반이 없는 것으로 보고되고 있다. 아스퍼거 증후군은 고기능 자폐증과 비교하여 broader phenotype의 양상이 약 3배 이상 더 많이 나타난다고 알려져 있다.

제2절 아스퍼거 증후군의 역사적 변천

1. Hans Asperger

유아기 자폐증을 최초로 기술한 Leo Kanner와 같은 시대에 활동했던, 비엔나의 소아과 의사 Hans Asperger(1944)는 정상적인 지능과 언어 발달이 되어있으나, 자폐와 유사한 행동(autistic-like behavior) 및 사회적 기술과 의사소통 기술의 심한 결함(marked deficiencies in social and communication skill)을 가지고 있는 소년(연령 : 6∼11세) 4명의 행동 양상에 대해 기술된 논문을 출간하였다.

Asperger는 캐너 증후군과 비슷하지만, 다른 한편으로는 몇 가지 중요한 차이점을 관찰했다. Kanner가 보고한 11명의 소년 중에 3명은 전혀 말을 하지 못했고, 나머지 아이들도 거의 의사소통을 하지 못했으나, Asperger의 사례에서는 소년들이 마치 작은 어른(little adult)처럼 말을 잘했다. Asperger는 대근육 운동기능과 소근육 운동기능이 모두 떨어지는 양상을 보인다고 하였으나, Kanner는 대근육 운동기능은 불량하고 소근육 운동기능은 매우 우수하다고 보았다. Kanner는 기계적인 학습(learning by rote)을 시키는 것이 자폐아를 발달시키는 가장 좋은 방법이라고 했지만, Asperger는 자신의 환자들은 추상적으로 생각하는 사람들이므로, 자발적으로 성취 가능하다고 보았다. Asperger는 자신이 정리한 증례들을 자폐성 정신장애(autistic psychopathy)라 명명하였다.

2. Lorna Wing

영국의 소아청소년정신과 의사인 Lorna Wing(1981)은 Asperger가 정립한 개념을 연구하여 34증례(연령 : 5∼35세)를 보고하였으며, 아스퍼거 증후군(Asperger syndrome)이라는 신조어로 정리하였다. Asperger는 만 3세 이전에는 이 질환을 진단하기 어렵다고 했으나, Wing은 만 2세 이전에 이미 몇 가지 뚜렷한 특징을 보인다고 보고하였다. 만 2세 이전에 이미 또래에 비하여, 타인에 대한 무관심, 언어 발달 이전 시기에 옹알이의 저하, 타인과 관심을 공유하는 능력의 부족, 상호소통하려는 의지의 저하,

정형화된 말투나 톤, 상상 놀이(imaginative pretend play)에서의 어려움 등을 보인다고 주장하였다.

a. **의사소통 능력의 부족** : 얼굴표정이나 제스처뿐만 아니라 대화 상황에서 적절하게 목소리의 톤을 조절하는 능력이 떨어진다.
b. **언어 표현능력의 특이성** : 대화내용이 핵심에 쉽게 도달하지 못하고, 우회적이며 자신의 의도를 명백하게 전달하지 못하는 경우가 있다. 또한 대화상황에서 주제를 적절하게 전환하거나 새로운 내용을 상대방에게 효율적으로 소개하지 못한다. 대화 과정에서 상대방의 관점이나 생각을 이해하지 못하고 자신만의 관점에서 대화를 하기 때문에 일방적인 대화를 하기 마련이다.
c. **사회적 적응의 어려움과 특이한 관심** : 특이하고 제한된 영역에 관심을 보임에 따라 지나치게 자기중심적인 모습을 나타내게 되고, 사회적 맥락에 적응하기 위한 자조기술이나 상황에 적절하게 통합하는 능력이 떨어진다. 어려서부터 보이던 제한 영역에 대한 관심이 나중에는 천문학이나 지리 같이 특정 부분에 실제적인 지식을 갖게 되는 경우도 가끔 있다.
d. **정서발달의 문제** : 감정적인 상호교류가 결여된 모습을 보이며, 감정이입이 제대로 안 되고, 자신의 감정에 대하여 지식화하는 경향이 뚜렷하다. 대화과정에서 사용되는 농담이나 비유를 이해하지 못하여, 상황에 적절한 감정표현이 잘 안 된다.
e. **운동기능의 장애** : 운동발달과제가 지연될 수 있으며, 나이에 비하여 걸음걸이가 불안정하거나 '까치발' 등을 자주 보이기도 한다. 아스퍼거 증후군을 보이는 아동들은 서투른 동작들로 인하여 신체적 활동을 요하는 놀이를 제대로 수행하지 못한다.

f. 행동상의 문제점 : 아스퍼거 증후군을 지닌 아동들은 아이가 지나치게 공격적이거나, 거부하는 정도가 지나쳐서 지시 따르기가 전혀 안 되기도 한다. 또한 자기중심적인 면이 강해서 상대방을 의식하지 않고, 자신이 관심을 갖는 주제만 계속 얘기하는 양상이 자주 나타난다. 사실상 이런 행동상의 문제점으로 인하여 소아청소년정신과에 의뢰되는 경우가 가장 많다.

실제적으로 Wing의 노력으로 인하여 아스퍼거 증후군이 영어권으로 알려지게 되었다. 또한 Wing의 관점은 차후에 ICD-10에서는 아스퍼거 증후군(Asperger's Syndrome)으로, DSM-IV에서는 아스퍼거장애(Asperger's Disorder)로 수용되었다. 하지만, Wing은 아스퍼거 증후군과 고기능 자폐증의 구분에 대하여 명확하게 하지 않고, 하나의 자폐스펙트럼장애로 보는 경향이 두드러졌다.

3. 아스퍼거 증후군 진단의 혼돈기

1994년 정신과의 진단체계인 DSM-IV 출간 이후, DSM-IV의 아스퍼거 증후군 진단에 한계가 있음을 비판하는 연구자들은 특히, 생후 초기에 언어 발달이나 인지기능에 있어 발달에 있어서 임상적으로 심각한 지연은 없다는 증상 발생 시기에 대한 기준과 아스퍼거 증후군과 고기능 자폐증의 감별 진단에 대하여 의문을 제기하면서, 진단기준에 대한 논란은 심화되었다.

대체적으로 보아, 당시 미국에서는 DSM-IV 진단기준에 따라 아스퍼거 장애의 진단을 내리는 경향이 뚜렷하고, 유럽에서는 상대적으로 Gillberg와 Gillberg의 아스퍼거 증후군 진단기준을 많이 따르는 듯하였다.

DSM-5 진단기준이 출간되기 전까지는, 일반적으로 임상에서 아스퍼거 증후군의 진단은 다소 무분별하게 내려지는 경향이 있었다. 일부에서는 아스퍼거 증후군이라는 진단은 우수한 지능을 가지고 있으며, 때로는 천재적인 성향을 보인다는 인상을 주고 있을 정도였다. 지능이 정상범주이면서 친구관계에 어려움을 보이는 자녀의 부모가 소아청소년정신과 전문의에게 마치 아스퍼거 증후군이라는 진단이 자신의 자녀에게 내려지기는 바라는 듯한 모습을 보인다는 일부 동료 의사들의 경험을 전해들을 수 있기도 하였다. 그동안 아스퍼거 증후군의 진단이 혼돈스러웠던 이유는 공식적인 진단체계인 DSM-IV/ICD-10에서 정하는 아스퍼거 증후군(DSM-IV-TR에서는 아스퍼거장애)의 진단기준에 동의하지 않는 연구자나 임상가들이 유럽을 중심으로 다른 견해를 주장했기 때문이다. 아스퍼거 증후군 진단에 대한 유럽의 견해를 일반적으로 'spectrum approach' 라고 불렀다.

사실상 아스퍼거 증후군의 진단에 있어 미국에서의 견해와 유럽의 견해는 상당 부분이 일치하지만, 몇 가지 차이점이 논란을 야기하고 있었다.

a. 아스퍼거 증후군과 고기능 자폐증은 동일한 장애인가, 아니면 별개의 원인과 병리기전을 가진 다른 장애인가?
b. DSM-IV/ICD-10의 진단기준처럼, 아스퍼거 증후군의 진단에 있어 어려서 언어나 인지기능의 발달에 지연이 없다는 기준이 반드시 지켜져야 하는가? 아니면, 조기에 언어발달의 지연이 있었던 아스퍼거 증후군은 존재할 수 있는가?
c. 신경심리학적 특성으로, 지능검사에서 높은 언어성 지능(verbal ability)과 상대적으로 떨어지는 동작성 지능(visual-perceptual/spatial ability)의 소견이 아스퍼거 증후군의 전형적인 특징인가? 아

니면, 아스퍼거 증후군에서도 언어성 지능이 동작성 지능에 비하여 상대적으로 떨어지는 소견을 보일 수 있는가?

1) 유럽의 견해(spectrum approach)

2004년 영국의 Uta Frith가 아스퍼거 증후군의 진단에 있어 혼돈스러움에 대하여 자세히 설명했으며, 유럽의 보편적인 견해라고 주장하면서, 전부 다는 아닐지라도 Gillberg와 Gillberg의 진단기준을 상당 부분 인용하였다. 즉, 아스퍼거 증후군은 자폐증과 근본적으로 다른 장애라기보다는 자폐스펙트럼장애의 경미한 축의 끝에 위치하는 자폐증의 변형된 한 형태라고 했으며, Wing이 자폐스펙트럼장애의 범주에 아스퍼거 증후군을 포함시켰듯이, 결과적으로 고기능 자폐증과 아스퍼거 증후군을 구별하지 않는다고 하였다. 현재 고기능 자폐증이라는 용어가 아스퍼거 증후군에 비하여 훨씬 많이 사용되고, 실제적으로 아스퍼거 증후군과 혼용되고 있다고 주장하였다.

2007년 핀란드 대학교의 Matilla 등이 설명하는 아스퍼거 증후군의 견해 역시 이와 유사하여, spectrum approach를 주장하는 그룹에서는 성인이 되어 보이는 임상양상은 아스퍼거 증후군과 고기능 자폐증이 매우 흡사하다고 주장하면서, 현실적으로 두 장애의 치료방식에 있어 차이점이 없다는 점을 강조하고 있었다. 그러나 Frith의 설명과 비교하여 한 가지 중요한 차이점이 존재한다. Frith는 Gillberg와 Gillberg의 기준에서 밝히듯이, 아스퍼거 증후군의 진단에 조기의 언어 및 인지기능 지연이 없어야 한다는 점이 반드시 필요한 것은 아니라고 하면서, 어느 기준이 맞을지는 시간이 말해줄 것이라고까지 기술하고 있었다. 한편 Matilla 등은 DSM-IV/ICD-10 진단기준처럼, 조기의 언어나 인지기능 발달의 지연이 없어야 한다는 점이 보편적인 견해라고 적고 있었다. 즉, 유럽 내에서도 나이가 어려서 언어 발달 및 인지기능의 저하가 없어야 한다는 진단기준에 있어 이견이 존재함을 알 수 있었다. 유럽에서의 연구자들은 아스퍼거 증후군의 범주를 표현형(phenotype)으로 매우 포괄적으로 보고 있다. 유사한 면이 있지만, 상대적으로 경미한 양상을 보이는 비언어성 학습장애를 광범위한 아스퍼거 증후군에 속하는 것으로 간주하며, 결과적으로 아스퍼거 증후군의 예후를 상당히 긍정적으로 보고 있었다.

아스퍼거 증후군의 신경심리학적 소견을 보면, 웩슬러 아동용 지능검사에서 동작성 지능이 언어성 지능보다 낮은 특징을 보이고 있다. 그러나 Frith와 Cederlund 등은 아스퍼거 증후군에서 비언어성 지능, 즉 시지각/시공간적 능력이 떨어지는 경향이 있지만, 아스퍼거 증후군과 고기능 자폐증을 별개의 장애로 진단할 정도로 명확하게 차이를 보여주는 연구결과는 없다고 하였다. 그리고 유럽에서 실제적으로는 고기능 자폐증이라는 용어가 아스퍼거 증후군에 비하여 자주 사용되고 있지만, 아스퍼거 증후군이 여전히 의미 있게 사용되는 이유 중 하나는 일반인들이 일상적인 상황에서 종종 마주칠 수 있는 경우로서 강박적일 정도로 협소한 분야에의 지나친 관심과 사회생활에서의 부적응을 보이는 사람들에 대하여 상태를 설명하고 이해를 돕는 데 중요하기 때문이라고 하였다.

2) 미국에서의 견해

미국에서는 아스퍼거 증후군의 진단에 DSM-IV-TR 진단기준을 우선적으로 사용하고 있는 편이다. 미국에서의 보편적인 견해는 아스퍼거 증후군(DSM-IV에서는 아스퍼거장애)과 고기능 자폐증을 다른 별개의 장애로 보고 있다. DSM-IV의 진단기준에서는 이러한 부분이 다른 특정 전반적 발달장애나 정신분열증의 진단기준에 맞지 않는다는 항목으로 포함되어 있다. DSM-IV의 아스퍼거장애 진단기준을 만드는 데 참여했던 예일대학교의 Ami Klin과 Fred Volkmar 등은 유전적으로 고기능 자폐증과 아스퍼거 증후군에 관련된 인자들이 다르다는 연구들이 많이 발표하면서, 자폐증과 아스퍼거 증후군은 원인론적으로 다르다는 관점을 일관성 있게 주장해왔다. 그 외에도 Rinehart 등과 Khouzam 등이 아스퍼거 증후군과 고기능 자폐증을 하나의 스펙트럼으로 보는 견해에 문제 제기를 하고 있다. 미국에서도 Towbin과 같은 전문가는 고기능 자폐증이나 아스퍼거 증후군의 치료로 사회성 발달을 위한 프로그램이나 약물치료에 있어서 두 질환 사이에 차이가 없다고 하면서, 아스퍼거 증후군과 고기능 자폐증을 구분하는 것은 별 의미가 없다고 주장하였다.

미국에서의 견해로는, DSM-IV/ICD-10 진단기준에서처럼 조기에 언어 및 인지기능의 발달에 지연이 없어야 한다는 점을 보편적으로 받아들이고 있었다. 물론, 이 항목 한 가지만으로 진단을 내리는 것은 아니지만, 감별진단에 있어 중요한 항목이라 할 수 있었다.

또한 진단에 있어 아스퍼거 증후군만의 독특한 특징들에 대한 이해가 매우 중요하다. 아스퍼거 증후군을 보이는 아동은 스스로 소외되어 떨어져 있기보다는, 타인과의 관계형성을 추구하지만, 사회적 상황에서 어색하거나 부적절한 모습을 보인다. 아동이 어려서 언어발달이 늦었거나 반향어와 같은 현상은 없으며, 언어발달이 정상범주이거나 오히려 조숙했던 면이 있다. 그러나 상대방과 대화를 상황에 맞추어 의사소통하는 능력이 떨어지는 양상을 보여 화용언어의 저하가 특징적이다. 아스퍼거 증후군 아동의 의사소통 양상을 보면, 대화내용이 핵심에 쉽게 도달하지 못하고, 우회적이며 자신의 의도를 명백하게 전달하지 못하는 경우가 있다. 그리고 대화상황에서 주제를 적절하게 전환하거나 새로운 내용을 상대방에게 효율적으로 소개하지 못한다. 또한 특이하고 제한된 영역에 관심을 보임에 따라 지나치게 자기중심적인 모습을 나타내게 되며, 이러한 특성이 일반적인 교육이나 사회적 관계형성에 있어 방해가 되어, 상대방의 관점이나 생각을 이해하지 못하고 자신만의 관점에서 대화를 하기 때문에 일방적인 대화를 하기 마련이다. 그러나 일반적으로 아스퍼거 증후군의 경우는 고기능 자폐증에 비하여 사회적인 상황에의 동기부여가 보다 크고 참여적이라 할 수 있다.

아스퍼거 증후군의 경우는, 웩슬러 아동용 지능검사에서 일반적으로 동작성 지능이 언어성 지능보다 낮은 반면(PIQ<VIQ), 고기능 자폐증은 동작성 지능이 언어성 지능보다 높게 나오는 경향이 많다(PIQ>VIQ). 일반적으로, 아스퍼거 증후군은 IQ가 정상범주이거나 정상범주에 가까운 수준을 보인다. 종종 매우 우수한 지능을 보이기도 하여 부모가 자신의 자녀가 영재라는 기대를 갖게 하기도 한다.

Klin 등은 아스퍼거 증후군은 신경심리학적으로 비언어성 학습장애의 특성을 포함한다고 주장하면서, 이러한 인지기능상의 소견은 아스퍼거 증후군의 중요한 특징이라 하였으며, Reitzel과 Szatmari 역시 시지각/시공간적 능력이 떨어지는 것이 아스퍼거 증후군의 주요한 소견으로 보았다.

미국과 유럽에서의 아스퍼거 증후군에 대한 견해를 요약해보자. 미국에서는 고기능 자폐증과 아스퍼거 증후군은 원인적으로 다르다는 관점을 일관성 있게 주장하면서, DSM-IV-TR 진단기준에서처럼 조기에 언어 및 인지기능의 발달에 지연이 없어야 한다는 점을 보편적으로 받아들였다. 또한 인지기능의 특성으로, 지능검사에서 언어성 지능이 상대적으로 높고, 동작성 지능이 상대적으로 떨어져서 시지각 발달의 어려움을 보이는 소견이 아스퍼거 증후군의 전형적인 특징으로 간주하였다. 한편, 유럽에서는 아스퍼거 증후군은 자폐증과 근본적으로 다른 장애라기보다는, 자폐 스펙트럼장애의 경미한 축의 끝에 위치하는 자폐증의 변형된 한 형태라고 하면서, 자폐스펙트럼장애의 범주에 아스퍼거 증후군을 포함시켜서, 결과적으로 고기능 자폐증과 아스퍼거 증후군을 구별하지 않는다. 또한, Gillberg의 진단기준에서 밝히듯이, 아스퍼거 증후군의 진단에 조기의 언어 및 인지기능 지연이 없어야 한다는 점이 반드시 필요한 것은 아니라고 하면서, 소수의 경우에는 아스퍼거 증후군에서도 조기에 언어 발달의 지연이 있을 수 있다고 하였다. 인지기능의 측면에서 아스퍼거 증후군에서도 언어성 지능이 동작성 지능에 비하여 상대적으로 떨어지는 소견을 종종 보일 수 있다고 주장하였다. 또 하나의 중요한 차이는, 미국에서는 아스퍼거 증후군은 위에서 언급한 임상적인 양상을 보이면서, 자폐적인 특성이 뚜렷해야 한다고 주장하나, 유럽에서는 아스퍼거 증후군의 범주를 표현형(phenotype)으로 매우 포괄적으로 보아, 자폐적인 특성이 뚜렷한 경우는 물론이고, 자폐적인 특성이 별로 없으면서 특이한 영역이나 대상에 관심이 많으며, 대인관계에 서투른 양상을 보이면서 평생 동안의 엉뚱함(lifelong eccentricity)을 개인의 특징으로 하는 대상들에게도 아스퍼거 증후군 또는 아스퍼거 성향이라는 표현을 사용하는 경향을 보였다.

4. DSM-5와 아스퍼거 증후군

2013년 5월 새로운 진단기준인 DSM-5가 출간되어 기존의 자폐성 장애(Autistic disorder), 아스퍼거 증후군, 비전형적인 자폐증에 해당하는 PDD, NOS, 소아기 붕괴성 장애 등의 진단명을 없애고, 자폐스펙트럼장애로 포함시키고 있다. 레트 장애(Rett's disorder)는 어려서만 일시적으로 자폐적인 증상을 보이고 신경계 질환으로 보아야 하며, DSM-5에서 그 진단명이 빠지게 되었다. 또한, 전반적 발달장애(Pervasive Developmental Disorder)의 용어 대신 자폐스펙트럼장애를 새로운 용어로 공식적으로 사용한다.

제3절 아스퍼거 증후군의 진단과정 및 진단기준

신박이 아스퍼거 증후군 환자들을 처음 만난 곳은 미국 뉴욕의 뉴욕대학병원(New York University Medical Center) 소아청소년정신과의 발달장애클리닉이었다. 당시 신박은 미국에 소아청소년정신과 공부를 하기 위하여 연수를 간 상태였다. 발달장애클리닉의 디렉터였던 Dr. J. Gerald Young 박사는 자신이 자폐증, 아스퍼거 증후군 등 발달장애 환자들을 진료할 때, 신박이 옆에서 관찰할 수 있도록 배려하였다. 또한, 매 환자의 진료를 마친 뒤, 그 환자의 진단기준에 대한 복사물을 보면서 방금 진료를 끝낸 환자의 증상이 DSM-IV의 진단기준과 얼마나 부합되는지를 함께 체크하고, 향후 치료계획에 대하여 Young 박사는 신박에게 질문을 하거나 논의하는 기회를 주었다. 신박은 일주일에 3~4회가량 클리닉 진료에 꾸준하게 참여하면서, 자폐스펙트럼장애 환자군과 아스퍼거 증후군을 보이는 환자들을 다양하게 경험할 수 있었다. 신박에게 Young 박사는 발달장애에 관하여 눈을 뜨게 해준 매우 훌륭한 멘토였다.

우리나라로 귀국한 후 현재의 소아청소년정신과 클리닉을 운영하면서, 신박은 아스퍼거 증후군의 환자들을 진료할 때 아스퍼거 증후군의 진단에 대하여 안타까운 심정일 때가 꽤 많았다.

1. 우리나라에서 아스퍼거 증후군 진단의 변천과정

아스퍼거 증후군의 진단과 관련하여 신박이 나름대로 정리한 3단계의 발달 과정에 대하여 논의해보고자 한다.

1) 1단계

2000년경에는 보호자가 자신의 아들이 아스퍼거 증후군이 의심된다고 하면서 다른 곳에서 아스퍼거 증후군이라고 진단을 받았다고 의뢰된 환자들이, 신박이 보기에는 아동의 상태가 소아청소년정신과 의사들이 진단에 사용하는 DSM-IV의 아스퍼거 증후군의 기준에 전혀 맞지 않았다. 예를 들어, 아스퍼거 증후군 환자들은 어려서부터 언어능력이 비교적 발달하는 양상을 보여 약 만 5세경까지는 또래의 정상 아동들과 쉽게 구분하기가 어려운 것이 주요 특징이지만, 보호자가 아스퍼거 증후군을 걱정하면서 데려 온 아동들은 초등학생임에도 불구하고 언어표현력에 있어 문장구성을 제대로 하지 못하는 수준일 때가 많았다. 또한, 아스퍼거 증후군는 웩슬러 아동용 지능검사에서 동작성 지능이 언어성 지능보다 낮으며, 자폐증 환자군보다 아스퍼거 증후군의 경우 지능이 높다고 일반적으로 생각되어 아스퍼거 증후군은 IQ가 정상범주이거나 정상범주에 가까운 수준을 보이는 경우가 대부분이지만, 신박의 클리닉에 방문하여 아스퍼거 증후군이라는 진단을 염려했던 초등학생이나 중학생들은 언어성 지능이 동작성 지능에 비하여 뚜렷하게 낮고 지능 자체가 떨어지는 경우들이 많았다. 신박은 아스퍼거 증후군이라는 진단을 내리는 데 이러한 경험을 종종 할 수 있었다. 소아청소년정신과 의사들이나 각종 치료실에서 아스퍼거 증후군에 대하여 어느 정도의 지식은 있으나, 경험이 부족하고 아직 진단에 대한 체계가 잡혀 있지 않던 시기였다. 신박은 이 시기를 아스퍼거 증후군 진단의 초기 단계로 생각하고 있다.

2) 2단계

신박은 약 2000년대 중반부터 아스퍼거 증후군의 진단에 대하여 정확도가 높아지고, 전반적으로 아스퍼거 증후군에 대한 이해가 발전하였다고 생각한다. 아스퍼거 증후군이 의심되는 아동이 보호자와 함께 신박의 클리닉을 방문하여 second opinion을 원하는 경우가 많다. 즉, 다른 병원이나 치료센터에서 아스퍼거 증후군이라고 진단을 받았는데, 이 진단이 정확한지 신박의 소견을 듣고 싶다는 것이다. 이런 경우에 의뢰된 아동들을 진료실에서 45분가량 진료를 하면서 관찰을 하는데, 외견상으로는 DSM-IV 진단기준에 부합된다고 생각되는 경우가 과거에 비하여 현저하게 많아졌다.

하지만 유럽의 견해가 국내에서 받아들여진 후, 아스퍼거 증후군의 진단에 있어 혼돈이 나타나기 시작하였다. 유럽에서는 아스퍼거 증후군은 고기능 자폐증과 근본적으로 다른 장애라기보다는, 자폐스펙트럼장애의 경미한 축의 끝에 위치하는 자폐증의 변형된 한 형태로 인식하여, Lorna Wing이 자폐스펙트럼장애의 범주에 아스퍼거 증후군을 포함시켰듯이, 결과적으로 고기능 자폐증과 아스퍼거 증후군을 구별하지 않고 있다. 아스퍼거 증후군의 일부에서는 언어발달의 지연이 있을 수 있다는 주장이 어느 정도 공감을 얻고 있다.

3) 3단계

DSM-5가 출간된 후, 아스퍼거 증후군은 고기능의 자폐스펙트럼장애로 보아야 한다는 관점을 보편적으로 인정하고 있다. 아스퍼거 증후군의 진정한 전문가가 되려면, 기존의 DSM-IV-TR의 진단기준뿐만 아니라 새로운 진단기준인 DSM-5를 숙지하여 기준에 맞게 진단을 내리는 것은 당연한 소양이라고 여겨지고, 아스퍼거 증후군과 유사한 임상양상을 보이는 여타 장애들과의 차이점에 대하여 감별진단을 정확하게 하는 것이 매우 중요한 점이라고 할 수 있다.

2. 진단기준

현재의 공식적인 진단기준은 DSM-5(2013)이다. 현재는 아스퍼거 증후군의 진단명은 사라지고 자폐스펙트럼장애의 진단에 포함되었다. 따라서, 아스퍼거 증후군은 고기능의 자폐스펙트럼장애로 인식되고 진단되어야 한다.

하지만, 과거에는 DSM-IV-TR이나 ICD-10의 아스퍼거 증후군 진단에 한계가 있음을 비판하는 연구자들은 특히, 생후 초기에 언어 발달이나 인지기능에 있어 발달에 있어서 임상적으로 심각한 지연은 없다는 증상 발생 시기에 대한 기준과 아스퍼거 증후군과 고기능 자폐증의 감별진단에 대하여 의문을 제기하면서, 진단기준에 대한 논란은 심화되었다.

아스퍼거 증후군에 대한 진단기준이 다양하여 Asperger의 진단기준, Wing의 기준, Gillberg와 Gillberg의 기준, Szatmari의 진단기준, ICD-10, DSM-IV-TR 등 여러 진단기준들이 논의되었다.

1) DSM-IV-TR의 아스퍼거장애 진단기준

a. 사회적 상호작용에서의 질적인 장해가 다음 가운데 적어도 2개 항목으로 표현된다.

① 사회적 상호작용을 조절하기 위한 눈 마주침, 얼굴 표정, 몸자세, 몸짓과 같은 여러 가지 비언어적인 행동을 사용함에 있어서 현저한 장애

② 발달수준에 맞는 친구 관계 발달의 실패

③ 다른 사람과 함께 기쁨, 관심, 성취를 나누고자 하는 자발적인 욕구의 결여(예 : 다른 사람에게 관심이 있는 사물을 보여주기, 가져오기, 지적하기의 결여)

④ 사회적 또는 감정적 상호관계의 결여

b. 제한적이고, 반복적이며, 상동증적인 행동이나 관심, 활동이 다음 가운데 적어도 1개 항목에서 나타난다.

① 강도나 초점에 있어서 비정상적인, 한 가지 이상의 상동증적이고 제한적인 관심에 집착

② 특정하고 비기능적인, 틀에 박힌 일이나 의식에 고집스럽게 매달림

③ 상동증적이고 반복적인 운동성 매너리즘(예 : 손 또는 손가락을 퍼덕거리거나 비꼬기, 또는 복잡한 전신 움직임)

④ 대상의 부분에 지속적인 집착

c. 장해가 사회적, 직업적, 또는 다른 중요한 기능 영역에서 임상적으로 심각한 장해를 일으킨다.

d. 임상적으로 심각한 전반적인 언어발달의 지연은 없다(예 : 단음절 단어를 2세에 사용하고, 의사소통을 위한 구를 3세에 사용한다).

e. 소아기에 인지 발달이나 나이에 맞는 자기보호 기술 및 적응 행동의 발달(사회적 상호작용 이외의), 환경에 대한 호기심의 발달에 있어서 임상적으로 심각한 지연은 없다.

f. 다른 특정 광범위성 (전반적) 발달장애나 정신분열증의 진단기준에 맞지 않는다.

2) Gillberg와 Gillberg(1989)의 아스퍼거 증후군 진단기준

a. Social impairments in reciprocal interactions(at least 2 of the following)

i) inability to interact with peers

ii) lack of desire to interact with peers

iii) lack of appreciation of social cues

iv) socially and emotionally inappropriate behavior

b. All absorbing narrow interests(at least one of the following)

i) exclusion of other activities

ii) repetitive adherence

iii) more rote than meaning

c. Impositions of routines and interests(at least one of the following)

i) on self, in aspects of life

ii) on others

d. Speech and language peculiarities(at least three of the following)

i) delayed development

ii) superficially, perfect expressive language

iii) formal, pedantic language

iv) odd prosody, peculiar voice characteristics

v) impairments of comprehension including misinterpretation of literal/implied meanings

e. Non-verbal communication problems(at least one of the following)

i) limited use of gestures

ii) clumsy/gauche body language

iii) limited facial expressions

iv) inappropriate expression

v) peculiar, stiff gaze

f. Motor clumsiness

poor performance on a neuro-developmental examination

논란이 있는 여러 주제들 중 대표적인 것이, DSM-IV/ICD-10의 진단기준에서는 '임상적으로 심각한 전반적인 언어발달의 지연은 없다'는 점을 강조하고 있는 반면, Gillberg와 Gillberg의 기준에서는 아스퍼거 증후군의 일부 경우에 언어발달의 지연이 있을 수 있다는 점을 허용하고 있다.

DSM-IV/ICD-10의 진단기준에서는 아스퍼거장애와 고기능 자폐증을 다른 종류의 장애로 보고 있다. 그러나 Gillberg와 Gillberg의 기준에서는 아스퍼거 증후군을 자폐스펙트럼장애의 경미한 한 형태로 보아 구분하지 않는다.

3. DSM-5에서 아스퍼거 증후군의 운명

2013년 5월에 출간된 DSM-5(미국정신의학)에서는 자폐성장애(Autistic disorder), 아스퍼거 증후군, PDD, NOS, 소아기 붕괴성장애 등의 진단명을 없애고, 자폐스펙트럼장애에 포함시키고 있다. 레트장애(Rett's disorder)는 어려서만 일시적으로 자폐적인 증상을 보이고 신경계 질환으로 보아야 하며, DSM-5에서는 그 진단명이 빠졌다. 또한, 전반적 발달장애(pervasive developmental disorder)라는 용어 대신 자폐스펙트럼장애를 새로운 용어로 공식적으로 사용한다.

자폐스펙트럼장애와 아스퍼거 증후군과의 연관성에 대하여 보다 언급하자면, 아스퍼거 증후군을 자폐스펙트럼장애의 경미한 축의 끝에 위치하는 고기능 자폐증의 한 형태로 보며, 고기능 자폐증과 아스퍼거 증후군을 구별하여 진단하지 않는다. 즉, 자폐스펙트럼장애에 해당하는 자폐적인 특성을 나타내면서, 사회성이 떨어지고 사회적인 적응력이 부족하며, 반복적인 집착행위나 특이한 관심이 지속되는 증상을 보이는 고기능(IQ가 정상범주이거나 정상범주에 가까운)의 경우에 있어, 진단을 아스퍼거 증후군이 아니라 자폐스펙트럼장애로 내린다는 의미이다. 이는 아스퍼거 증후군의 진단 분류가 사라짐을 뜻한다. 또한, 기존에 아스퍼거 증후군이라고 진단받은 경우에는 자폐스펙트럼장애로 재진단되어야 한다.

2013년 DSM-5가 출간된 후, 미국 정신의학계뿐만 아니라 우리나라의 정신의학계 역시 새로운 진단기준인 DSM-5를 전적으로 수용하고 있다. 물론 아스퍼거 증후군과 관련하여, 이 역시 우리나라의 정신과(소아청소년정신과를 포함하여)에서는 DSM-5의 결론을 따르고 있다.

DSM-5 : 자폐스펙트럼장애

A. 다음과 같은 증상이 분명히, 현재 혹은 과거에, 다양한 맥락에 따른 사회적 의사소통 및 사회적 상호작용에 지속적인 결함이 있다.

1. 비정상적인 사회적 접근 및 정상적인 상호 대화의 실패에서부터 흥미, 정서, 애정의 공유감소, 사회적 상호작용을 시작하거나 반응하기의 실패에 이르기까지 사회-정서적 상호성에서의 결함.
2. 언어적 및 비언어적 의사소통의 통합 부족에서부터 비정상적인 눈 맞춤과 몸짓언어 혹은 몸짓의 이해와 사용의 결함, 얼굴표정의 부족 및 비언어적 의사소통에 이르기까지 사회적 상호작용을 위해 사용되는 비언어적 의사소통 행동의 결함.
3. 다양한 사회적 맥락에 맞는 적응 행동의 곤란에서부터 상상놀이를 하거나 친구사귀기의 곤란, 또래에 대한 관심 부재에 이르기까지 관계를 맺고, 유지하고, 이해하기 등의 결함.

B. 다음과 같은 증상 중 2개 이상이 분명히, 현재 혹은 과거에, 제한되고 반복적인 행동, 흥미 혹은 활동을 보인다.

1. 상동적이거나 반복적인 근육운동, 물건 사용, 혹은 말(예, 단순 운동적 상동행동, 장난감 일렬로 늘어놓기나 물건 뒤집기, 반향어, 특이한 구 등)

2. 동일성 고집, 융통성없이 틀에 박힌 일의 집착, 혹은 언어적/비언어적 의식화된 행동(예, 사소한 변화에 극도의 고통, 전환 곤란, 엄격한 사고, 의식적인 인사, 같은 길로 가려고 하거나 매일 같은 음식을 먹으려는 욕구)
3. 관심사의 강도나 세기가 비정상적이고 아주 제한되어 있거나 고정되어 있음(예, 유별난 물건에 대한 강한 애착이나 몰입, 과도하게 고집스런 관심)
4. 감각자극에 대한 과잉행동 혹은 과소행동 혹은 그 환경의 감각적인 면에 유별난 관심(예, 통증/온도에 대한 무관심, 특정 소리나 옷감에 대한 혐오 반응, 과도하게 물건 냄새 맡기와 만지기, 불빛이나 움직이는 것에 대한 시각적 매료)

C. 이런 증상들이 초기 발달기에 나타난다.(그러나 사회적 의사소통 요구가 제한능력보다 커야 나타날 수 있고, 혹은 나중에 학습된 전략으로 가장될 수 있다.)

D. 이런 증상들이 사회, 직업 혹은 기타 중요한 현 기능에서 임상적으로 커다란 손상을 일으킨다.

E. 이런 문제들은 지적장애나 광범위성 발달지연으로 설명할 수 없다. 지적장애와 자폐스펙트럼장애는 흔히 동시에 나타나며, 지적장애와 자폐스펙트럼장애의 공존장애 진단을 위해서는 사회적 의사소통이 일반 발달수준의 기대치보다 저하되어야 한다.

자폐스펙트럼장애의 진단기준에 있어 DSM-5는 DSM-IV-TR과 비교하여 몇 가지 중요한 변화를 보이고 있다.

a. 아스퍼거 증후군(장애), PDD,NOS, 소아기 붕괴성 장애의 진단명이 없어지고, 자폐스펙트럼장애의 범주로 포함시키고 있다. ➜ADOS-G와 ADI-R은 전형적인 자폐증인 자폐성 장애와 보다 가벼운 상태의 개념으로 PDD, NOS를 구분하여 진단하지 않고 스펙트럼의 개념으로

진단하고 있다. 또한, ADOS-G와 ADI-R는 자폐스펙트럼장애와 아스퍼거 증후군을 구별하여 진단하는 면에 있어 한계가 있어 구분하기가 어렵다. 일반적으로 고기능 자폐증과 아스퍼거 증후군은 질환의 경과가 유사하다. 학령기 이전에는 증상의 차이가 어느 정도 있다는 주장이 있으나, 학령기를 지나 청소년기나 성인기로 갈수록 증상 구분이 어렵고, 두 질환에서 시행하는 치료방법은 별 차이가 없다. 즉, 동일한 장애로 보아야 한다는 의미이다.

b. 레트장애(Rett's disorder)는 DSM-5의 자폐스펙트럼장애 범주에서 진단분류가 사라질 예정이다. 이는 레트장애가 어려서 짧은 기간만 자폐증상을 보이며, MECP2 유전인자의 돌연변이가 근본 원인으로 알려져 있고, 진단적으로는 신경계 질환으로 보아야 할 듯하다.

c. 전반적 발달장애(pervasive developmental disorder)라는 용어 대신 자폐스펙트럼장애를 진단의 새로운 용어로 공식적으로 사용한다.

d. DSM-5의 자폐스펙트럼장애(autism spectrum disorder)의 진단범주에 아스퍼거장애가 포함되면서, 자폐성장애의 진단기준에서는 '언어발달의 지연' 항목이 빠졌으며, 사회적 의사소통(social communication)의 장해로서 포괄적으로 설명한다. 임상적으로 부모나 당사자의 회상에 의하여 어려서의 언어발달 지연을 확인하기가 어렵다는 점을 기술하고 있다. 연구 결과에서 보면, 아스퍼거 증후군의 지능검사에서 언어성 지능과 동작성 지능과의 차이에서 언어성 지능이 더 낮을 수도 있는 등, 일관되지 않는 결과를 보인다.

e. DSM-IV-TR에서는 자폐증상이 만 3세 이전에 발현되어야 한다는 나이의 제한이 있었으나, DSM-5에서는 나이 기준을 유아기(early childhood)라고만 기술하고 있다.

아마도 아스퍼거 증후군을 보이는 성인들이나 보호자들은 아스퍼거 증후군이 자폐스펙트럼장애에 포함이 되는 DSM-5에서의 변화를 불편하게 받아들일 수 있다.

4. 아스퍼거 증후군의 진단과 ADI-R/ADOS

신박이 아스퍼거 증후군을 진단함에 있어 ADI-R/ADOS를 시행한 이후에 결과점수로 진단을 받았다는 경우를 종종 볼 수 있다.

일반적으로 ADI-R은 아동의 일차 양육자와 면담을 통해, 다른 유형의 발달장애로부터 자폐스펙트럼장애를 감별진단하는 데 있어서 필요한 특징적 행동들의 자세한 묘사를 얻기 위하여 만들어졌다. 주요 진단적 특징에 초점을 맞추지만, 연관된 다른 행동들도 포함하며, 생후 만 4~5세경에 보이는 발달이정표의 세부 정보를 얻을 수 있다. 아동의 행동을 직접 관찰하여 평가하는 ADOS와 상호보완적 도구로 이용된다. 그러나 부모로부터 얻는 정보에 의존하므로, 부모가 자신의 자녀에 대하여 갖고 있는 선입견에 의하여 큰 영향을 받을 수 있다. ADI-R을 제대로 마치는 데 약 2시간 이상이 소요되므로 실제적인 임상상황에서 사용하기에 어려움이 많다. 또한, 만 2세 이하의 발달연령을 보이는 발달지체 아동을 자폐증으로 지나치게 많이 진단하여 변별력이 떨어지는 경향이 있다. ADI-R은 숙련된 면담기술과 면담자의 상세한 지식에 크게 의존하므로 철저한 훈련이 필수적이다.

ADOS-G는 ADOS와 PL-ADOS(Pre-Linguistic Autism Diagnostic Observation Scale)를 통합하여 발전시켰다. ADOS-G의 Module 1, 2가 PL-ADOS를 의미한다. PL-ADOS는 비언어적 아동을 대상으로 하는 관

찰척도로 만 2세~5세의 비자폐적 발달지체와 자폐스펙트럼장애를 구분하는데 효과적이다. 그러나 부모와의 상담이 빠져있어서 ADI-R을 이용한 부모 상담이 보충되어야 한다. ADOS-G는 전형적인 자폐증인 자폐성장애와 보다 가벼운 상태의 개념으로 PDD, NOS를 구분하여 진단을 할 수 없다. ADOS-G를 통하여 정확한 진단을 내리기 위하여 이 평가도구에 대한 충분한 훈련이 선행되어야 한다.

자폐스펙트럼장애와 다른 유형의 발달문제를 구분하고 평가를 하는 데 도움을 주는 다양한 진단 평가도구들이 개발되었으며, 특히, ADI-R/ADOS는 진단에 대한 정보를 제공하는 유용한 도구이다. 그러나 이러한 진단평가 도구들은 전문가들이 임상적인 판단을 하는 데 있어 도움을 주는 것이 주목적이며, 어떠한 도구도 자폐스펙트럼장애에 경험이 많은 전문가들의 세심한 임상적 평가를 대체할 수 없다.

DSM-5에서는 아스퍼거 증후군(장애)의 진단명이 없어지고, 자폐스펙트럼장애의 범주로 포함시키고 있다. 그 이유는 그동안 자폐스펙트럼장애의 진단에 있어 평가도구인 ADOS-G와 ADI-R의 사용으로 진단의 정확성이 상당히 높아지고, ADI-R/ADOS는 상호보완적 평가도구로 이용되고 있다. 일반적으로, ADI-R/ADOS는 전형적인 자폐증인 자폐성장애와 보다 가벼운 상태의 개념으로 PDD, NOS를 구분하여 진단하지 않고 스펙트럼의 개념으로 진단하고 있다.

또한, ADI-R/ADOS는 자폐스펙트럼장애와 아스퍼거 증후군을 구별하여 진단하는 면에 한계가 있어 구분하기가 어렵다. 고기능 자폐증과 아스퍼거 증후군은 질환의 경과가 유사하다. 아스퍼거 증후군은 유치원 및 초등학교 시기에는 고기능 자폐증의 양상과 다르게 나타나서 증상의 차이가 어느 정도 있으나, 학령기를 지나 청소년기나 성인기로 갈수록 증상 구분이 어렵고, 두 질환에서 시행하는 치료방법은 별 차이가 없다. 즉, 동일한 장애로 보아야 한다.

결론적으로, 아스퍼거 증후군을 진단함에 있어서 ADI-R/ADOS의 결과에 의존하여 진단을 내리는 것은 바람직하지 못하다. ADI-R/ADOS는 자폐스펙트럼장애를 진단하기 위하여 고안된 검사도구로 아스퍼거 증후군과 고기능 자폐증을 구분하기 어렵기 때문에 아스퍼거 증후군의 진단을 이 검사도구를 통하여 내린다는 것은 맞지 않으며, 단지 자폐스펙트럼장애의 여부를 판단할 수 있을 뿐이다. 또한 ADI-R/ADOS는 고기능의 자폐스펙트럼장애를 평가함에 있어, 자폐스펙트럼장애에 해당하지 않는 경우를 지나치게 과진단(over-diagnosis)한다는 단점이 있다. 따라서 아스퍼거 증후군은 검사지의 점수가 몇 점 이상이면 진단되는 식이 아니라, 발달장애에 정통한 전문의가 임상경험과 지식에 입각하여 내리는 임상적인 진단이라는 사실을 명심할 필요가 있다. 아동이 보이는 기능수준의 불균형을 파악하기 위하여 종합적인 심리검사를 시행하여야 한다.

제4절 성인기의 아스퍼거 증후군

아스퍼거 증후군의 증상을 보이는 성인들이 자신의 인생과 아스퍼거 증후군에 대한 개인적인 생각들을 쓴 글들이 상당히 있다. 그들 스스로는 글에서 강조하기를, 자신들은 환자가 아니며, 문제가 있다거나 병에 걸려 고통을 받고 있다고 여기지 않는다고 주장하면서, 단지 남들과는 다른 성격과 욕구를 가지고 있을 뿐이고, 독특한 견해를 보일 때가 많은 경우라고 하며 'neurotypical people' 로 불려지기를 원하는 경우가 많다고 한다. 그들은 자신들의 특성이 나름 매력적인 부분이 있으며, 인류의 발전에 기여할 가능성이 있다고 생각하는 듯하다. 그러나 임상 전문가나 연구자들은, 그들의 견해를 부분적으로 인정한다 하더라도, 그들이 자신의 문제를 제대로 인식하지 못하여 병식이 매우 부족하고, 융통성이 부족하여 지나치게 자기중심적인 사고를 보이는 특성 등이 아스퍼거 증후군의 임상 양상에 해당한다는 점을 숙지하여야 한다. 아스퍼거 증후군 환자들이 자전적으로 쓴 글들의 공통적인 문제점은 전문가들에 의하여 내려진 진단을 신뢰하지 않으며, 진단 자체의 정당성을 인정하지 않는다는 것이다.

유럽의 연구자들이 아스퍼거 증후군에 대하여 쓴 논문이나 글들을 보면, 진단기준에는 정확하게 맞지는 않지만, 특이한 영역이나 대상에 관심이 많으며, 대인관계에 서투른 양상을 보이면서 평생 동안의 엉뚱함 (lifelong eccentricity)을 개인의 특징으로 하는 대상들에게 '아스퍼거 성향(Asperger trait)', 'neurotypical people', '잠재적 아스퍼거 증후군(latent Asperger syndrome)' 등의 표현을 사용하고 있다.

우리나라에서도 최근에 전형적인 아스퍼거 증후군에 해당되지 않으면서, 사회적 관계형성에서의 어색함과 협소하고 경직된 사고, 지속적으로 특이하거나 엉뚱함을 보이는 대상들에게 '아스피(Aspie)' 나 'neurotypicals' 로 명명하는 논의가 꽤 만연해 있는 듯하다.

우리나라에서도 일부 전문가들이 수년 전부터 유럽의 포괄적인 관점을 받아들여, 자폐적인 특성은 별로 없으면서 사회성이 부족하고 특이한 관심을 보이며, 종종 운동신경은 떨어지고, 불안증상이나 틱 증상을 동반하기도 하는 경우를 아스퍼거 증후군 내지는 아스퍼거 성향이라고 진단을 내리는 관행이 존재하고 있다. 이러한 관점에 대하여 상당수의 성인들이 동의하여, 결과적으로 자신이 아스퍼거 증후군이라고 생각하는 경우들이 많아졌다. 이러한 주장의 이론적 근거로 Christopher Gillberg의 책 『A Guide to Asperger Syndrome』(2002)이 자주 인용되고 있다. 사실상,

Gillberg는 자신의 연구 논문에서 고기능 자폐증과 아스퍼거 증후군을 구분하지 않고 하나의 범주로 보아 자폐스펙트럼장애에 포함하는 것으로 분류해야 하고, 어려서 언어발달의 지연이 있는 경우도 아스퍼거 증후군에서 있을 수 있다는 견해를 일관되게 주장하였으며, 이러한 주장은 DSM-5에 반영되었다.

한편, 자폐적인 특성은 뚜렷하지 않으면서, 사회성이 부족하고 특이한 관심을 보이는 경우에도, 아스퍼거 증후군 내지는 아스퍼거 성향이라고 진단을 내린다는 주장은 Gillberg의 책에서만 언급되었고, 논문에서는 논의되지 않았다. 사실상 후자의 주장은 DSM-5에서는 인정되지 못한다. 이러한 주장은 DSM-5의 자폐스펙트럼장애의 진단의 취지로서, 아스퍼거 증후군은 자폐적인 특성이 뚜렷한 자폐스펙트럼장애의 범주에 포함된다는 관점에 심각하게 어긋나는 것으로 볼 수 있다.

1. 성인기 아스퍼거 증후군의 감별진단

아스퍼거 증후군과 유사하지만, 상대적으로 경미하면서 비전형적인 양상을 보이는 사례들을 대상으로 엄격한 진단과정을 시행한다면, 우리나라에서 스스로 성인기의 아스퍼거 증후군이라고 생각하는 사례들은 네 가지 유형으로 구분될 것이다.

1) 전형적인 경우

자폐적인 특성을 보이는 전형적인 아스퍼거 증후군의 경우이다. 성인들의 경우에 종종 임상에서 만날 수 있다. 성인이 된 아스퍼거 증후군은 대인관계에서 특이함이 두드러진다. 우리나라에서는 아스퍼거 성인은 대학에 진학하여 공부를 지속하거나, 또는 직업을 갖는 경우가 대부분이다.

대학에서 적응이 어려워서 학교를 도중에 그만두거나, 방송통신대학이나 사이버 대학으로 옮기기도 한다. 직업을 가져도, 직장에서 적응에 어려움이 많아 유지하기가 어렵다. 지적 능력이 뛰어난 경우라도 직업에서의 성취도가 기대만큼 높지 않는 것이 현실이다.

2) 자폐적인 특성은 없으면서, 증상이 유사한 경우 : 비언어성 학습장애

자폐적인 특성은 별로 없으면서, 사회성이 부족하다든지, 특이하고 제한된 관심을 보이고 운동신경이 떨어진다고 주장하는 범주에 해당하는 경우이다. 지능검사에서 언어성 지능에 비하여 동작성 지능이 뚜렷하게 떨어지는 경우는 비언어성 학습장애의 진단이 내려져야 할 것이다. 그 이유는, 아스퍼거 증후군과 비언어성 학습장애는 70~80% 정도에서 증상적으로 유사성을 보인다. 비언어성 학습장애와 아스퍼거 증후군의 차이에서 중요한 부분이 자폐적인 특성의 유무이다. 비언어성 학습장애는 자폐적인 특성이 없으면서, 사회성이 부족하고 시지각 발달이 유의하게 떨어지는 경우이다.

3) 사회적 의사소통장애

DSM-5에 새로이 포함된 진단기준으로 사회적 의사소통장애(social communication disorder)는 아동/청소년이 자폐스펙트럼장애의 진단기준에 해당이 안 되면서, 기본적인 어휘나 문장구성 능력이 별로 떨어지지 않지만, 화용언어가 심각하게 문제가 있어 대인관계나 사회성에 어려움이 발생하는 경우에 진단이 내려진다. 과거에 화용언어장애(pragmatic language impairment)로 진단을 내리던 경우들과 매우 유사하다고 할 수 있다.

4) 심리적인 이유로 사회성이 떨어지는 경우

아스퍼거 증후군이나 비언어성 학습장애와 관련이 없는 경우이다. 약간의 강박성향이 있고 불안이 두드러지는 것을 특징으로 하여, 심리적인 요인으로 나타나는 문제로 볼 수 있다. 이때 당사자는 인터넷에서 글을 읽고, 자신이 아스퍼거 증후군에 해당한다고 생각한다. 그러나 이러한 경우는 뇌기능의 이상으로 인하여 문제가 야기되는 아스퍼거 증후군이나 비언어성 학습장애와는 달리, 심리적인 요인이 근본적으로 사유이므로, 적극적인 심리치료를 시행하여야 한다.

2. 성인기 아스퍼거 증후군의 유형

성인기에서 아스퍼거 증후군이라는 진단이 동일하다고 할지라도, 개인의 임상양상은 매우 다양하다. 몇 가지 유형으로 구분하여 아스퍼거 증후군의 성인들이 보이는 증상을 살펴보도록 하자.

1) 고립되고 소심한 유형

고립되고 소외된 삶을 보이는 경우들이다. 이 그룹에서 기능수준이 높은 환자들은 혼자만의 시간을 즐겨하는 것처럼 보일 수 있으며, 외부의 자극이나 영향으로부터 마치 초연한 듯한 모습을 보이기도 한다. 하지만, 이 그룹에 해당하는 상당수의 경우들은 자폐스펙트럼장애에서 보이는 특징적인 모습을 보이고 있으며, 타인과의 상호작용이 어려우며 직장 등 사회생활에의 적응이 어려워 낙오되었고 고립된 생활양상을 보일 때가 대부분이다. 언어능력이나 IQ 수준으로 보아 고기능의 자폐스펙트럼장애에 해당한다고 할 수 있다.

예

A는 20대 후반의 남성이다. A는 청소년 시기에 대학병원 소아청소년정신과를 방문하여 아스퍼거 증후군으로 진단을 받았다. 공과대학을 졸업하여 지인의 도움으로 중소기업에 취직을 하였으나, 직장 동료들이 A의 특이함을 파악하여 별로 상대를 하지 않자 혼자만 지내려는 모습을 보였다. 결국 A는 회사에서 견디지 못하고 퇴사를 하였고 외출도 별로 하지 않으면서 주로 집에서만 지내고 있다. A는 집에서 가족과도 묻는 말에만 대답을 하며, 주로 인터넷 검색을 하거나, 관심기사를 읽으며 음악을 들으며 시간을 보낸다.

2) 나서기 좋아하고 눈치 없는 유형

엉뚱하고 나서기를 좋아하는 경우이다. 분위기 파악이 잘 안 되며 대화의 흐름과 무관하게 자신이 하고자 하는 말을 해야 하고, 자신의 관심사에 지나치게 충실하여 상대방의 입장은 무시되기 십상이다. 상대방을 지나치게 주시하거나 상대방과의 심리적인 거리가 적정하게 유지하기가 힘들다. 주변으로부터 눈치없이 나댄다는 평을 자주 듣는다.

B는 20대 중반인 남자 대학생으로 지방대학에 다니면서 기숙사 생활을 하였다. B의 부모는 B가 어려서부터 정신과적으로 문제가 있다는 생각을 하였다. 그동안 병원을 몇 번 찾았으나, 자세한 설명없이 약물치료만을 권고받았을 뿐이다. 대학생이 되어 대학병원을 방문하여 아스퍼거 증후군과 양극성장애라는 신단으로 병역면제를 받았다. B는 지방대학의 기숙사에서 적응의 어려움을 보이다가 마음속으로 갑자기 떠오른 성적인 생각을 주변에 있던 기숙사 동료 학생들에게 있는 그대로 말을 하여 문제가 발생하였고, 주말에 서울의 집으로 올라온 B는 다시 학교로 복귀하기를 거부하였다. 집에서 지내던 B는 자신의 생각을 여과 없이 얘기를 하는 모습을 보였으며, 자신이 말하고 싶은 얘기를 하지 않으면 직성이 풀리지 않고 만약 가족이 내용이 부적절하다 하여 얘기를 안 받아주고 제지를 하면 소리를 지르면서 감정 폭발하는 현상을 자주 보였다.

3) 고집스럽고 수동적인 유형

조심스럽고 수동적인 경우이다. 이 그룹에 해당하는 환자들은 소란을 일으키지 않으려고 노력하며, 다른 사람들부터 거부당하지 않으려고 애쓰고 있다. 친분관계를 확산시키려고 하지 않고, 타인들과 최소한의 관계를 유지하면서 조심스럽고 조용한 삶을 선택한다. 외형적으로 과묵하고 겸손하며 때로는 친절하다는 긍정적인 평가를 받기도 하지만, 심리내적으로는 고지식하거나 고집스러워서 변화에 저항적이며, 자기중심적이고 자신만의 집착이나 강박성향을 보유하고 있다. 이 그룹에서 일부의 기능 수준이 높은 경우들은 비교적 성공적으로 사회생활에 적응하기도 한다.

예

C는 20대 초반의 남자 대학생이다. 신박은 C를 재수생으로 수능시험을 마친 겨울에 처음 만났다. 이전까지 C는 사회성이 부족하고 관심이 특이한 것에 대하여 특별한 평가나 진단을 받아본 적이 없었다. 부모는 C가 사회성이 부족하여 대학에 들어가고 나서 적응에 어려움을 겪을까 염려가 되어 신박클리닉을 방문하게 되었다. 다른 사람들과 어울리게 되면 실수를 자주 할 수 있다는 점을 인식하고 있는 C는 청소년 시기부터 과묵하고 조용한 학생이었다. 꼭 필요한 경우에만 조심스럽게 얘기를 하고 웬만하면 조용한 대응방식을 고수하였다. 다른 사람과 의사소통 시 일상적인 대화는 가능하지만, 자신의 의사를 구체적이고 조리있게 전달하는 능력이 부족하였다. 실제 상황에서 핵심을 간과하고 불필요한 부분에 집착하여 그릇된 결론을 내릴 가능성이 높아 보였다. C의 취미는 록음악을 좋아하는 데, C 스스로 말하기를, 자신이 좋아하는 록음악은 매우 독특해서 주위에서 좋아하는 사람을 찾기가 어려웠다고 하였다. 부모나 주변에서 C에게 변화를 요구하였으나, C는 그냥 웃으면서 그러한 요구들을 무시하곤 한다.

3. 성인기 아스퍼거 평가

유럽에서 일부 연구자들이 기존의 아스퍼거 증후군 진단기준인 DSM-IV-TR이나 Gillberg의 진단기준에서 벗어나지 않고 기본적으로 동일한 원칙을 가지고 있지만, 성인기의 특성에 맞추어 약간 변형을 시킨 '성인기 아스퍼거 평가' 라는 진단기준을 만들었다. 하지만, 미국에서는 이 기준을 가지고 성인기 아스퍼거 증후군을 진단하지 않으며, 기존의 진단기준에 따라 임상적으로 진단을 내리고 있다. 그러다보니 국내에서도 신박을 비롯한 전문가들이 이 기준을 별로 사용하지 않고 있다.

우선적으로 아스퍼거 증후군은 자폐스펙트럼장애의 하나라는 점을 인식해야 한다. 이러한 인식을 바탕으로 성인기 아스퍼거 평가의 중심적인 진단기준은 두 가지이다.

a. 자신이 처해진 사회적 상황이나 상대방의 생각, 입장 또는 감정을 이해하기 어렵다.
b. 사회적 상황을 유연하게 다양한 시각으로 보기보다는 흑백논리에 입각하여 판단하는 경향이 강하다.
c. 추가적으로 다음의 다섯 가지 항목들 중 세 가지 이상에 해당하여야 한다.
  ① 대화가 자기중심적으로 이루어지고, 자신만의 주제를 지속적으로 말하는 경향이 강하다.
  ② 상대방과 대화를 개시하거나 유지하기가 어렵다.
  ③ 학자연하는 현학적인 대화 스타일을 보이며, 지나치게 자세히 얘기하려는 경향이 강하다.
  ④ 자신의 얘기에 대하여 상대방이 언제 재미있어 하는지 또는 지루해하는지를 인식하지 못한다.
  ⑤ 자신의 얘기를 듣는 상대방의 감정적인 상태를 고려하지 않고 직설적으로 말하는 경향이 강하다.
d. 발달 과정에서 다음과 같은 특성을 적어도 한 가지 이상 보여야 한다.
  ① 어려서 또래에 비하여 역할놀이나 상징놀이를 하지 못하였다.
  ② 어려서 픽션을 스스로 쓰거나 말하거나 또는 만들어내지 못했다.

③ 어려서 또래에 비하여 픽션 자체에 관심이 없거나 공상과학소설, 역사 또는 영화의 기술적인 측면 등에 국한하여 관심이 있었다.

4. 성인기 아스퍼거 증후군의 치료

신박이 임상에서 성인기의 아스퍼거 증후군이라고 스스로 주장하는 분들과 상담을 할 때, 1~2회의 초기 진료상담(각 45~50분)과 심리검사를 시행한다. 그런 뒤, 위의 경우들에 따라 적합한 치료계획을 제시한다. 비언어성 학습장애나 고기능의 아스퍼거 증후군의 경우는 인지행동치료의 관점에서 사회성 훈련을 하고 있다. 우리가 사회성 부족과 관련하여 임상에서 만나는 성인기의 환자군들 대부분은 지능은 정상범주이면서 학습능력도 평균 또는 그 이상에 해당하는 경우들이다. 상당수의 경우는 빠듯한 공부일정에도 불구하고, 문제해결을 위하여 정기적으로 심리치료를 시행하지만, 꽤 많은 경우에서는 시간이 부족함을 이유로 치료 받기를 주저하고 결국에는 필요한 치료 없이 세월은 지나가게 된다.

제5절 사회적 의사소통장애

DSM-5에 새로이 포함된 진단기준으로 사회적 의사소통장애(social communication disorder)는 아동/청소년이 자폐스펙트럼장애의 진단기준에 해당이 안 되면서, 기본적인 어휘나 문장구성 능력이 별로 떨어지지 않지만, 화용언어가 심각하게 문제가 있어 대인관계나 사회성에 어려움이 발생하는 경우에 진단이 내려진다.

사회적 의사소통장애는 몇 가지 임상적인 의미를 가진다.

1) 지능이나 기본적인 언어발달은 정상범주에 해당하면서, 사회적 상황에서 보이는 의사소통 능력의 저하를 보이는 경우들이 있다. 이러한 경우는 과거에 언어치료학계에서 화용언어장애(pragmatic language impairment)로 진단을 내리던 경우들과 매우 유사하다고 할 수 있다.

학령기 이후에 사회적 의사소통장애로 진단되는 아동들은 어려서 언어장애로 진단되어 치료를 꾸준하게 받아 왔으나, 충분하게 증상이 치료되지 못하고 문제가 남아 사회적 의사소통 장애로 진행되는 경우가 대부분이다. 어려서 언어발달이 늦었음에도 불구하고, 소아정신과에서의 진료나 언어치료 등을 전혀 받지 않은 상태로 지내다가 초등학교에 입학 후 타 아동들과의 차이를 알게 되어 뒤늦게 병원을 찾는 경우가 종종 있다. 후자의 경우에는 부모가 아동의 상태를 정확하게 인식하고 문제를 대처하는 데 다소 시간이 걸릴 수 있다.

2) 미국에서는 아스퍼거 증후군은 전형적인 임상적인 양상을 보이면서, 자폐적인 특성이 뚜렷해야 한다고 주장하나, 유럽에서는 아스퍼거 증후군의 범주를 표현형(phenotype)으로 매우 포괄적으로 보아, 자폐적인 특성이 뚜렷한 경우는 물론이고, 자폐적인 특성이 별로 없으면서 특이한 영역이나 대상에 관심이 많으며, 대인관계에 서투른 양상을 보이면서 평생 동안의 엉뚱함 (lifelong eccentricity)을 개인의 특징으로 하는 대상들에게도 아스퍼거 증후군 또는 아스퍼거 성향이라는 표현을 사용하는 경향을 보였다.

DSM-5에서는 아스퍼거 증후군은 자폐스펙트럼장애이므로, 향후에는 아스퍼거 증후군이 아니라 고기능의 자폐스펙트럼장애로 진단을 내리게 된다. 여기에 중요한 논란거리가 존재한다. 우리나라에서도 DSM-5 진단기준이 출간되기 전까지는 아스퍼거 증후군의 진단에 있어 혼돈이 있었다. 아스퍼거 증후군을 진담함에 있어 유럽의 견해를 받아들여 자폐성향이 별로 없어도 사회성 및 화용언어가 떨어지면 아스퍼거 증후군으로 광범위하게 진단을 내리던 시절이 있었다. 앞으로는 전형적인 자폐적 특성이 없이, 아스퍼거 성향과 유사하다고 하여 아스퍼거 증후군으로 진단내려서는 안 되며, 그러한 경우들의 상당수가 사회적 의사소통장애로 진단이 내려질 것으로 예상된다.

3) DSM-5에서 사회성과 의사소통에 뚜렷한 장해를 보이지만, 자폐스펙트럼장애의 진단기준에 맞지 않는 경우들은 사회적 의사소통장애로 진단을 내리도록 명시하고 있다. 여기에 해당하는 아동들의 기능수준이나 임상양상은 심각한 장해를 보이는 경우들도 포함될 가능성이 높다. 이러한 경우에 해당하는 아동들은 자폐스펙트럼장애의 치료원칙에 입각하여 동일한 치료를 받도록 권고하고 있다.

제6절 아스퍼거 증후군의 경과와 장기적인 예후

아스퍼거 증후군은 어려서 언어발달이 또래에 비하여 별로 떨어지지 않는 점이 주요한 특징이다. 그러다 보니, 일반적으로 아동이 만 5~6세가 지나면서, 부모가 자녀에 대하여 사회성이 부족하고 특이한 관심을 갖는 등 문제점들을 본격적으로 느끼기 시작한다.

부모님이 이러한 문제에 대하여 명확히 알고자 빠르게 노력하는 경우라면, 빠르면 유치원 7세 반에서, 보편적으로는 초등학교에 입학하여 소아청소년정신과를 방문하게 된다. 아동의 IQ가 정상범주 이상이라면, 부모가 병원에 찾는 시기가 더 늦추어질 수 있다. 부모가 소아청소년정신과를 방문하기 꺼려하여 치료가 시작되는 것이 늦어지는 경우가 종종 있어, 전문가의 입장에서 매우 안타깝게 생각한다.

아스퍼거 증후군은 대부분 IQ가 정상범주이거나 정상범주에 가까운 수준을 보인다. 종종 매우 우수한 지능을 보이기도 하여 부모가 자신의 자녀가 영재라는 기대를 갖게 하기도 한다.

일부의 아스퍼거 증후군에서 검사결과 아동의 IQ가 정신지체 수준의 지능(IQ 70 이하)을 보이며, 이때는 아스퍼거 증후군의 특성을 파악하는 것이 필요하지만, 지능이 낮음으로써 나타나는 인지기능의 문제들을 함께 파악하여야 한다. 또한 IQ가 경계선 지능(IQ 71~84 사이)인 경우도 꽤 되어, 아스퍼거 증후군 아동이 다 정상범주 이상의 지능을 보이는 것은 아니라는 점을 알아야 한다. 아스퍼거 증후군 아동이 성인이 되어 보일 수 있는 예후에 중요한 요소가 IQ와 언어구사능력이다. IQ와 언어구사능력이 좋으면 좋을수록 성인이 되어 보다 나은 기능 수준을 기대할 수 있다. 따라서, 초기 진료에서 아동의 지능이 떨어지는 소견은 예후에 제한점으로 작용할 수 있다. 아스퍼거 증후군 아동의 부모님들은 자녀의 IQ에 대하여 숙지하고 있는 것이 바람직하다. 자녀가 발달의 측면에서 변화가 많은 시기라면, 매년 심리검사(지능검사 포함)를 받는 것이 좋으며, 청소년기까지 적어도 매 3년마다 정기적으로 심리검사를 받는 것이 필요하다.

아스퍼거 증후군 아동이 나중에 성인이 되어 보일 수 있는 예후가 좋기를 기대한다면, 가능한 빨리 전문 클리닉을 방문하여 아동의 상태에 대하여 진단 및 적합한 치료를 받는 것이 매우 중요하다.

미국에서는 K-1(유치원 7세 반)이나 초등학교 저학년 때 문제가 나타나면, 보호자가 원하거나 아니면 학교에서 문제점을 인식하면, 특수교육 시스템에서 평가를 한 뒤, 아동의 상태에 따라 개별화된 치료계획표(IEP)를 만들어, 그에 따라 필요한 치료교육을 시행한다. 부모의 입장에서는 첫 단계에서 상대적으로 큰 어려움 없이 필요한 치료를 받기 시작할 수 있는 것이다. 하지만, 유감스럽게도, 우리나라에서는 부모님이 가능한 빨리 자녀의 문제점을 인지하고, 발달장애에 경험이 많은 소아청소년 정신과를 방문하여 상담을 하는 것이 현실적인 방법일 것이다.

아스퍼거 증후군과 고기능 자폐증의 예후는 그들이 보이는 IQ와 언어구사능력에 좌우된다고 알려져 있다.

캐나다의 저명한 발달장애 대가인 Peter Szatmari는 아스퍼거 증후군과 고기능 자폐증의 IQ가 동일하다면, 두 장애의 예후는 큰 차이가 없을 것이라고 보고하였다. 즉, IQ와 언어구사능력의 수준에 따라 성인이 되어 기능을 발휘할 것이며, 어느 정도의 한계를 인정해야 하지 않느냐는 암시를 하는 것이다.

1944년 아스퍼거 증후군을 처음으로 발표한 Hans Asperger는 처음 이 장애에 대하여 발표를 하면서, 아스퍼거 증후군 아동이 성인이 되어 보이는 예후를 매우 긍정적으로 보았다. 그러나 그의 말년에서는 유아 자폐증보다 좋은 예후를 보일 것이라고 했으나, 초기보다는 보다 조심스러운 전망을 한 것으로 알려져 있다. 아스퍼거 증후군의 예후에 대하여 전망한 자료들이 많지는 않으나, 신박이 이 책을 쓰면서 찾아보니 세계 유수의 발달장애 전문가들 중에서 영국을 비롯한 유럽권에서는 아스퍼거 증후군의 예후를 보다 좋은 쪽으로 보는 듯하고, 북미권에서는 아스퍼거 증후군이 성인기가 되어 상당한 호전을 이룰 수 있다는 점에는 동의하지만 자폐스펙트럼장애로서 가지는 어느 정도의 한계는 있으리라 보는 경향이 많다.

우리나라의 실정에서는, 부모들의 열정에도 불구하고, 아스퍼거 증후군 아동들이 성인기가 되어 보다 나은 예후를 기대하기 위하여 해결해야 할 과제들이 산적하다고 할 수 있다. 아스퍼거 증후군이 성인이 되어 좋은 예후를 기대하려면, 비교적 어려서 진단을 받고 아이의 상태에 필요한 치료들을 꾸준하게 받으면서, 정상 아동들과의 통합교육을 체계적으로 할 수 있는 기회를 갖는 것이다. 어려서부터 지속적으로 시행해온 사회성 발달훈련, 인지학습치료(시지각 발달훈련, 조직화 기술, 사회성 인지 개선 등), 작업치료(감각통합 훈련 포함), 심리치료 등을 청소년기가 되어서도 받아야 성인기가 되어 보다 나은 예후를 기대할 수 있다. 우리나라에서 아스퍼거 증후군이나 고기능 자폐증 아동들이 초등학교 고학년이나 중학생이 되면 환자의 상태에 맞추어 필요한 치료들이 지속되지 못하고 중단되는 경우들을 자주 보는데, 결과적으로 기대에 못 미치는 예후를 성인기에 보이게 될 것이다.

스웨덴의 저명한 아스퍼거 증후군 전문가인 Gillberg는 아스퍼거 증후군의 예후에 대하여 획기적인 논문을 2007년에 발표하였다. 연구에 참여한 아스퍼거 증후군 환자들은 만 16세 이상인 70명의 남자환자들이었으며, 진단이 내려진 지가 5년이 지난 경우들이었다. 지능검사 결과가 IQ 70이 넘는 환자들만 참여하였다.

70명 중 59명(84%)은 여전히 아스퍼거 증후군의 진단기준에 부합하였으며, 3명은 비전형적인 자폐증에 해당되었고, 8명(12%)은 더 이상 아스퍼거 증후군이나 자폐스펙트럼장애의 임상적인 진단기준에 맞지 않았다. 22세 이상의 환자군 22명 중 14명이 독립적인 생활이 가능하였다. 22세 이하의 환자들 중 5명도 독립적인 생활을 하고 있었다. 하지만, 독립적인 생활을 하더라도, 생활의 유지를 위하여 가족이나 주위로부터 도움과 지지를 받고 있었다. 70명 중 10명이 대학에서 공부를 하였거나, 졸업하여 학사학위를 가지고 있었다.

또한, 7명(10%)은 범죄와 관련하여 형사적인 처벌을 받은 적이 있었다. 전체적으로 보아, 아스퍼거 증후군 환자들 중 27%가 비교적 좋은 예후를 보이고 있었으며, 26%는 직업, 외부활동이나 친구 등이 없이 매우 제한된 활동만 가능하였다.

이러한 연구결과의 배경에는, 아스퍼거 증후군 아동들이 자라 성인이 되면 저절로 좋은 예후를 보이는 것이 아니라, 미국이나 스웨덴과 같은 선진국에서 갖춘 좋은 복지 시스템, 훌륭한 장애인 치료 프로그램들에서 어려서부터 꾸준하게 서비스를 받는다는 전제하에 좋은 예후를 기대할 수 있다는 사실을 명심해야 한다.

제7절 아스퍼거 증후군의 오해와 편견들

2000년도를 지나면서 유럽의 연구자들은 아스퍼거 증후군에서 기존의 진단기준인 DSM-IV에 대한 불만으로 인하여 많은 연구가 시작되었다. 특히 Christopher Gillberg는 이전부터 아스퍼거 증후군 아동의 연구에 박차를 가하여 유럽에서의 연구를 주도하였고 관련학계에서도 꾸준하게 관심을 갖기 시작했다. 미국에서는 이러한 분위기에 편승한 아스퍼거 증후군 아동의 부모들의 관심에 힘입어 아스퍼거 증후군 아동을 위한 다양한 치료중재 프로그램들이 소개되고 이러한 서비스를 제공하는 치료교육기관들이 많이 늘어난 것이 사실이다. 그러나 검증되지 않은 내용을 옳다고 하거나 주치료라 하여 비과학적으로 운영을 하는 기관들도 덩달아 늘어난 것 또한 현실이다. 아스퍼거 증후군에 대한 바른 이해를 돕기 위해 다음과 같은 허구와 편견적 내용을 점검해보는 것도 필요하다고 생각한다.

1) 아스퍼거 증후군은 치료가 불가능하며 평생 누군가의 도움을 받아가며 생존해야 한다

현재 정신의학계에서는 아스퍼거 증후군을 자폐스펙트럼장애에 해당하는 것으로 보기 때문에, 아스퍼거 증후군의 예후가 일반적으로 자폐증이 보이는 것과 유사하다고 생각할 수 있다. 아스퍼거 증후군 아동들의 대부분은 정상 수준의 인지능력을 보이기 때문에 학과수업의 내용이나 언어 기능에서는 크게 지체됨을 보이지 않는다. 아스퍼거 증후군은 대부분 IQ가 정상범주이거나 정상범주에 가까운 수준을 보인다. 종종 매우 우수한 지능을 보이기도 하여 부모가 자신의 자녀가 영재라는 기대를 갖게 하기도 한다. 따라서 자폐증에 비하여 예후가 상대적으로 양호하다고 알려졌다. 한 연구결과에 의하면, 아스퍼거 증후군 환자들 중 27%가 비교적 좋은 예후를 보이고 있었으며, 26%는 직업, 외부활동이나 친구 등이 없이 매우 제한된 활동만이 가능하였다. 아스퍼거 증후군 아동이 나중에 성인이 되어 보일 수 있는 예후가 좋기를 기대한다면, 가능한 빨리 전문 클리닉을 방문하여 아동의 상태에 대하여 진단 및 적합한 치료를 받는 것이 매우 중요하다.

2) 아스퍼거 증후군은 예후가 매우 좋아서 대부분의 경우에 나중에 결혼도 가능하고 사회생활에 적응할 수도 있다

유럽에서의 연구자들은 아스퍼서 증후군의 범주를 표현형(phenotype)으로 매우 포괄적으로 보고 있다. 증상적으로 유사한 면이 있지만, 상대적으로 경미하고 비전형적인 양상을 보이는 경우들을 광범위한 의미의 아스퍼거 증후군에 속하는 것으로 간주하며, 결과적으로 아스퍼거 증후군의 예후를 상당히 긍정적으로 보고 있는 듯하다. 영국을 비롯한 유럽권에서는 아스퍼거 증후군의 예후를 보다 좋은 쪽으로 보는 듯하고, 북미권에서는 아스퍼거 증후군이 성인기가 되어 상당한 호전을 이룰 수 있다는 점에는 동의하지만 자폐스펙트럼장애로서 가지는 어느 정도의 한계는 있으리라 보는 경향이 많다.

DSM-5의 새로운 진단기준이 만들어지면서 아스퍼거 증후군의 진단기준이 사라지고 자폐스펙트럼장애에 포함될 예정이다. 결론적으로 성인기의 아스퍼거 증후군은 고기능의 자폐스펙트럼장애와 유사한 예후를 보이지 않을까하는 전망이다. 사회생활의 적응에 있어, 소수의 매우 양호한 경우들을 제외하고는, 어느 정도의 기능적인 제한을 보이리라 예상을 할 수 있다.

3) 아스퍼거 증후군은 자폐적인 특성이 없어도 진단이 가능하다

우리나라에서도 일부 전문가들이 수년 전부터 유럽의 포괄적인 관점을 받아 들여, 자폐적인 특성은 별로 없으면서 사회성이 부족하고 특이한 관심을 보이며, 종종 운동신경은 떨어지고, 불안증상이나 틱 증상을 동반하기도 하는 경우를 아스퍼거 증후군 내지는 아스퍼거 성향이라고 진단을 내리는 관행이 존재하고 있다. 이러한 관점에 대하여 상당수의 성인들이 동의하여, 결과적으로 자신이 아스퍼거 증후군이라고 생각하는 경우들이 많아졌다. 이러한 주장의 이론적 근거로 Christopher Gillberg의 책 『A guide to Asperger syndrome』(2002)이 자주 인용되고 있다.

자폐적인 특성은 뚜렷하지 않으면서, 사회성이 부족하고 특이한 관심을 보이는 경우에도, 아스퍼거 증후군 내지는 아스퍼거 성향이라고 진단을 내린다는 주장은 Gillberg의 책에서만 언급되었고, Gillberg의 논문에서는 논의되지 않았다. 사실상 이러한 주장은 DSM-5에서는 인정되지 못한다. 이러한 주장은 DSM-5의 자폐스펙트럼장애의 진단의 취지로서, 아스퍼거 증후군은 자폐적인 특성이 존재하는 자폐스펙트럼장애에 포함된다는 관점에 심각하게 어긋나는 것으로 볼 수 있다.

4) 사회성이 부족하고 관심의 영역이 좁은 사람들은 아스퍼거 성향이 있다고 보아야 한다

아동이 지능은 정상 범주이면서 사회성의 부족을 보일 수 있는 경우들이 다양하다는 점을 인식하는 것이 필요하다. 아스퍼거 증후군을 비롯하여, 고기능 자폐증, 비언어성 학습장애, 언어성 학습장애, 소아기 분열성 인격(childhood schizoid personality) 등이 있다. 또한 학령기 이상의 아동에서 감정 조절의 어려움, 지속적인 우울 및 긴장감, 자존감의 저하, 자신감의 부족을 보이면서 친구들과의 관계에서 어려움을 보이는 경우들을 종종 관찰할 수 있다. 이러한 경우에서 보이는 사회성의 저하는 원인을 인지기능의 문제에서 찾기보다는 자녀가 환경에 부적응 양상을 보이거나 심리내적인 부적응으로 인한 대인관계의 어려움으로 보는 것이 타당할 것이다.

5) 성인 아스퍼거 증후군의 경우는 별도의 진단기준이 존재한다

유럽에서 일부 연구자들이 기존의 아스퍼거 증후군 진단기준인 DSM-IV-TR이나 Gillberg의 진단기준에서 벗어나지 않고 기본적으로 동일한 원칙을 가지고 있지만, 성인기의 특성에 맞추어 약간 변형을 시킨 '성인기 아스퍼거 평가' 라는 진단기준을 만들었다. 하지만, 미국에서는 이 기준을 가지고 성인기 아스퍼거 증후군을 진단하지 않으며, 기존의 진단기준에 따라 임상적으로 진단을 내리고 있다. 그러다 보니 국내에서도 신박을 비롯한 전문가들이 이 기준을 별로 사용하지 않고 있다.

우선적으로 아스퍼거 증후군은 자폐스펙트럼장애의 하나라는 점을 인식해야 한다. 이러한 인식을 바탕으로 성인기 아스퍼거 평가의 핵심적인 진단기준은 두 가지이다.

a. 자신이 처해진 사회적 상황이나 상대방의 생각, 입장 또는 감정을 이

해하기 어렵다.

b. 사회적 상황을 유연하게 다양한 시각으로 보기보다는 흑백논리에 입각하여 판단하는 경향이 강하다.

6) 아스퍼거 증후군 아동들은 늘 정서적으로 불안해서 속수무책이다

아스퍼거 증후군 아동들이 심리적으로 불안하고 초조함을 보이는 경우가 많이 있기는 하다. 하지만 늘 정서적으로 불안한 상태를 유지하는 것은 결코 아니다. 때로는 일반아동들과 같이 즐겁고 기쁜 마음을 표현하기도 하면, 정서적으로 평안함을 보일 때도 많다. 그런데 아스퍼거 증후군 아동들에 따라 심리적으로 좌절하여 우울이나 불안 증상을 심하게 보이는 경우도 있지만 결코 조절할 수 없는 것이 아니다. 우울이나 불안증상을 일으키는 상황을 이해하면 상황을 개선시키거나 예방할 수 있다.

7) 아스퍼거 증후군이 의심되는 아동들이 주의산만하다면, ADHD 진단으로 대체하여 진단할 수 있다

인터넷 카페에 아스퍼거 증후군 아동의 부모가 올린 글 중 일부이다.

> "저도 솔직히 저희 아들을 이해하기가 어렵습니다. 공개수업시간에 가보면 분명히 선생님을 보지 않고 몽상적인 것을 보아서는 ADHD인 것 같은데……. 너무나 정적이고 책을 너무 좋아하고 현학적인 말을 좋아하고 가끔 두뇌 게임에서 어른을 놀라게 하는 것, 친구에게 관심없는 것 보아서는 아스퍼거 증후군인 것 같고……."

공존질환(comorbidity)은 아스퍼거 증후군 환자가 발달과정에서 동반할 수 있는 정신과적 문제이다. 즉, 아스퍼거 증후군이 있는 아동이 주의집중력에 문제가 있어 ADHD의 진단을 받았을 때, 아스퍼거 증후군이라는 진단을 ADHD가 대체하는 것이 아니라, 아스퍼거 증후군에 ADHD

라는 공존질환이 동반하는 것이다. 이 환자의 경우는 소아청소년정신과 진단명이 두 개가 주어진다고 볼 수 있다. 그러므로, 치료계획 역시, 아스퍼거 증후군을 위한 전반적인 치료계획에 ADHD에 대한 치료를 추가하여야 한다.

8) 앨버트 아인슈타인이나 빌 게이츠는 아스퍼거 증후군에 해당한다

한 가지 예를 들어 보겠다. 만 10세가 지난 남아가 부모님과 함께 신박의 클리닉을 방문하였고, 부모는 아이가 아스퍼거 증후군이 의심된다고 하였다. 아동과 상담을 해보니, 언어발달이 또래의 수준에 비하여 꽤 떨어진다고 여겨졌으나, 간단한 수준의 기본적인 대화는 문제가 없어 보였다. 또한, 또래 아동들 수준에 비하여 대화 시 눈맞춤을 하거나 친구를 사귀는 데 어느 정도 어려움을 보였다. 부모에게 물어본 결과, 또래 아동들과 길게 의사교환을 한다든지, 주제토론을 하거나, 자신의 생각이나 주제에 대하여 구체적으로 서술하는 능력이 떨어졌다. 부모가 맞벌이여서 최근까지 병원에서 진료를 받지 못하였고, 치료 역시 전혀 이루어지지 못했다고 하였다. 아동의 발달력상 만 3세경 또래에 비하여 뚜렷하게 언어발달이 떨어졌으나, 특별한 치료 없이 유치원에 다니면서 조금씩 언어능력이 개선되었다고 하였다.

지능검사 결과, 전체 평균 IQ 105, 언어성 지능 94, 동작성 지능 115였다. 언어발달 연령이 생활 연령에 비하여 약 3년 정도 떨어졌다. 초기 진료 시에는 임상양상으로 보아 아스퍼거 증후군과 유사한 면이 있었다. 그러나 발달력상 어려서 뚜렷한 언어 발달의 지연이 있었고, 지능검사(WISC)에서 언어성 지능이 동작성 지능에 뚜렷하게 비하여 떨어진 점으로 보아, 부모에게 아스퍼거 증후군은 아니라고 말해주었다. 부모는 아스퍼거 증후군이 아니라는 얘기를 너무 빨리 하는 것이 아닌가의 질문을 하였다. 부모의 입장에서는 그렇게 생각할 수 있겠지만, 신박과 같은 전문가로서는 진료 및 검사 결과로 보아 아스퍼거 증후군이 아닌 것이 명백하기에, 아동에게 해당되는 진단으로 논의의 초점을 맞추어야 한다고 생각했다. 부모에게 아스퍼거 증후군이라는 진단에 미련을 버리고, 이 아동에게 해당되는 진단, 즉 고기능 자폐증이나 언어성 학습장애의 가능성에 대하여 설명을 해주어야 하는 것이다. 만약 이때 부모가 아스퍼거 증후군이라는 진단에 계속 매달려 있다면, 정해진 진료 시간 내에 아동의 상태에 대하여 충분한 논의가 이루어지지 못할 것이다.

결론적으로, 신박은 부모에게 고기능 자폐증보다 어려서 언어장애로 보였던 아동이 치료가 적절하게 이루어지지 않아 학령기에도 여전히 의사소통의 문제, 대인관계 등 사회성 발달의 어려움 및 학습영역의 부진을 보일 때 보이는 언어성 학습장애의 가능성을 설명하였다. 그 이유로는, 아동이 만 10세가 되도록 전문적인 치료교육을 전혀 받지 않은 상태로 언어표현 능력이나 의사소통은 부족하지만, 학교 수업을 웬만큼 따라가고 있었기 때문이다. 만약 이 아동이 고기능 자폐증이라면, 만 3세 이전부터 집중적인 조기 교육, 언어치료, 감각통합훈련, 부모의 열성적인 지원, 그 이후 모니터를 동반한 통합유치원 교육과 초등통합 등 수많은 노력을 통하여 아동이 어느 정도 초등학교에 적응하는 것이 가능해진다. 물론, 여전히 초등통합 상황에서 또래와의 상호작용을 위하여 모니터의 도움이 필요한 경우도 많다. 특이하게도, 신박이 상대적으로 예후가 좋은 언어성 학습장애의 가능성을 설명했음에도 불구하고, 자신의 자녀가 오히려 예후가 훨씬 안 좋은 고기능 자폐증이 아니냐면서, 진단에 대하여 회의를 표시하였다. 그러면서, 엄마가 고기능 자폐증이 나중에 정상이 될 수 있는 것이 아니냐면서, 아인슈타인이 아스퍼거 증후군일 수 있다는 얘기를 들었다고 하였다.

이 책을 쓰면서 해당 아동에 대하여 생각해보면, 부모가 고기능 자폐증에 대하여 개념이 부족하였으며, 아스퍼거 증후군과 고기능 자폐증을 구분하지 못하고 혼동하여 용어를 사용했던 것 같다.

당시 신박은 속으로 '웬, 아인슈타인!' 이라고 생각했는데, 영국 캠브리지대학교의 Simon Baron-Cohen 교수가 아인슈타인과 아이작 뉴턴의 전기를 면밀하게 살펴보니, 아스퍼거 증후군에 해당하는 증상들을 발견할 수 있었다는 보고를 했다는 기사를 나중에 인터넷을 통하여 읽을 수 있었다. Baron-Cohen은 자폐증에 대하여 연구도 많이 하고 유명한 교수인데, 이런 내용을 말하다니 내심 많이 놀랐다. 발달장애 전문가인 Baron-Cohen이 이러한 내용을 기사화하였으니, 나중에 이와 관련된 그의 연구가 발달장애 전문가들 사이에서 논란이 있으리라 예상하였다. 신박의 개인적인 생각으로는, 어려서 아스퍼거 증후군일 가능성이 높은 아동으로 자라면서 전반적 발달장애의 문제들을 개선시키기 위한 특수교육이나 전문적인 지원을 전혀 받지 못한 아인슈타인이 저절로 이러한 문제들이 개선되어 결혼을 하여 자녀를 갖고, 친구들과의 친분을 평생 유지하며, 대학교수로서 조직 문화의 생활을 할 수 있었고 결국에는 노벨상도 타고 세계 최고의 과학자가 되었다는 얘기가 타당할까하는 의구심이 들었다.

DSM-5에 의하면, 아스퍼거 증후군의 진단기준은 사라지고 자폐스펙트럼장애에 포함되었다. 아인슈타인이나 빌 게이츠가 아스퍼거 증후군이 되기 위해서는 우선적으로 자폐적인 특성을 보이는 자폐스펙트럼장애에 해당되어야 하는데, 그들을 자폐스펙트럼장애로 볼 수 있을까? 물론 아니다. 따라서 아인슈타인이나 빌 게이츠는 아스퍼거 증후군으로 볼 수 없는 것이다.

9) 화용언어가 떨어지는 것은 중요한 아스퍼거 성향이라고 볼 수 있다

아스퍼거 증후군은 언어적으로 사회적 상황에서 어색해하며, 상대방과 대화를 상황에 맞추어 의사소통하는 능력이 떨어지는 양상을 보여 화용언어의 저하가 특징적이다.

일반적으로 언어검사에서 생활연령에 비하여 언어발달연령이 6개월 이상 떨어지면, 언어치료를 추천한다. 그 차이가 1년 이상이면, 언어지연이 뚜렷하다고 말한다. 아동이 보이는 수용언어와 표현언어의 발달은 생활연령에 비하여 떨어지지 않으면서 상황에 적절한 의사소통기술이 부족한 경우에 화용언어의 지연이 있다고 정의한다. 이러한 화용언어의 지연이 특징적인 아스퍼거 성향 중 하나이다.

아동의 언어발달이 늦어 수용언어와 표현언어의 수준이 떨어지면 당연히 화용언어 역시 손상을 받아 떨어지게 된다. 이러한 경우는 진단적으로 화용언어의 지연이 있다는 표현을 사용하지 않는다. 일부에서는 아동의 수용언어와 표현언어가 뚜렷하게 떨어짐에도 불구하고, 여하튼 화용언어의 저하가 존재하므로 진단기준에 부합한다고 주장하기도 하는데, 이는 잘못된 생각이다.

흔하지는 않지만, 언어발달의 지연이 있을 수 있는 아스퍼거 증후군의 경우는, 일단 언어치료를 시작하면, 빠르게(대개는 6개월 이내) 언어발달이 개선이 되어 수용언어와 표현언어의 수준이 정상범주에 오르게 된다. 언어발달의 지연이 지속적으로 심각하게 존재하는 아스퍼거 증후군은 없다고 보아도 과언이 아니다. 만약 그렇다면, 오진일 가능성이 높다.

10) 만 3~4세의 어린 아동이 말투가 특이하거나 존대어를 많이 사용하면 아스퍼거 증후군을 의심해야 한다

일반적으로 아스퍼거 증후군의 말투가 특이한 경우가 많은 것은 사실이지만, 중요도의 우선순위에서 하위권에 해당하는 증상이라고 볼 수 있다. 특이한 말투만으로 아스퍼거 증후군 여부를 판단해서는 안 된다. 아스퍼거 증후군의 증상들 중 핵심적인 상위권에 해당하는 것들은 상호적인 대인관계 형성 능력이나 사회적 상황을 판단하여 대처하는 능력의 현저한 저하, 수용언어와 표현언어는 정상범주이면서 화용언어가 떨어지는 증상, 비언어적인 의사소통기술(눈맞춤, 얼굴표정, 제스처와 정서적 상호교류) 등이 대화상황에 적절하지 않을 때이다.

아스퍼거 증후군에서 특이한 말투가 의미가 있으려면, 신박이 상위권에 해당하는 증상이라고 하는 문제들이 필수증상으로서 모두 존재하면서, 아동이 하는 말투의 이상이 있어야 한다. 이때, 수용언어와 표현언어의 발달연령이 정상범주이면서 말투에 이상이 있어야만 의미 있는 아스퍼거 성향이라고 할 수 있다. 왜냐하면, 수용언어와 표현언어가 떨어지는 언어발달의 지체가 있으면, 당연히 아동의 말투도 정상과는 다르게 발달하게 된다.

일부에서 아동이 보이는 지나친 존대어가 아스퍼거 성향에 해당된다고 주장하는 것을 들은 바 있다. 최근에 부모들이 다른 데서 들었다고 하면서 신박에게 질문을 하는 경우를 경험하였다. 일부 전문가들이 그러한 얘기들을 보호자에게 한다는 것을 들어서 알고 있는데, 동의하기 어려우며 근거가 없다고 생각한다.

11) 아스퍼거 증후군으로 진단이 되면, 사회성 그룹치료를 우선적으로 시행해야 한다

아스퍼거 증후군은 사회적 맥락에서 상황을 연결하여 파악하고 인과관계를 이해하여 결과를 예견하는 등의 상황 판단력이 떨어져서 사회적 관계형성능력이 떨어지는 경우가 대부분이다. 특히, 낯설거나 복잡한 상황에서 '사회적 눈치'가 부족하고, 상황을 파악하여 실제 상황에서 대처하는 수준이 현저하게 떨어지게 된다. 사회성의 저하는 아스퍼거 증후군의 핵심적인 증상이라 할 수 있다.

하지만, 아스퍼거 증후군은 마음의 이론 이상에 따른 사회성의 저하뿐만 아니라 시지각의 영역과 전두엽의 실행기능 등 제반 인지기능상의 문제들이 복합적으로 작용하고 있다. 인지기능의 영역으로 사회성 인지, 시지각 및 실행기능(자기관리능력 또는 조직화 기술) 등을 면밀하게 평가하여 치료를 시행해야 한다. 아스퍼거 아동이 보이는 인지기능의 불균형이나 장해를 개선시키는 인지치료를 보다 집중적으로 시행하는 것이 치료적으로 중요하다.

아스퍼거 증후군은 사회적 현상을 이해하고 대처하는 복합적인 인지기능이 떨어지는 문제가 사회성 부족의 주요 이유이므로, 사회성 인지를 향상시키는 인지치료를 통하여 아동이 사회적 상황을 파악하여 문제해결하는 능력을 증진시키는 효과를 기대할 수 있다.

일반적으로 소규모 그룹의 사회성 증진 프로그램이 아스퍼거 증후군의 사회성 발달을 위하여 자주 추천되는 치료 방식인 것은 사실이지만, 우선적으로 사회성 인지치료적인 노력을 시행하는 것이 사회성 발달의 치료효과에 있어 훨씬 도움이 된다. 인지치료를 시행하면서 사회성 그룹치료를 병행하거나, 또는 수년간 인지치료를 우선적으로 시행하다가 사회성 그룹을 나중에 시도하는 것을 권고하는 바이다.

제8절 아스퍼거 증후군과 장애등록

많은 부모님들이 장애등록에 대하여 궁금해하고 염려하는 볼 수 있다. 현재 장애등급 판정기준에 의하면, 자폐성장애는 전반적 발달장애(자폐증)가 확실해진 시점에 진단을 주도록 되어 있다. 특히, 자폐성장애 3급은 ICD-10(WHO 제정) 진단기준에 의한 전반적 발달장애(자폐증)로, 지능지수가 71 이상인 경우에 주도록 되어 있다.

아스퍼거 증후군은 현행 진단기준으로 보아 전반적 발달장애에 해당하는 장애들 중 하나로서 고기능 자폐스펙트럼장애(IQ 71 이상)인 경우가 대부분이기 때문에, 전형적인 자폐증은 아니지만, 고기능의 자폐스펙트럼장애의 범주에 속하는 장애로 보아 자폐성장애 3급을 주고 있다. 여기서 중요한 부분은 자폐스펙트럼장애에 해당하는 증상을 보이는 전형적인 아스퍼거 증후군의 경우에만 자폐성장애로 장애등록이 가능하다는 점을 명심해야 한다. 아스퍼거 증후군과 증상이 유사하나 자폐적인 특성이 뚜렷하지 않고 비전형적인 경우에는 장애등록이 가능하지 않다는 점을 부모님들은 인식해야 한다.

아스퍼거 증후군이나 고기능 자폐증에 해당되는 남자 환자는 미리 장애등급을 받고 병원에서 정기적으로 꾸준하게 진료를 받는 것이 병역문제에 대비한다는 차원에서 필요하리라 생각한다.

제9절 아스퍼거 증후군과 비언어성 학습장애에 연관된 정신과적 문제들

다음 글들은 '아스퍼거 증후군 가족 모임' 인터넷 카페에 올려진 글들 중 일부이다.

“저는 지금 한 군데에서는 아스퍼거, 또 다른 데에서는 적대적 반항장애라고 하는데 대체 어떻게 해야 하는지 도통 감이 오질 않고 마음만 답답합니다.”

“저도 솔직히 저희 아들을 이해하기가 어렵습니다. 공개수업시간에 가보면 분명히 선생님을 보지 않고 몽상적인 것을 보아서는 ADHD인 것 같은데……. 너무나 정적이고 책을 너무 좋아하고 현학적인 말을 좋아하고 가끔 두뇌 게임에서 어른을 놀라게 하는 것, 친구에게 관심없는 것 보아서는 아스퍼거 증후군인 것 같고…….”

1. 아스퍼거 증후군의 감별진단

신박이 지속적으로 강조하는 아스퍼거 증후군과 비언어성 학습장애, 아스퍼거 증후군과 고기능 자폐증을 구분하는 과정이 감별진단(differential diagnosis)이다. 환자가 발달 과정과 인지기능상의 문제가 있을 때, 어떠한 진단의 범주에 속하는지를 평가하여 판단하는 과정이다. 감별진단을 해야 할 장애들과 아스퍼거 증후군은 병존할 수 없다. 정상범주의 지능을 보이면서 사회성이 부족하고 관심의 폭이 제한적일 수 있는 정신과적 문제들을 살펴보자.

1) 고기능 자폐증

IQ 71 이상의 자폐스펙트럼장애를 고기능 자폐증이라고 부른다. 이번에 개정되는 DSM-5에서는 고기능 자폐증과 아스퍼거 증후군을 구분하지 않고 동일한 자폐스펙트럼장애에 속한다고 보고 있다.

2) 비언어성 학습장애

아스퍼거 증후군과 비언어성 학습장애는 증상적으로 유사하다. 심리검사 결과만으로는 구분하기 어려울 때가 많다. 여기서 가장 중요한 차이점은 자폐적인 특성의 유무이다. 자폐적인 특성이 없으면서 시지각 발달이 떨어지는 경우를 비언어성 학습장애로 진단내릴 수 있다.

3) 소아기 분열성 인격

소아기 분열성 인격장애(childhood schizoid personality)는 광범위하게 사회적 관계로부터의 고립양상과 대인관계 상황에서의 제한된 감정표현을 특징적으로 보이고 있다. 일반적으로 이러한 행동양식이 성인기 초기부터 시작되는 것으로 알려져 있다.

1979년 Wolff 등은 소아기의 분열성 인격에 대하여 발표하면서, 사회적 고립, 경직된 사고와 습관, 그리고 특이한 의사소통 유형 등을 특징으로 언급하였다. 그러나 그 이후의 연구는, 아스퍼거 증후군을 고정된 형태의 인격장애로 파악하는 것은 부적절하며, 아스퍼거 증후군에서 보이는 자폐성향은 발달과정의 이상과 밀접한 연관이 있다고 생각한다.

2. 아스퍼거 증후군의 공존질환

공존질환(comorbidity)은 아스퍼거 증후군 환자가 발달과정에서 동반할 수 있는 정신과적 문제이다. 즉, 아스퍼거 증후군이 있는 아동이 주의집중력에 문제가 있어 ADHD의 진단을 받았을 때, 아스퍼거 증후군이라는 진단을 ADHD가 대체하는 것이 아니라, 아스퍼거 증후군에 ADHD라는 공존질환이 동반하는 것이다. 이러한 경우는 소아청소년정신과 진단명이 두 개 주어진다고 볼 수 있다. 따라서 치료계획 역시, 아스퍼거 증후군을 위한 전반적인 치료계획에 ADHD에 대한 치료를 추가하여야 한다.

신박이 자주 동반하는 공존질환에 대하여 요약하도록 하겠다.

1) 주의력결핍 과잉행동장애(ADHD)

한 연구에 의하면, 아스퍼거 증후군을 보이는 환자의 대부분은 일생 한 번 정도는 주의력결핍 과잉행동장애로 진단된 경험이 있는 것으로 알려져 있다. 어린 나이의 아동이 아스퍼거 증후군과 ADHD가 함께 진단되는 것은 자주 있는 경우이다. 비언어성 학습장애나 아스퍼거 증후군처럼 지능검사에서 동작성 지능이 떨어지는 경우에서는 적어도 두 명 중 하나는 공존질환으로 ADHD를 동반한다고 생각해야 한다. 특히, 과다행동이나 충동성은 별로 없는 주의력결핍형(inattentive type)이 많다는 점을 명심해야 한다. 상당수의 부모들은 아동이 주의력결핍형의 ADHD인지라, 자녀가 ADHD에 해당한다는 의심을 별로 안 할 때가 자주 있다. 비언어성 학습장애와 아스퍼거 증후군에 동반하는 ADHD의 경우는 신박은 약물치료를 할 것을 강력하게 권고하고 있다. 정신과적 약물치료에 대하여 선입견을 갖고 있는 부모들은 약물의 사용을 꺼려하는 경향이 있는데, 현재 아동이 보이는 문제의 30~40% 정도가 약물치료와 함께 사라지므로, 조기에 엄마의 염려가 꽤 감소한다고 할 수 있다.

2) 강박장애

아스퍼거 증후군을 보이는 아동들은 특정 주제나 대상에 지나칠 정도로 탐닉하는 모습을 보인다. 때로는 그 관심분야에 대한 지나칠 정도로 정보를 추구하여 특별한 수준의 지식을 보이기도 한다. 이러한 집착 현상이 강박적인 증상으로 간주될 수 있다. 전형적인 강박장애 역시 흔해서, 사춘기의 아스퍼거 증후군 환자에게서 공존질환으로 동반하는 것을 자주 발견할 수 있다.

3) 우울 및 불안 증상

자신이 주위의 타 아동들과 다르다는 인식이 들면서, 아스퍼거 증후군을 보이는 아동들은 점차로 학교를 비롯하여 사회생활에 어려움을 겪게 되고, 이것은 감정조절이 잘 안 되거나 짜증을 부리는 등 우울 증상(depression or irritability)이나 불안을 야기하게 되는 경우가 많다. 상황에 따라 화를 심하게 내는 anger outbursts도 종종 관찰할 수 있다.

4) 틱증상이나 뚜렛장애

자폐증이나 아스퍼거 증후군과 같은 전반적 발달장애에서 일반 군보다 틱 증상이나 뚜렛장애(Tourette's disorder)가 흔히 발생한다고 알려져 있다. 실행기능(executive function)의 이상이라는 공유하는 발생기전에서 뚜렛장애가 자주 발생되는 근거를 찾을 수 있다.

5) 정신분열증

아스퍼거 증후군을 보이는 청소년에 있어서 정신분열증이 동반했다는 증례보고가 가끔 있다.

제10절 만 5세 이하의 아동이 아스퍼거 증후군일 가능성을 염려하는 경우

아동이 사회성이 부족하고, 대화 상황에서 상대방과의 상호 소통이 자연스럽지 못하며, 특이한 주제에 지나친 관심을 보이고 소근육 운동기능이나 대근육 운동기능의 부적절함을 보일 때, 부모는 아스퍼거 증후군의 가능성을 염두에 두고 소아청소년정신과를 방문하게 된다.

아스퍼거 증후군은 어려서 언어발달이 또래에 비하여 별로 떨어지지 않는 점이 주요한 특징으로, 어려서부터 언어능력이 비교적 발달하는 양상을 보여 약 만 5세경까지는 또래의 정상 아동들과 쉽게 구분하기가 어려운 경우가 많다. 그러다 보니, 실제적으로는 아스퍼거 증후군의 경우에 언어발달이 두드러지지 않아 초등학교 연령이 되어 비로소 병원을 방문하여 진단이 이루어지는 경우가 대부분이다. 일반적으로 아동이 만 5~6세가 지나면서, 부모가 자녀가 보이는 사회성이 부족하고 특이한 관심을 갖는 등 문제점들을 본격적으로 인식하게 된다. 그러나 일부 아스퍼거 증후군의 경우에서, 섬세한 부모들은 아동의 발달이 여의치 않은 것에 대하여 느끼기 시작하는 것이 약 생후 30개월경으로 알려져 있다. 연구결과에 의하면, 전문병원을 방문하여 아스퍼거 증후군이 실제적으로 가장 빨리 진단된 경우가 만 5.5세 정도이며, 보편적으로 만 8~11세경에 진단되는 경우가 많았다고 한다.

아스퍼거 증후군의 언어적 특이성은 대화내용이 핵심에 쉽게 도달하지 못하고, 우회적이며 자신의 의도를 명백하게 전달하지 못하는 경우가 많다. 즉, 아스퍼거 증후군이 보이는 언어의 특징적 문제는 아동이 보이는 수용언어와 표현언어의 발달은 생활연령에 비하여 떨어지지 않으면서 상황에 적절한 의사소통기술이 부족한 경우에 의사소통 능력 또는 화용언어의 지연을 보인다는 점이다. 일반적으로 의사소통의 상황에서 언어구사력이 있어서 요점을 정확하게 표현하지 못하며, 대화 상황에서 주제를 적절하게 전환하거나 새로운 내용을 상대방에게 효율적으로 소개하지 못한다. 또한 대화 과정에서 상대방의 관점이나 생각을 이해하지 못하고, 자신만의 관점에서 대화를 하기 때문에 일방적인 대화이거나, 혹은 상호 소통이 매우 서투른 대화가 이루어진다. 또한, 구체적이고 융통성이 없는 언어가 특징이기도 하며, 지나치게 격식을 차리는 듯 하다고 하여 'little professor' 라는 불리기도 한다. 언어가 발달할 때, 음성의 고저, 억양, 속도, 리듬 및 강도가 비정상적일 수 있다(예 : 음성의 억양이 단조롭거나 의문문처럼 문장의 끝을 올려 말한다). 아스퍼거장애를 보이는 아동의 경우, 풍부한 어휘력으로 인해 타인들의 기대치가 높기 때문에, 대화 도중 부적절한 반응을 보이는 경우에 말을 안 듣거나 고집이 센 것으로 오해받을 가능성이 높다. 대화과정에서 농담이나 비유를 적절하게 사용하는 능력이 결여되어 있다. 이런 아동은 엉뚱한 것을 자세하게 말하는 경향이 강하고 특정 주제를 반복하기도 하며 상황에 맞지 않게 새로운 주제로 옮겨가기도 하여서, 상대방이 듣기에 장황하고, 수다스럽기까지 여겨지기도 한다.

아동의 언어발달이 늦어 수용언어와 표현언어의 수준이 떨어지면 당연히 화용언어 역시 손상을 받아 떨어지게 된다. 이러한 경우는 진단적으로 화용언어의 지연이 있다는 표현을 사용하지 않는다. 일부에서는 아동의 수용언어와 표현언어가 뚜렷하게 떨어짐에도 불구하고, 여하튼 화용언어의 저하가 존재하므로 진단기준에 부합한다고 주장하기도 하는데, 이는 잘못된 생각이다.

일반적으로 아스퍼거 증후군에 대한 언어평가는 의사소통 능력을 파악하기 위한 사회적 상호작용과 관련하여 소통하는 능력(화용언어)에 초점을 맞추어야 한다. 특히, 대화 상황에 적절한 비언어적 의사소통기술을 보이는지를 평가해야 하며, 시선처리, 몸짓, 얼굴표정 등이 중요하다. 생활연령에 비하여 비유나 은유적 표현, 또는 유머를 적절하게 구사하는지를 살펴보아야 하고, 상대방의 말로부터 피드백을 잘 이용하는지 등을 평가하며, 특정 주제에 집착하여 반복적으로 얘기하지 않나를 알아야 한다.

만약 아동이 만 5세 이하로 어린 경우에는, 언어 검사에 의하여 언어 발달연령이 생활연령에 비하여 수용언어와 표현언어가 떨어지지 않는 것이 데이터에 의하여 확인되면 진단이 비교적 용이해진다. 하지만, 흔하지는 않지만 어려서 언어발달이 늦는 아스퍼거 증후군도 존재할 수 있다는 점을 인식해야 한다.

신박의 클리닉을 방문하는 아동들 중 언어 발달이 또래에 비하여 화용기술뿐만 아니라 수용언어와 표현언어가 뚜렷하게 떨어져서 언어치료를 받고 있거나 받아야 하는 아동이, 치료실의 선생님이나 소아청소년정신과 선생님이 아스퍼거 성향이 있다고 언급함으로써, 나이 어린 아동임에도 불구하고, 아스퍼거 증후군의 진단을 염려하게 된다. 이런 경우에 일부는 나중에 진짜로 아스퍼거 증후군에 해당되기도 하겠으나, 신박이 생각하기에는 아닐 경우가 훨씬 많을 것 같다.

신박은 이러한 혼란을 최소화하기 위하여 자신의 자녀가 만 5세 이하이면서, 자녀가 나이가 어리고 말을 비교적 일찍 시작했으나, 상호 대화소통이 안 되는 경우라고 생각하는 부모들에게 일종의 가이드라인을 제공하고자 한다. 아동의 언어발달이 어떠한지의 측면에서, 아스퍼거 증후군의 진단과정으로 나이가 어린 아동들은 언어평가(PRES, 취학 전 아동의 수용-표현언어 발달척도)를 만 36개월 이상이면 반드시 시행하도록 하자. 이 기준이 항상 맞는다고는 할 수 없을지라도, 진단에 있어 혼란을 최소화하는 데 효율적이라고 기대된다. 즉, 만 36개월 된 아동이 PRES 언어검사에서 수용언어, 표현언어 모두 언어발달연령이 생활연령의 수준이거나, 약간 늦더라도 그 차이가 6개월 이내이면서, 의사소통능력(화용언어)이 떨어지는 것이 주된 문제인 경우는 아스퍼거 증후군의 가능성을 고려할 수 있다. 물론, 이때 다른 진단기준도 동시에 따져보아야 할 것이다. 또한, 이 아동이 만 4세가 지나서 웩슬러 유아용 지능검사(WPPSI)를 시행하여 아스퍼거 증후군에 해당하는 신경심리학적 소견이 나오면,

아스퍼거 증후군을 보다 명확하게 진단할 수 있다. 대부분의 아스퍼거 증후군 아동들은 만 4세가 지나면, 지능검사가 가능하다.

만약 나이 어린 아동이 PRES에서 아동의 수용언어와 표현언어의 발달 연령이 생활연령에 비하여 적어도 6개월 이상 차이가 나고, 심지어 1년 이상 차이가 나는 경우라면, 자녀의 진단이 아스퍼거 증후군이 아닐 가능성에 대하여 고민해야 한다. 드문 경우로서, 언어발달의 지연이 있을 수 있는 아스퍼거 증후군아동은, 일단 언어치료를 시작하면, 빠르게(대개는 6개월 이내) 언어발달이 개선이 되어 수용언어와 표현언어의 수준이 정상범주에 오르게 된다. 언어발달의 지연이 지속적으로 심각하게 존재하는 아스퍼거 증후군은 없다고 보아도 과언이 아니다.

여기서 강조해야 할 부분은 아스퍼거 증후군의 진단기준은 화용언어의 지연 이외에도, 현저한 사회성의 저하(예 : 대화 상황에서 눈맞춤의 문제 등등), 병적일 정도로 지나진 집착행위(아스퍼거 증후군의 집착행위는 다른 것으로 관심을 유도하려고 해도 지속하려는 경향이 강하고, 대부분 성인기까지 지속된다)이 존재하고, 상동증의 유무 등을 함께 고려해야 한다는 것이다.

신박의 경험을 한 가지 얘기해보겠다. 만 3세반가량의 남아가 언어의 사용은 문제가 없는 것 같은데, 사회성이 떨어져서 아스퍼거 증후군인 듯하다면서 신박의 클리닉을 방문하였다. 엄마가 생각하기에, 자신의 아들이 또래에 비하여 언어발달에 문제가 없는 것 같다고 하기에, 일단 언어평가를 시행하여 수용언어, 표현언어가 실제적으로 정상범주인지를 확인하고자 하였다. 그러자, 엄마의 반응이 자신이 자녀의 언어 발달이 안 떨어진다고 얘기했음에도 불구하고, 비용을 들여서 필요없는 언어검사를 왜 하게 하느냐는 식이었다. 설사 부모의 의견이 검사결과에서 맞다고 나올지라도, 병원에서는 검사를 통하여 아동의 언어발달 수준을 확인해야 한다. 왜냐하면, 실제로 언어검사를 해보면, 부모의 예상과는 다르게, 수용언어와 표현언어가 정상범주에 속하지 못하고, 생활연령과 언어발달연령의 차이가 6개월 이상(1년 이상의 차이도 빈번하게)인 경우가 상당히 흔하기 때문이다.

일반적으로 아스퍼거 증후군은 어려서부터 비교적 언어의 발달이 이루어져, 개별 언어치료는 전혀 시행하지 않거나, 또는 잠시 동안 시행하다가 화용언어의 향상을 위한 그룹 언어치료로 전환되는 경우가 대부분이다.

04

사회성의 발달

제1절 사회성의 정의

백과사전에 의하면, '사회성'은 심리학적 용어로 사회생활을 하려고 하는 인간의 근본 성질이며, 인격, 혹은 성격 분류에 나타나는 특성의 하나로, 사회에 적응하는 개인의 소질이나 능력, 대인관계의 원만성 따위 등을 의미한다.

a. 어떤 사회가 가지고 있는 성질
b. 집단을 만들어 생활하려는 인간의 근본 성질
c. 집단생활에 적응이 잘 되는 소질, 즉 사교성
d. 흔히 문화 및 예술작품에서, 사회 문제에 대하여 관심을 기울이는 경향

사회성은 다른 사람의 생각과 감정을 개념화하고 이해하여 배려하도록 노력하는 것이다. 자신의 말이 상대방의 기분을 상하게 만들거나 당황하게 할 수 있다는 점을 이해해야 한다. 다양한 예문들을 이용하여 역할놀이를 하거나 상황 설정을 통하여 상대방의 사고방식과 생각을 이해하도록 도움을 준다. 결과적으로, 아동이 사회적 상황을 파악하여 문제를 해결하는 능력을 증진시키는 효과를 기대할 수 있다.

사회성이 정상적으로 발달하기 위해서는 언어, 인지기능 및 정서 영역에서의 발달이 정상적으로 이루어져야 한다.

1. 언어

생활연령에 비하여 언어표현력과 언어이해력 수준이 정상범주에 해당하는 것은 기본에 해당한다. 언어표현력과 언어이해력이 떨어지면, 당연히 사회성의 발달 역시 정상적인 궤도에서 벗어나게 된다. 언어표현력과 언

어이해력이 정상범주라고 하여도, 상대방과 상황에 맞게 적절한 의사소통을 하는 능력인 화용언어가 또래에 비하여 떨어지지 않는 것이 매우 중요하다. 수년 전부터 화용언어의 중요성에 대한 인식이 확산되어 사회성의 정상적인 발달을 위하여 화용언어가 부족한 부분을 개선하려는 노력들이 시도되고 있다.

2. 인지기능

자폐스펙트럼장애나 정신지체와 같이 인지기능의 손상이 심각하여 정상에 비하여 뚜렷하게 떨어지는 경우들은 사회성 역시 심각하게 손상이 된다. 전체평균지능 자체는 정상범주인데, 불균형이 뚜렷하여 언어성 지능이 동작성 지능에 비하여 15점 이상 높거나 또는 15점 이상 낮은 아동들은 사회성의 부족을 동반한다. 또한, 언어성 지능과 동작성 지능 사이에 편차는 없지만, 선택적으로 사회성 관련된 소검사 항목만 떨어져서 사회성 인지(social cognition)가 특징적으로 부족한 경우들이 존재한다.

3. 정서

일반적으로 사회성 영역이 떨어질 때, 사회성-감정 영역이 동시에 어려움을 겪게 된다. 따라서, 사회성의 저하가 일차적인 문제라 하더라도, 감정의 영역 또한 힘들어진다. 반면, 정서적인 영역에서의 문제가 사회성에 악영향을 미치는 경우들이 있다. 대인관계에서 사소한 갈등을 참지 못하여 감정조절이 어려운 경우들이 있다. 나중에 이러한 자신의 행동에 대하여 후회를 하지만, 유사한 상황에서 예민하게 반응하면서 다시 감정조절을 못하여 대인관계를 망치게 된다. 일부에서는 지나치게 자기중심적이어서 대인관계에서 감정조절을 못하였던 자신의 문제를 살펴보기보다는 상대방 탓으로 지속적으로 주장하는 경향이 강하다. 특히 성인에서는 인격장애에서 이러한 예들을 종종 볼 수 있다.

제2절 영유아기의 정상적인 사회성 발달

영유아기는 대체로 생후 첫 3년간을 의미하며, 이 중 영아기(infancy)는 표현언어가 본격적으로 시작되기 전, 대략 생후 18개월까지를 의미한다. 이 시기에 아동의 인지능력에는 급격한 변화가 일어나고, 사회적 상호관계가 더 정교하고 깊어지며, 정서적인 경험을 언어를 통해 표현할 수 있게 된다. 걸음마기(toddlerhood)는 대략 생후 18개월부터 만 3세경까지를 말하는데, 이때의 아동은 새로 얻게 된 기능을 통하여 신체적, 인지적, 사회적으로 세상을 탐색하게 되고, 자율성(autonomy)을 발달시킨다. 생애 전체를 통해서 영아기와 걸음마기는 뇌신경발달 측면에서 가장 빠르게 발달하고 변화가 많은 시기이다.

생애 첫 3년간의 발달을 세분화하여 살펴보자.

1. 생후 0~2개월

생후 첫 2개월 동안 영아는 새로운 내적, 외적 자극에 대응하여 항상성(homeostasis)을 획득하고 생리학적 균형을 유지하는 방향으로 기능한다. 반사(reflexes)기능을 비롯한 생존체계는 출생 당시부터 잘 기능하나, 감각계의 발달은 불충분한 편으로, 주위 환경 및 사람의 자극에 의해 다양한 신경생리적 기능이 분화된다. 이 시기의 감정반응은 매우 불안정하며, 배고

픔과 같은 내적 상태와 밀접한 관련을 가지고 있다. 이 시기의 영아는 매우 활발하고 복잡미묘한 방식으로 학습을 지속하며, 외부의 환경을 지각하고 탐색한다. 이때의 영아는 사물이 공간에서 움직일 때 이를 따라 시선을 움직이며, 자주 접하는 자극에 익숙해지며, 새로운 자극을 구별한다. 영아는 손가락 빨기나 자신의 손을 관찰하기 등 자기 자신의 몸을 탐색하는데 많은 시간을 보낸다.

2. 생후 2~7개월

이 시기에 영유아는 양육자의 생각이나 느낌을 공유하고 욕구를 이해하게 되는 기본적인 토대를 이루게 된다. 특히 영유아는 주 양육자인 엄마와 눈을 맞추면서 웃거나, 엄마가 유도하는 옹알이나 언어의 표현에 정서적으로 반응을 하고, 이에 엄마는 자녀와의 상호작용을 더욱 발전시키기 위하여 아기의 감정 상태에 맞추어 민감하게 조율하려는 노력을 한다. 여기서 이루어지는 정서적 상호교류(affective reciprocity)는 사회적 상호작용과 의사소통을 조절하기 위하여 비언어적 행위(눈맞춤, 얼굴표정, 몸짓)들을 적절하게 사용하는 성향을 뜻하는 것으로 알려져 있다. 까꿍놀이와 같은 상호 놀이, 자기 이름에 주의를 기울이기, 어르기에 반응해서 미소 짓거나 크게 웃기 등은 이러한 기능들을 바탕으로 해서 나타나는 사회적 행동들이다.

3. 생후 8~18개월

생후 7~8개월이 지나면서 상호적인 의사소통과 사회적 참조(social referencing) 능력이 나타난다. 유아는 원하는 것을 얻기 위해 타인의 행동에 영향을 주는 신호를 보낼 수 있음을 알게 되며, 이를 위해 한 가지 이상의 행동을 결합하여 사용할 줄 알게 되고, 자신의 욕구를 만족시키기 위한 수단으로 타인을 사용할 수 있게 된다. 여기에는 원하는 사물 쪽으로 손을 뻗기, 타인과 대상물 사이에 시선을 옮김으로써 의사를 전달하기, 멀리 있는 물체를 가리키기 등이 포함된다.

영유아는 양육자인 엄마를 안전한 기지(secure base)의 역할로서 이용할 뿐만 아니라 낯선 사람이나 새로운 장난감을 만났을 때 엄마의 얼굴을 살피면서 표정이나 몸짓을 통하여 새로운 상황에 대한 단서로서 활용하기 시작한다. 첫돌 경에 영유아들은 새로운 환경이나 불확실한 상황을 이해하기 위하여 양육자의 얼굴에서 나타나는 표정이나 감정의 변화, 또는 몸짓 등 시각적인 정보를 사용하는 데 익숙해진다. 즉, 첫돌을 앞둔 영유아는 낯선 환경에 부딪히게 될 때, 엄마를 쳐다보면서 과연 이 상황을 어떻게 대처해야 하는지에 대한 반응을 얻으려는 시도를 한다. 이때 엄마가 미소로 영유아의 탐험을 북돋아주면 영유아는 기쁜 표정을 지으며 내적으로 자신감을 얻어 자신의 탐험을 계속하게 된다. 이러한 영유아의 기능은 사회적 참조라고 하여 생후 12개월경 성숙되는 기능으로, 향후 아동의 감정조절능력과 사회적 상호작용의 발달에 기여하는 것으로 알려져 있다.

이 시기에 영유아는 사회적 선택성이 점차 뚜렷해져서, 낯선 사람과 친숙한 사람을 구별하고, 친숙한 사람을 더 좋아하게 된다. 이인 불안(stranger anxiety)은 생후 26주에 시작하여 8개월경에 정점에 이르게 된다. 이별 불안(분리 불안, separation anxiety)은 생후 10∽18개월에 생긴다. 생후 12개월경부터 유아는 처음으로 걷는 것을 배우게 됨에 따라 이전과는 다른 독립성과 세계의 확장을 경험한다. 인지적으로는 이전보다 현저히 유연해지며, 더 많은 정보를 수용하고 기억하게 되고, 이에 따라 이전의 조건화된 반응적 학습보다는 시행착오를 통한 학습이 우세해지기 시작한다.

이 시기에 함께 주목하기(joint attention)는 점진적으로 나타나 생후 18개월에 정상적으로 획득하는 능력으로, 이 시기에 자폐스펙트럼장애를 보이는 영유아는 이 능력이 결여되어 있는 것이 특징이다. 함께 주목하기는 자신과 타인이 동일한 대상에 대해 공통적으로 주의하고 있는지를 나타내는데, 지적하는 대상에 대한 상대방의 마음과 자신의 마음상태를 구분할 수 있게 된다. 자폐스펙트럼장애 아동은 상대방의 시선방향을 확인하고, 자신의 시선을 그곳에 맞추는 시선 검토(gaze monitoring)를 하지 않는다. 이는 시선의 방향, 고개의 움직임, 상대방의 가리키기 몸짓을 따라하는 영유아의 능력으로, 함께 주목하기 능력에서 상대방에 반응하는 기술이다. 또한 자신이 보고 있는 대상을 다른 사람이 보도록 하기 위하여 손가락으로 그 대상을 가리키면서 상대방의 눈을 살피는 서술적 지적(proto-declarative pointing)을 하지 못한다. 이는 영유아가 상대방과의 협응된 관심을 자발적으로 시작하기 위하여 눈맞춤, 또는 가리키기나 보여주기 등을 사용하는 것으로 함께 주목하기 능력을 시작하는 기술이다.

가상놀이(pretend play)는 사물을 다른 것으로 가상하고 노는 놀이를 하기 시작할 때인 생후 18개월에 마음의 표상적 특성을 이해하게 된다고 본다. 바나나를 전화기로 가장하여 가상놀이를 하는 영유아가 마음속에서 '이것은 실제로는 바나나이나 전화기를 나타내는 것으로 하자' 라고 생각한다고 간주한다. 즉, 가상놀이를 하는 영유아는 자신이 마음속에서 바나나를 전화기로 표상하고 있다는 것을 이해한다는 것이다. 실제적으로 전문가가 진단과정에서 흔히 사용하는 가상놀이는 티 파티(tea party)로서, 전문가는 차 주전자로 찻잔에 차를 따르는 시늉을 하면서 자신의 찻잔과 아동의 찻잔에도 따라준다. 이때 아동이 찻잔을 마시는 시늉을 하거나, 다른 찻잔에 차 주전자로 차를 따르는 시늉을 한다면, 아동이 가상놀이를 할 수 있는 능력이 있다고 파악한다.

4. 생후 18~36개월

생후 18개월의 영유아는 상징적 표상(symbolic representation)을 점점 더 많이 사용하게 된다. 점차로 확고해지는 대상 영속성에 의해 대상의 정신적 표상을 마음속에 담아 둘 수 있게 되며, 언어의 발달을 통해 어떤 상징이 대상을 대신할 수 있음을 알게 된다. 언급된 대상을 지적할 수 있게 되고, 그 상황에서 존재하지 않는 대상을 의미하는 단어도 이해 가능하게 된다. 약 20개월경에 영유아는 인형의 눈, 코, 발, 손 얼굴 등을 지적할 수 있다. 영유아는 자신이 좋아하는 인형이나 동물 캐릭터의 이름을 이해하고, 가족이름도 구분하여 이해하기 시작한다. 또한 만 2세경에 영유아는 대화의 맥락과 상호작용을 통하여 자신의 언어적 지식을 통합하기 시작한다. 이 시기에는 두 가지 다른 단어로 이루어진 문장을 이해함으로써, 복잡한 요구를 어느 정도 수행할 수 있게 된다. 보편적으로 영유아는 첫 18개월 동안 약 50단어를 천천히 습득하여 표현하게 된다. 그 이후, 생후 18~24개월 사이에서 단어표현력이 급속하게 늘어난다. 만약 만 2세까지 언어표현력이 빠르게 늘지 않는다면, 만성적인 언어발달의 지연을 우려해야 한다.

만 2세경에 영유아는 단어 문장을 이해하기 시작한다. 그러나 이 시기에는 대화상황(맥락)이나 과거의 경험이 영유아로 하여금 들은 문장을 이해할 수 있도록 도와준다. 만 3세경에는 보다 많은 단어와 복수형태, 현재완료, 비교구문 등을 이해할 수 있다. 또한, 어른 말의 60~80%를 이해한다. 만 3세에는 어휘가 약 900단어에 이른다. 문법이 성인의 구어체에 접근하기 시작한다. 문장구조가 명백해지고, 필요한 질문을 한다. 영유아가 한 가지 주제에 집중하여 얘기하는 능력이 증가한다. 영유아는 언어를 과거에 일어난 사실에 대하여 말하거나, 가상(pretend)하거나 상상하는 목적으로 사용한다. 또한, 이 시기는 영유아의 의사소통능력이 급격하게 늘어나는 때이다. 대화상황에서 영유아는 상대방의 반응에 민감하게 대처하는 모습을 보인다. 영유아는 대화에서 주거니 받거니 하는 대화의 상호성이 두드러지고, 상대방의 의도에 적절하게 반응하는 양상을 보이며, 상대방이 명확한 표현을 요청할 때, 자신의 의도를 정확히 전달하기 위하여 노력한다. 영유아는 이유를 설명하고, 문제를 해결하고, 자신의 생각과 행동을 스스로 검색하기도 하며, 복잡한 상상의 놀이나 상징놀이를 언어로서 할 수 있게 된다. 이제야 비로소 언어는 생각을 전달하고 표현하는 수단이 되어, 인지기능의 발달에 큰 기여를 하게 된다.

제3절 사회성 인지를 이해하기

아동이나 청소년이 지능은 정상범주임에도 불구하고 사회성이 떨어질 때, 몇 가지 요인들이 작용하게 된다.

사회성을 떨어뜨리는 여러 요인들 중 가장 중요한 요소가 사회성 인지(social cognition)이다. 인지기능은 외부로부터 대뇌로 들어오는 정보나 자극을 인식하는 과정을 의미하며, 사고, 학습, 기억, 조직화 기술(organizational skill) 및 창의성 등이 모두 이에 속한다. 이렇듯 인지기능의 범주에 들어가는 기능들은 매우 많으며, 이중에서 사회성 인지는 사회성 발달에 관여하는 중요한 인지기능이다. 지능이 정상범주이면서 사회성이 떨어지는 경우에, 손상을 입는 대표적인 인지기능이 마음읽기 능력이다. 전문 용어로, 마음의 이론(theory of mind)이라고 한다. 사회성 인지로 구분되는 기능들을 나열해보자.

a. 다양한 상황에서 상대방의 감정을 이해하기
b. 선의의 거짓말을 이해하기
c. 전체적으로 상황을 조망하기 위하여 상대방의 의도를 파악하기
d. 관계 속에서 자신의 위치 인식하기
e. 자신이 처한 상황을 파악하여 대처하는 능력 및 문제해결하기

아스퍼거 증후군과 같이 사회성 인지가 떨어지는 경우는 사회적 미성숙과 대인관계의 무관심으로 인하여, 타인의 세계관이나 삶에 대해 관심이 없는 상태, 즉 마음이론의 능력이 부족한 형태로 나타나기 때문에 사회성의 지체를 보일 수밖에 없다. 환경과 사회적 문맥을 이해하는 데 어려움이 있어, 현재 처해있는 상황이나 환경에서 자신이 어떠한 사건들을 이해하고 있는가에 대해 인지하는 것이 많이 늦다. 따라서 주변의 환경에 대한 이해가 부족하기 때문에 환경에 대해서 반응하는 행동들이 계속 부적절하게 나타날 수밖에 없다. 결과적으로 부적절한 사회적 반응들이 나타나게 된다.

아스퍼거 증후군은 사회성 지체의 특성으로 사회적 기술이 미성숙하다는 사실이다. 이런 점으로 사회적 규범이나 사회적 활동을 하는 데 필요한 규칙이라든지 아니면 사람과 관계를 맺는 데 필요한 사회적 기술 등이 학습되어 있지 않은 경우로서 아동은 미성숙하고 부적절한 사회성을 나타낼 수밖에 없다. 특히 중요한 부분은 사회적 개념에 대해서 취약하다는 것이다. 사회적 개념은 일반적으로 우리가 사회생활하면서 지켜야 할 어떤 규범이나 규칙을 의미하는데 이러한 개념들에 대해서 충분하게 습득이 되어 있지 않다. 예를 들어, 아동이 횡단보도를 통해서 길을 건너야 할 때, 상대편 길 건너에 자신이 좋아하는 아이스크림 가게가 있을 경우 아이들이 그냥 길을 무단횡단하는 경우가 있다. 이런 부적절한 행동이 나타나는 원인은 아동이 횡단보도를 통하여 길을 건너야 한다는 사회적 규범을 아직 학

습하지 못해서 생긴 현상이다. 이런 아동들에게는 횡단보도를 건너야 된다는 사회적 규범이나 개념을 가르쳐준다면 이러한 부정 행동은 다시 일어나지 않을 가능성이 높다.

아스퍼거 증후군은 화용언어의 부족이 사회성 지체에 기여한다는 특징이 있다. 상대방에 대하여 인지할 수 있는 능력이 부족하고 상대방과 상호작용을 할 수 있는 동기가 없기 때문에 타인과의 대화의 시도와 의사소통 행위들이 감소될 수밖에 없다. 이런 경우는 기능적인 의사소통과 언어가 부재할 수밖에 없는 결과로 나타난다.

아스퍼거 증후군은 자신의 필요에 의해 의사소통을 수행하나 거의 대부분이 자신의 관심에 초점이 맞춰져 있다는 것이다. 자기중심적이고 관심의 폭이 매우 좁아서 자신이 편하게 생각하는 것과 관련되어 있거나 또는 자신이 어떠한 불이익을 당하지 않을까 염려 차원에서 의사소통과 사회적 상호작용이 일어난다. 아스퍼거 증후군의 사회적 활동 특성이 이기적인 양상을 보인다고 할 수 있다.

비언어성 학습장애나 고기능의 아스퍼거 증후군의 경우는 대인관계에 관심이 많지만, 특징적으로 기피하는 성향을 보일 때가 많다. 이러한 경우는 생일파티에서 또래의 그룹에 들어가길 꺼려하는 것은 다른 사람과의 교제를 피하기 위해서 기피한다.

사회성이 떨어지는 경우에 있어, 타인의 생각과 감정을 개념화하고 이해하는 데 어려움을 겪는 듯하다. 그러다보니, 그들은 자신의 말이 상대방의 기분을 상하게 만들거나 당황하게 할 수 있다는 점을 잘 이해하지 못할 때가 종종 있다. 특히, 아스퍼거 증후군에서는, 모든 경우에 그러는 것은 아니지만, 상대방의 생각이나 감정을 고려하지는지의 여부를 평가해야 할 필요가 있다. 사회성 인지(특히, 마음의 이론)를 평가하는 방식은 여러 종류의 이야기를 들려준 후에 자신의 생각을 말하도록 요구하는 것이 보편적으로 시행되는 방식이다. 아동이 보이는 문제의 종류에 따라 사회성 인지가 손상받는 정도는 많은 차이를 보일 수 있다. 일반적인 아스퍼거 증후군이나 고기능 자폐증의 경우는 아동이 선의의 거짓말을 이해하는지를 평가하는 것이 기본이다. 하지만, 상대적으로 고기능의 아스퍼거 증후군이나 비언어성 학습장애의 경우는 마음을 읽는 능력을 평가하기 위하여 복잡하게 꼬아 놓은 예문이 필요하게 된다. Tony Atwood가 쓴 글에서 한 예를 인용해보겠다.

예

전쟁에서 붉은 나라의 군대가 푸른 나라의 군대 병사 한 사람을 포로로 잡았다. 붉은 나라의 군대는 이 병사가 자기 부대의 탱크들이 어디 있는지 말해주기를 바랐는데, 그들은 탱크가 산이나 바다 중 한 곳에 있음을 알고 있었다. 붉은 나라의 군대는 포로가 말하고 싶어 하지 않는다는 것, 포로가 자기 군대를 지키고 싶어 한다는 것, 그래서 분명 자신들에게 거짓말을 하리라는 것을 알고 있었다. 포로는 매우 용감하고 똑똑하였다. 포로는 적이 자기 편 탱크를 찾아내도록 두지 않을 것이다. 사실 탱크는 산 속에 있었다. 이제 적군이 포로에게 탱크가 어디 있는지를 물어보자 포로는 "탱크는 산 속에 있다."고 대답하였다.

질문) 1. 포로가 한 말은 진실인가?
2. 적군은 탱크를 찾기 위해 어느 쪽을 수색할까?
3. 포로는 왜 그렇게 말했을까?

아스퍼거 증후군을 지닌 아동들은 일반적으로 포로가 진실을 말하고 싶어 했다거나, 또는 농담을 했다고 대답하고 있으며, 포로의 복잡한 책략을 이해하지 못한다. 아스퍼거 증후군의 환자군은 분명히 충분한 언어능력과 이러한 이야기 속의 사건들을 이해하는 지적 능력을 가지고 있지만, 정상 아동에게는 쉬운 과제가 이들에게는 매우 어렵다는 점을 인식해야 한다. 치료적인 관점에서, 사회성 인지를 개선시키는 사회적응력 프로그램을 인지치료에서 활용할 수 있다. 선의의 거짓말을 하는 상황이나 앞에서 예로 든 상황 등과 유사한 예제들을 이용하여 역할놀이를 하거나 상황 설정을 통하여 상대방의 사고방식과 생각을 이해하도록 도움을 주고 있으며, 결과적으로 아동이 사회적 상황을 파악하여 문제를 해결하는 능력을 증진시키는 효과를 기대할 수 있다.

제4절 마음의 이론 : 마음읽기 능력

마음의 이론(theory of mind)은 사회적 상호작용과 의사소통을 가장 잘 대변하는 기능이다. 아스퍼거 증후군과 같은 고기능의 사례들에서, 사회성을 떨어뜨리는 여러 요인들 중 가장 중요한 요소가 사회성 인지(social cognition)이다. 지능이 정상범주이거나 가까우면서 사회성이 떨어지는 경우에, 우선적으로 고려되는 인지기능이 마음읽기 능력이며, 전문 용어로, 마음의 이론이라고 한다.

일반적으로 사람의 행동은 그들의 마음, 즉 그 사람이 갖고 있는 신념, 바람, 의도 등과 같은 정신적 생각으로 인하여 일어난다고 생각한다. 일반적으로 사람은 자신이 갖고 있는 어떤 의도에 의해서 행동을 수행하게 된다. 말하자면 내가 이 일을 하겠다는 의도를 갖고 있으면 그 행동을 수행한다는 것이다. 예를 들어 내가 병원에 가야지 생각하면, 병원에 간다는 것이다. 또는 자신이 지금 물건을 사겠다는 의도가 있으면, 가게에 간다거나 슈퍼마켓에 가게 된다. 사람은 모든 행동이 의도(intent)에 의하여 수행이 된다고 할 때, 마음의 이론은 사람이 가지는 의도의 상태에 따라 나타나게 된다. 흔히 이 의도는 사람이 갖고 있는 신념과 바람에 의해 좌우된다. 자신이 지금 부엌에 간다면, 부엌에는 먹을 것이 있다는 신념(belief)을 갖고 있기 때문에 부엌에 간다는 의도가 탄생된다는 것이다. 또는 지금 상당히 목이 타는데 이 갈증을 해소하기 위해서 냉장고에 물이 있다는 사실을 믿고 있기 때문에 냉장고에 가는 의도가 나타난다. 따라서 신념은 의도를 좌우하는 요소로 작용을 하고 있다. 의도에 작용하는 또 다른 요소가 바람(desire)이다. 어떤 일을 하고 싶다는 욕구와 바람이 의도로 나타난다. 예를 들어, 지금 반지를 사서 끼고 싶다는 바람이 있기 때문에 반지를 사러가는 그 의도가 나타나고 이 의도는 행동으로 수행된다. 결과적으로 가게를 가게 된다. 또는 주변에 자신이 바라는 것이 있다면, 바라는 바가 의도로 나타나서 의도가 행동으로 수행이 되는 것이다. 사람의 행동은 의도에 의해서 수행되고 이 의도는 신념과 바람에 의해 좌우된다는 것이 마음의 이론의 기초가 된다.

신념, 바람과 같은 마음상태는 몇 가지 중요한 특성이 있다. 우선적으로 마음은 사물과는 달리 겉으로 볼 수도 만질 수도 없는 정신적이고 비물질적인 것이다. 또 마음은 사적이고 개인적이다. 따라서 나의 마음과 생각은 다른 사람의 생각과 다를 수 있다. 마지막으로 마음의 가장 중요한 특징은 그것이 정신적 표상(mental representation)이라는 점이다. 표상은 어떤 대상물이나 상황을 특정 방식으로 나타내는 것, 즉 표상대상(referent)을 표상내용(content)으로 나타내는 것이다. 일반적인 경우에 있어 표상내용은 표상대상의 실제 사실과 일치한다. 바나나를 보고 이것을 바나나라고 생각한다면 표상대상인 바나나를 사실 대로 바나나로 표상하는 것이다. 하지만, 표상대상과 표상내용이 일치하지 않는 경우도 있다. 예를 들어 바나나를 전화기라고 가상하여 놀이하는 경우는 표상대상인 바나나를 마음속에서는 전화기로 표상하는 것이다. 이와 같은 놀이는 의도적으로 표상대상을 실제사실과 다르게 마음속에 표상하는 것이다.

반면, 우리는 흔히 표상대상에 대한 자신의 경험과 지식을 바탕으로 이를 해석하여 마음에 표상하는데 표상대상에 관련된 모든 정보를 가질 수 없으므로 표상대상에 대해 잘못 알 수도 있다. 따라서 의도하지 않게 표상

내용이 실제 사실과 다른 경우가 있다. 예를 들어 자신의 친구가 자신을 절대로 배반하지 않을 사람이라고 생각하고 있는 경우, 그 친구가 실제로 그런 사람일 수도 있고 아닐 수도 있다. 친구의 특성에 대한 자신의 표상, 즉 친구에 대한 신념이 친구의 실제 특성과 일치할 수도 있고 그렇지 않을 수도 있다. 만약 믿고 있던 친구가 자신을 배반하는 일을 경험하고 나면 우리는 '내가 잘못 알고 있었구나' 하면서 친구에 대한 생각을 바꾸게 된다. 이와 같은 마음의 특성에 대한 이해를 바탕으로 사람의 행동을 이해하는 기능을 '마음의 이론(theory of mind)' 이라고 명명하였다.

표상으로서의 마음의 특성에 대한 이해는 우리가 타인과 상호작용하는데 없어서는 안 되는 중요한 인지기능이므로 이러한 표상적 마음의 특성을 아동이 언제부터 이해하게 되는지 또는 아동의 행동 중 어떤 것을 마음의 표상적 특징을 이해하는 증거로 볼 수 있는지 등은 중요한 관심의 대상이 된다. 이 두 문제는 서로 독립적인 문제인 것처럼 보이나 사실은 서로 밀접하게 관련되어 있다. 마음의 표상적 특징을 이해하는 증거를 무엇으로 보는가에 따라 마음의 표상적 특징을 이해하는 시기에 대한 주장이 달라질 수 있다. 마음의 표상적 특징을 이해하는 증거로 볼 수 있는 행동은 우선 한 사실을 실재와는 다르게 표상하는 행동인데 이러한 행동의 대표적인 것이 가상놀이(pretend play)이다. 가상놀이는 사물을 실재와는 다르게 마음속에서 표상하는 것이다. 예를 들어 친구가 베개를 아기로 가장하는 것을 보고 자신도 함께 베개를 아기로 가장하여 노는 경우, 친구가 마음속에서 베개를 아기로 표상한다는 것을 이해하며 자신도 마음속에서 베개를 사실과는 다르게 아기로 표상하는 것이다. 그러므로 아동이 가장놀이를 한다는 것은 표상으로서의 마음의 특성을 이해하는 증거라고 볼 수 있다는 것이다.

반면, 사실을 실재와는 다르게 표상하는 또 다른 예로 틀린 신념(false

belief)과 생각을 들 수 있다. 실제로는 책이 책상서랍에 있는데 엄마는 책이 책상 위에 있다고 잘못 생각하고 있다는 것을 이해하는 것은 엄마가 머리로는 사실을 실재와는 다르게 표상한다는 것을 이해하는 것이므로 마음의 표상적 특성을 이해하는 증거로 볼 수 있다. 가상놀이를 마음의 표상적 특성을 이해하는 증거로 주장하는 입장은 가장놀이가 나타나는 생후 18개월경에 마음의 표상적 특성을 이해하게 된다고 생각한다. 이에 반해 틀린 신념에 대한 이해를 그 증거로 보는 입장에서는 틀린 믿음에 대한 이해가 나타나기 시작하는 만 4세에 마음의 표상적 특성을 이해한다고 보는 것이다.

마음의 표상적 특성을 이해하는 증거로 가상놀이를 주장하는 입장에서는 마음의 특성을 이해하는 능력이 매우 어린 시기부터 존재한다고 보고 있다. 인간은 타인과 상호작용을 하며 살아가는 사회적인 존재이며 타인과 상호작용을 하기 위해서는 마음의 표상적 특성을 이해하지 않으면 불가능하므로 자신과 타인의 마음상태의 특성을 본유적으로 이해할 수 있다고 본다. 그는 생후 18개월경에 나타나는 가상놀이가 어린 아동들이 마음의 특성을 이해한다는 것을 보여주는 증거라고 주장한다.

틀린 신념에 대한 이해를 마음의 표상적 특성을 이해하는 증거로 보는 입장은 발달과정에 의해 획득하게 되는 기능이라고 보고 있다. 적어도 만 4세가 되어야 마음의 표상적 특징을 이해하기 시작한다고 본다. 그는 만 2세경에 현재의 실제상황뿐 아니라 다른 가상의 상황까지 표상할 수 있게 되어 현재-미래, 실재-가상놀이와 같이 각기 다른 여러 상황들을 이해할 수 있게 된다. 예를 들어 바나나를 기차라고 가상하여 놀 때 아이들은 실제상황은 '바나나' 이나 가상놀이 상황은 '기차' 라고 생각한다. 즉, 두 개의 다른 상황을 표상하는 것이다. 하지만, 이 아동이 가상놀이를 하면서 "저 아이는 바나나를 기차라고 생각하고 노는 것이다."라고 상대방 아동의 마음상태를 이해하는 것은 아니라고 볼 수 있다. 이러한 이해는 만 4세가 지나면서 자신과 마음상태를 표상할 수 있게 되어야 가능해진다고 여겨진다. 타인이 특정 상황에 대해 어떻게 생각하고 있는지를 이해하는 것은 그 사람의 마음에 대하여 생각하는 것인데 이는 타인의 생각에 대해 자신이 다시 생각하는 것이다. 타인의 생각이란 특정생황에 대한 그 사람의 표상이라고 할 수 있으므로 그 사람의 생각에 대해 내가 다시 생각하는 것은 표상에 대한 표상이 되므로 이는 상위표상이다. 아동이 상위표상 능력을 가지게 되어 마음의 표상적 특징을 이해하게 되면 사람은 상황에 대해 틀린 믿음을 가질 수 있다는 것을 이해하고 또 이 틀린 믿음을 근거로 그의 행동을 예측할 수 있게 된다.

정상적인 발달과정에서 만 4세 이후에 획득되는 인지기능인 '마음의 이론' 은 상대방이 어떻게 생각하고 느끼는지에 대하여 아동이 이해하는 능력으로서, 아스퍼거 증후군이나 자폐스펙트럼장애 아동은 이 능력을 손상받는다. 결과적으로, 아스퍼거 증후군이나 자폐스펙트럼장애 아동은 자신을 둘러싼 주위환경에서 벌어지는 일들을 이해하지 못하고 자신과 관련된 인물들(부모, 선생님들)이 생각하는 것이 어떤지를 추정하지 못한다. 아스퍼거 증후군이나 자폐스펙트럼장애 아동이 사회적 맥락에서 적절하게 의사소통하는 능력이 떨어지는 점은 마음의 이론 등과 같은 신경심리적인 기능들과 관련이 있다고 알려져 있다.

타인의 생각과 감정을 개념화하고 이해하여 배려하도록 노력한다. 자신의 말이 상대방의 기분을 상하게 만들거나 당황하게 할 수 있다는 점을 이해해야 한다. 마음을 읽는 능력(마음의 이론)을 평가하는 방식은 여러 종류의 이야기를 들려준 후에 자신의 생각을 말하도록 요구하는 것이 보편적으로 시행하는 방식이다. 다양한 예문들을 이용하여 역할놀이를 하거나 상황 설정을 통하여 상대방의 사고방식과 생각을 이해하도록 도움을 준다.

결과적으로, 아동이 사회적 상황을 파악하여 문제를 해결하는 능력을 증진시키는 효과를 기대할 수 있다.

아스퍼거 증후군에서는 마음 읽기 능력을 여러 단계로 나누어 체계적인 훈련과 반복된 연습이 중요하다.

a. 다양한 상황에서 상대방의 감정이나 의도, 입장을 이해하기
b. 타인의 감정에 공감하여 표현하기
c. 선의의 거짓말을 이해하기
d. 전체적으로 상황을 조망하기 위하여 상대방의 복잡한 의도를 파악하기

아동이 틀린 신념(false belief)을 이해하는지를 판단하기 위하여 1단계 검사에 대한 연구들이 보고되었다.

Sally-Anne 실험

만 4세인 Anne과 Sally가 함께 노는데, Sally가 구슬을 자신의 바구니에 넣고 그녀의 옷으로 그 위를 덮었다. Sally가 잠깐 바깥에 나간 사이, 장난꾸러기 Anne이 구슬을 자신의 상자 안에 숨겼다. Sally가 돌아와서, 구슬을 가지고 놀려고 한다는 일련의 과정을 아동으로 하여금 보게 한 후, 'Sally는 어디에 그 구슬이 있다고 생각할 것인가?' 의 질문을 아이에게 물어본다. 이 질문에 정확하게 대답하기 위하여 Anne이 구슬을 상자 안으로 옮기는 것을 Sally가 보지 못하여 원래 놓았던 장소에 구슬이 있다고 사실과는 다르게 Sally가 생각하리라는 사실을 아동이 이해해야 한다.

This is Sally.
This is Ann.
Sally has a ball. She puts it into her basket.
Sally goes out for a walk.
Ann takes the ball out of the basket.
Ann then puts the ball in the box.
Now Sally comes back.
She wants to play with the ball.
Where will Sally look for the ball?

Baron-Cohen 등은 실험 결과, 만 4세 아동의 약 85% 정도가 정확하게 대답할 수 있었고, 다운 증후군의 경우는 14명 중 12명이 정답을 말했으나, 자폐스펙트럼장애 아동은 다운 증후군 아동에 비하여 오히려 정신연령이 높았지만, 20명 중 4명만이 정확하게 대답하였다고 발표하였다. 자폐스펙트럼장애 아동은 Sally의 입장에서 상황을 관찰하지 못하고 Sally가 갖게 되는 틀린 믿음(false belief)을 이해하지 못한다. 즉, 상황이 전개되는 전체적 맥락에 대한 이해력을 갖기 위해서는 Sally의 입장에서 Sally의 마음, 감정, 사고, 의도 등을 이해하는 능력인 '마음의 이론' 기능이 작용을 해야 한다. 하지만, Happe는 동일한 실험에서 만 4세의 정상 아동 중 50%만이 통과할 수 있었고, 자폐스펙트럼장애 아동의 경우는 만 8세가 넘어서야 비로소 검사를 통과할 수 있었다고 보고하였다. Baron-Cohen은 마음의 표상적 특성을 이해하게 되는 것은 '마음의 이론' 기제(theory of mind mechanism; 이하 ToMM)를 가지기 때문이라고 본다. 또 ToMM은 상대방의 마음을 이해하는 데 홀로 작용하는 것이 아니고 다른 구성부분과 함께 시스템을 구성한다고 생각했다. 주의공유기제(Shared Attention Mechanism; 이하 SAM)는 일반적으로 생후 18개월에 정상적으로 획득하는 능력으로, 자폐스펙트럼장애 아동은 이 능력이 결여되어 있는 것이 특징이다. SAM은 자신과 타인이 동일한 대상에 대해 공통적으로 주의하고 있는지를 나타낸다. 자폐스펙트럼장애 아동은 상대방의 시선방향을 확인하고, 자신의 시선을 그곳에 맞추는 시선 검토(gaze monitoring)를 하지 않으며, 또한 자신이 보고 있는 대상을 다른 사람이 보도록 하기 위하여 손가락으로 그 대상을 가리키면서 상대방의 눈을 살피는 서술적 지적(proto-declarative pointing)을 하지 못한다. 이 정보가 ToMM에 전달되어 한 대상에 대한 상대방의 마음과 자신의 마음상태를 구분할 수 있게 된다. 즉, ToMM이 정상적으로 기능하기 위해서는 SAM의 정보, 즉 동일한 대상을 두 사람이 함께 주의하고 있다는 것을 알려주는 정보가 반드시 필요하다. 따라서 자폐아동의 경우 SAM이 기능하지 못하므로 ToMM도 기능하지 못한다. 자폐스펙트럼장애 아동의 경우에 ToMM이 손상되어 있다는 것은, 아동이 가상놀이를 잘 하지 못하고, 틀린 믿음 등의 개념을 이해하지 못한다는 것으로 알 수 있다.

Baron-Cohen은 마음에 대한 이해를 행동적, 인지적 수준에서 설명할 뿐만 아니라 인간의 신경체계와 어떻게 관련되는지를 설명하고자 하였다. Baron-Cohen에 의하면, 마음 읽기 시스템은 뇌에서 상측 두정열(superior temporal sulcus), 안와전두피질(orbito-frontal cortex, 이하 OFC로 표기), 편도체(amygdala) 세 부분 간의 회로에 의해 작용한다고 주장하였다. 이 이론에 따르면, 자폐스펙트럼장애 아동들은 인지기능적으로 볼 때 SAM과 ToMM에 결함이 있으므로 신경심리학적으로는 OFC에 손상이 있어야 할 것이다. 그러나 자폐스펙트럼장애 아동의 뇌 손상에 대한 연구 결과들은 일관되지 않은 결과들을 보여주고 있다.

타인과 의견이 달라 갈등을 겪을 때, 일반적으로 마음의 이론이 잘 정립된 사람은 평소에 대하던 방법과는 다르게 행동한다. 말하자면 평소에 스스럼없이 지내던 방식으로 상대방을 대하면 더욱 감정을 건드릴 수 있다는 것을 이해하기 때문에 더욱 조심스럽게 다가서며 말투조차도 신중을 기하게 된다. 그러나 마음의 이론이 부족한 사람일 경우는 자신의 감정에만 충실하고 자기중심적이므로, 상대방과의 사회적 관계형성에 대하여 큰 관심이 없다. 따라서 일상적인 관계를 유지할 때보다도 더 감정적으로 자기 의사 표현이 나오게 되어, 상대방과의 관계는 더욱 악화되기 마련이다. 아스퍼거 증후군 아동은 상대의 감정을 상하지 않도록 배려할 수 있는 역량이 부족하다.

한편, 아스퍼거 증후군이나 자폐스펙트럼장애를 '마음의 이론' 이상이라는 관점에서 설명할 때, 몇 가지 제한점이 있다고 알려져 있다. 첫째는, 강도나 초점에 있어서 비정상적인, 한 가지 이상의 상동증적이고 제한적인 관심에 집착을 보이는 경우나, savant 또는 splinter skill과 같이 아스퍼거 증후군 아동이 특정영역에서만 보이는 뛰어난 능력에 대하여 '마음의 이론' 이상이라는 관점에서 설명이 충분치 않으므로, 실행기능의 이상(executive dysfunction)이나 weak central coherence의 관점에서의 보충설명이 필요하다. 둘째는, 고기능 자폐증이나 아스퍼거 증후군과 같이 기능수준이 높거나 성인의 경우는 '마음의 이론' 이상을 평가하기 위한 first-order test(정신연령 만 4세 이상)나 second-order test(정신연령 만 6세 이상)는 통과할 수 있다. 즉, 정상적인 지능을 보이면서 비교적 언어능력이 높은 성인 자폐증 환자는 second-order false belief test를 통과할 수 있으며, 얼굴표정의 변화를 구별할 수 있는 있다고 알려져 있다. 한편, Baron-Cohen 등은 'Eye Tasks' 라는 발전된 형태의 '마음의 이론' 이상을 평가하는 검사를 통하여 정상 수준의 지능을 보이며, 언어 능력이 비교적 높은 자폐스펙트럼장애 성인이나 아스퍼거 증후군 환자의 경우도 검사에 실패한다는 결과를 발표하였다.

제5절 사회성 두뇌

연구자들은 사회성 인지에 기여하는 뇌의 영역들이 있다고 생각했으며, 이를 사회성 두뇌(social brain)라고 한다. 원숭이를 대상으로 하는 실험을 통하여 사회성과 관련이 있는 뇌의 영역들이 밝혀졌다. 초기에는 편도체(amygdala), 안와 전두피질(orbito-frontal cortex), 상측 두구(supeprior temporal sulcus) 등이 관심을 받았다. 이는 Baron-Cohen의 사회성 연구와 일치하는 소견이다. Baron-Cohen은 마음에 대한 이해를 행동적, 인지적 수준에서 설명할 뿐만 아니라 인간의 신경체계와 어떻게 관련되는지를 설명하고자 하였다. Baron-Cohen에 의하면, 사회성 인지에 해당하는 마음읽기 시스템은 뇌에서 상측 두구, 안와 전두피질, 편도체 세 부분 간의 회로에 의해 작용한다고 주장하였다. 이 이론에 따르면, 자폐아동들은 인지기능의 측면으로 볼 때 공동주의기제와 마음의 이론 기제에 결함이 있으므로 신경심리학적으로는 안와 전두피질에 손상이 있어야 할 것이다. 그러나 자폐아동의 뇌 결함에 대한 연구결과들은 일관되지 않은 결과들을 보여주고 있다. 환자에 따라 손상부위가 전두엽, 편도체, 또는 측두엽으로 서로 달랐으며, 어떤 경우는 전혀 다른 부위에 손상이 있는 경우도 있는 것으로 나타났다.

이후 사회성 연구가 진행되면서 두 가지 영역이 추가적으로 사회성과 연관이 있다는 결론에 도달했다. 뇌에 존재하는 거울체계(mirror system), 그리고 내측 전전두엽(medial prefrontal cortex, 이하 MPFC)과 주변의 전대상회 피질(anterior cingulate cortex) 역시 사회성에 중요한 역할을 하는 것으로 알려졌다.

편도체는 감정의 표현에 중요한 역할을 하는 것으로 알려져 있다. 특히, 공포(fear)라는 감정의 표현을 인식하는 역할을 통하여 사회성에 기여하고 있다.

상측 두구는 얼굴의 움직임이나 시선의 방향에 맞추어 반응한다. 이 부위는 상대방의 눈이 움직이는 것을 관찰할 때 작동한다. 상대방의 시선이 어떻게 움직일 것인가를 예측할 수 있다.

뇌에는 거울체계라고 불리는 신경체계가 있다. 우리가 타인들이 감정을 경험하는 것을 관찰할 때, 마치 우리 자신이 그 감정을 경험하고 있는 것처럼 뇌에서 동일한 영역이 활성화가 된다는 연구결과가 있다. 거울체계는 뇌의 특정 영역을 지칭하는 것이 아니라, 무엇을 관찰하느냐에 따라 뇌에서 활성화되는 부위들이 달라질 것이다.

자폐아동에게 모방 과제(imitation task)를 하도록 과제를 시키면서 기능성 MRI를 촬영하면, 하측 전두이랑(inferior frontal gyrus) 부위에서 거울신경체계가 기능적으로 떨어지는 것을 확인할 수 있다. 하측 전두이랑은 상대방을 관찰하거나 모방을 할 때나, 상대방이 하는 행동의 의도를 이해할 때 활성화된다. 이 부위가 변연계(limbic system)와 함께 작동을 하면, 상대방의 감정상태를 진정으로 이해하는 것을 중재하여 공감(empathy)하는 데 역할을 하게 된다.

내측 전전두엽은 상대방의 마음상태를 이해하기 위한 과제를 시행할 때 활성화되는 것으로 알려져 있다. 감성적인 부분은 MPFC의 전위 부리모양에 위치하며, 인지적인 부분이라고 알려진 영역보다 앞쪽으로 아래에 위치한다. 또한 정신화 과제(mentalization task)와 관련하여 활성화되는 부위는 MPFC에서 보다 내측이다. 아스퍼거 증후군을 가진 아동이 틀린 믿음과제 등을 수행하면서 PET를 시행한 결과, 정상보다 왼쪽 MPFC(area 8) 부위가 유의하게 활동성이 떨어진다는 연구결과가 있다.

안와 전두피질은 예상되는 상이나 벌과 관한 감정과 연관이 있다고 알려져 있다. 감정을 모니터하는 기능은 타인의 것뿐만 아니라 자신에게도 해당된다. 타인의 감정에 대하여 생각하는 것은 내측 안와 전두피질과 관련이 있다고 하며, 일반적인 관점의 전환(perspective taking)은 보다 후위에서 연관이 있다고 한다.

Social Brain

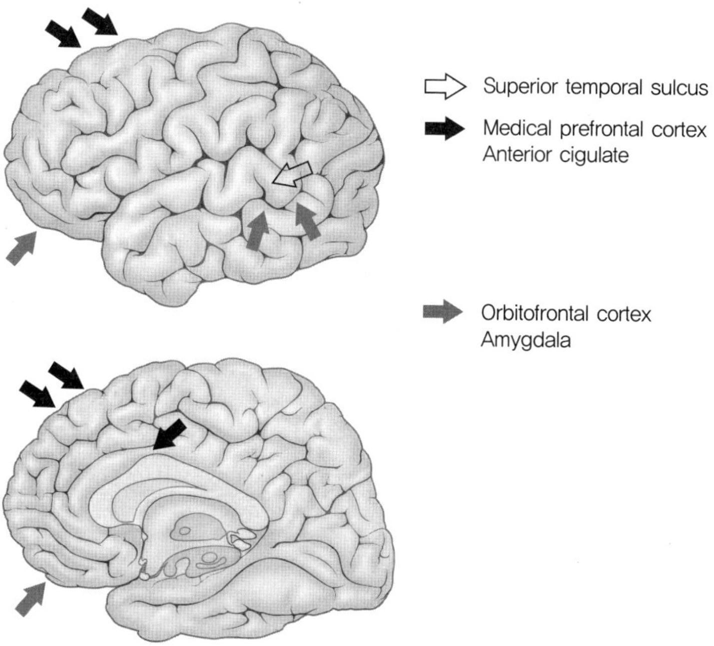

추가적으로 얼굴의 인식과 관련한 뇌의 영역이 사회성과 관련이 있다고 고려되고 있다. 방추상 얼굴영역(fusiform face area)은 얼굴을 지각하고 기억하는 데 역할을 한다. 이 부위에 이상이 생기면 얼굴로 사람을 구별하지 못한다. 방추상 얼굴영역은 후두엽과 전두엽에 결쳐 있는 내측 후두 측두이랑(medial occipito-temporal gyrus)에 위치한다. 자폐아동은 사회성이 떨어지며, 방추상 얼굴영역의 얼굴 인식 기능이 저하된다. 일반인들이 방추상 얼굴영역에 이상이 생기면, 안면인식장애가 발생한다. 얼굴을 제대로 인식하기 위하여 방추상 얼굴영역뿐만 아니라 얼굴의 움직임과 시선의 방향을 지각하는 상측 두구와 공포스러운 얼굴표정과 연관이 있는 편도체가 함께 적절하게 작용을 해야 한다.

제6절 사회성 학습장애

사회성 학습장애(social learning disability)는 공식적인 진단명은 아니지만, 일부에서는 발달의 여러 영역들 중 사회성 영역이 유별나게 문제가 되는 경우들을 총칭하여 사회성 학습장애라고 부르고 있다. 미국 Yale Child Study Center에 근무하다가 최근에 미국 애틀랜타에 있는 에모리대학교로 자리를 옮긴 Ami Klin 박사는 지능이 정상범주이면서 발달과정에서 어려움을 보이는 여러 증상들 중 사회성 영역에서 대인관계 능력의 저하를 주요 문제로 보아 사회성 학습장애라고 부르기도 하였다.

신박의 견해로는, 어려서부터 언어발달은 별로 떨어지지 않으며, 지능이 정상범주에 해당하는 아동이나 청소년에서 사회성이 특징적으로 떨어지는 경우들을 사회성 학습장애로 부를 수 있다고 생각한다. 사회성 학습장애는 그동안 아스퍼거 증후군과 비언어성 학습장애를 포함시켜왔으나, 이외에도 진단을 내리기에는 애매하지만 사회성이 떨어지는 아동이나 청소년들이 포함된다.

사회성 학습장애라는 용어는 사회성이 떨어지는 경우에 아동의 상태를 설명하기에 유용한 면이 있음에도 불구하고, 공식적인 진단명이 아니므로, 신박은 무분별하게 이 용어가 사용되는 것을 경계하는 마음이 있다.

사회성 학습장애는 사회적 능력(social competence)이 떨어진다고 달리 표현할 수 있다. 사회적 능력은 사회 환경과 효과적으로 상호작용하거나 혹은 사회문제에 대한 해결 전략을 개발하고 이용할 수 있는 능력이다. 사회적 능력의 구성요소는 적응행동과 사회적 기술로 살펴볼 수 있다. 적응행동이 자부심과 독립적 기능에 초점을 둔다면, 사회적 기술은 대개 타인과의 상호작용 기능과 사회적 수용에 비추어 정의되는 경향이 있다. 사회성 학습장애는 사회적 능력의 결함을 보여 대인관계와 사회성 집단에 적응을 어렵게 한다. 이러한 양상이 지속되다보면, 부적응의 후유증으로 사회성의 문제가 정서의 영역으로 확산되어 우울증이나 불안증이 발생하는 것은 빈번하다. 때로는 관계망상이 발생하여 자신과 관계없는 주변의 사건이나 타인의 언동을 자신에게 관련짓는 정신병적 증상을 보이기도 한다. 일반적으로 피해적 내용이 많으며, 타인이 얘기하고 있는 것을 자신에게 대한 욕을 하고 있는 것으로 해석하거나, 어떤 사람이 헛기침을 한 것을 자신을 싫어하기 때문인 것으로 해석하는 하기도 한다. 일부에서는 청소년기부터 비행에 빠져서 성인이 되어도 범죄에 가담하기도 하는 것으로 알려져 있다.

아기가 태어나서 만 4세경까지는 주양육자인 엄마와 상호적으로 놀이를 하는 경험이 중요하다. 부모가 아동에게 책을 읽어주거나 가족이 함께 여행이나 나들이를 하는 시간도 의미가 있지만, 부모가 아동과 마주 앉아 상호적으로 놀이를 하는 것이 매우 중요하다. 만 12～18개월까지는 놀잇감보다는 신체를 이용하여 다양하게 아기와 놀이를 하는 신체-감각 놀이가 중요하다. 그 이후부터는 놀이감을 가지고 상호적으로 노는 경험을 많이 할수록 좋다. 만 18～24개월경부터는 아기는 역할놀이나 가장놀이가 가능하기 시작하므로, 엄마의 분별 있고 깊은 배려를 바탕으로 이러한 놀이를 할 수 있는 기회를 자주 갖는 것이 좋다. 만 3세가 넘어가면서 아동이 할 수 있는 역할놀이나 가장놀이 수준이 높아지고 다양해지므로 엄마나 손위 형제나 자매가 놀이의 파트너가 되는 환경이 바람직하다. 우리나라에서는 부모들이 이 시기의 자녀들에게 책을 읽어 주기를 선호한다. 아동의 정서-사회성-인지기능의 고른 발달을 위하여 놀이감을 가지고 상호적으로 노는 경험들이 매우 중요하다. 만 3세 이전에는 책을 자기 전에 읽어주는 정도로 하는 것이 적당하다. 특히, 사회성이 떨어지는 나이 어린 아동들은 TV, DVD, 컴퓨터 게임이나 동영상, 스마트폰 기기 등에 너무 노출되는 것이 사회성의 부족을 심화시킬 수 있다.

아동은 만 3세가 지나면서 어린이집이나 유치원에 가게 된다. 가정에서 시행하는 많은 놀이 경험과 연습을 통하여 새로운 환경인 어린이집이나 유치원에서 초기에 적응을 잘 할 수 있도록 상호적인 놀이기술을 더욱 증진시켜야 한다. 만 4세가 가까워 오면서, 유치원에서 그냥 어울리는 수준을 벗어나 친한 또래아동들과 함께 하는 그룹놀이가 중요해지기 시작한다. 이 시기에 부모는 자녀가 친한 친구들과 지속적으로 함께 놀이를 할 수 있도록 놀이그룹을 형성하여 유지하도록 도와주어야 한다. 유치원 6세, 7세반부터 초등학교 저학년 시기에는 다양한 친구들과 두루두루 친한 것도 좋지만, 특히 친한 친구들과 깊은 관계를 형성하는 경험을 하는 것이 의미가 있다.

부모는 자녀가 학년이 바뀌면서 기존의 친구들 외에도 해마다 새로운 친구들을 사귀는지를 확인해야 한다. 아동이 새로운 친구를 사귀는 것이 어렵거나 기존의 친구관계를 꾸준하게 유지하는 것이 힘들다면, 그 이유를 살펴보아야 한다. 혹시 자녀에게 사회성 문제가 있어서 전문가의 평가와 도움이 필요할 수도 있음을 고려해야 한다.

제7절 지능이 정상 범주이면서 사회성 발달이 떨어질 수 있는 소아청소년정신과적 문제들

학령기 연령 이상의 아동이 지능은 정상범주이지만, 사회성 발달에 문제가 있을 수 있는 경우들에 대하여 논의하도록 하겠다. 아동이 지능이 정상범주이면서 사회성의 부족을 보일 수 있는 경우들이 다양하다는 점을 인식하는 것이 필요할 것이다.

1. 아스퍼거 증후군

아스퍼거 증후군은 사회적 상호작용에서의 심하고 지속적인 장해와 제한적이고 반복적인 행동이나 관심 등을 보이는 전반적 발달장애의 하나이다. 아스퍼거 증후군을 보이는 대부분의 아동들은 정상 수준의 인지능력을 보이기 때문에 학과수업의 내용이나 언어기능에서는 크게 지체됨을 보이지 않는다. 또한 지능 지수(IQ)도 정상적인 수치(IQ >85)를 나타내는 아동들이 대부분이다. 최근에는 특정영역에서 천재적인 재능을 보이는 경우도 관찰된다는 보고가 있다. 또한, 아스퍼거 증후군을 보이는 아동들은, 비록 같은 진단을 가지고 있더라도, 그 임상양상이 매우 다양한 것이 특징이다.

아스퍼거 증후군을 가진 아동들은 유치원이나 초등학교 상황에서 '특이하거나 이상하게' 보이기도 한다. 그 아동들이 보이는 부적절한 사회성(관계형성능력)으로 인하여 '왕따'가 흔히 되기도 한다. 특이하고 애매모호한 대상에 지나친 관심을 나타내는 그들은 근육운동기능 이상으로 인하여 보행이나 여타 운동기능이 자연스럽지 못하고 어색한 경우가 많다. 일반적인 사회적인 관습에 대하여 익숙하지 않거나 무지한 경우가 많으며, 대인관계를 어떻게 맺고 유지하는가에 대한 인식이 부족하다. 환경의 변화에 잘 적응하지 못하는 그들은 사소한 변화에 예민하게 반응하면서, 이로 인하여 스트레스를 받는다.

2. 고기능 자폐증

학령기 연령 이상의 자폐 아동이 지능검사를 시행하여 IQ 71 이상(70 이하는 정신지체에 해당하는 지능이다)을 보이는 경우를 광범위한 의미의 고기능 자폐증에 해당한다고 할 수 있다. IQ는 70 이하를 정신지체, 71~84

는 정상 범주도 아니고 정신지체도 아니라고 하여 경계선 지능(borderline intellectual functioning)이라 부르며, IQ 85 이상을 정상 범주(IQ 100이 그 연령대에서 딱 평균이다)에 해당한다고 할 수 있다. 엄밀한 의미의 고기능 자폐증은 IQ 85 이상(정상범주 이상에 해당)이면서 자폐스펙트럼장애라고 진단받은 아동이지만, 보편적으로 IQ 71 이상의 자폐 아동을 고기능 자폐증이라 부르고 있다.

일반적으로 자폐증의 기능 수준과 예후는 만 5~6세경에 검사된 IQ와 언어구사능력에 의하여 결정적으로 좌우된다고 알려져 있다. 따라서, 자폐스펙트럼장애를 치료하려면 가능한 한 빨리 소아청소년정신과를 방문하여 정확한 진단을 받아 아동의 상태에 적합한 집중적인 조기 특수교육이 필요하다는 기본적인 치료 원칙이 중요한 것이다.

3. 비언어성 학습장애

비언어성 학습장애(non-verbal learning disability)는 중요한 우뇌 인지기능인 시지각적 또는 시공간적인 정보전달체계가 기능의 장해가 있을 때를 의미한다.

이러한 인지기능의 결함을 보이는 아동들은 다양한 특성을 보이는데, 신경심리학적으로 시각적으로 입력된 각종 정보나 데이터를 분류하고 조직화하는 능력(시각적 조직화 능력, visual-spatial organizational skills)이 부족하거나, 시각적으로 입력된 정보를 대뇌에서 지각하여 정보 처리하는 능력(시/공간적 지각 능력, visual-spatial perceptual capacity), 글씨를 쓰거나 젓가락을 사용하는 데 필요한 시각-운동 협응 능력(visual-motor integration), 학습을 하거나 과제를 수행할 때 얼마나 빨리 정보를 처리하는가를 판단하는 정신-운동 속도(psycho-motor speed) 등의 현저한 저하를 보인다.

사회적 맥락에서 상황을 연결하여 파악하고 인과관계를 이해하여 결과를 예견하는 등의 상황 판단력이 떨어져서 사회적 관계형성능력이 떨어지는 경우가 대부분이다.

4. 언어성 학습장애

중요한 좌뇌 인지기능으로서의 청각적(언어적) 정보전달체계(auditory information processing system)가 기능의 결함으로 인하여 손상을 받았을 때, 읽기 능력과 같은 기능이 장해를 보인다. 이외에도, 말로서 표현된 정보를 적절하게 이해하여 파악하는 능력이 현저하게 떨어진다. 이 경우의 학습장애는 어려서부터 언어장애가 있어 오던 아동이 언어장애의 치료가 충분하지 못하여 학령기에 학습영역의 문제를 야기하게 된다. 최근에는 사회적 의사소통장애(Social Communication Disorder)라는 표현을 많이 사용한다.

5. 소아기 분열성 인격

분열성 인격장애는 광범위하게 사회적 관계로부터의 고립 양상과 대인관계 상황에서의 제한된 감정표현을 특징적으로 보이고 있다. 일반적으로 이러한 행동양식이 성인기 초기부터 시작되는 것으로 알려져 있다.

1979년 Wolff 등은 소아기의 분열성 인격(childhood schizoid personality)에 대하여 발표하면서, 사회적 고립, 경직된 사고와 습관, 그리고 특이한 의사소통 유형 등을 특징으로 언급하였다. 그러나 그 이후의 연구는, 아스퍼거 증후군을 고정된 형태의 인격장애로 파악하는 것은 부적절하며, 아스퍼거 증후군에서 보이는 자폐성향은 발달과정의 이상과 밀접한 연관이 있다고 생각한다.

6. 심리적인 어려움으로 인하여 사회성의 저하를 보이는 경우

학령기 이상의 아동이 지능검사(WISC)에서 IQ가 정상 범주이고, 인지기능의 불균형이 두드러지지 않은 것으로 나타났으나, 감정 조절의 어려움, 지속적인 우울 및 긴장감, 자존감의 저하, 자신감의 부족을 보이면서 친구들과의 관계에서 빈번하게 따돌림을 당하거나 심지어는 '왕따' 의 양상을 보이는 경우를 종종 관찰할 수 있다.

이러한 경우에서 보이는 사회성의 저하는 원인을 인지기능의 문제에서 찾기보다는 자녀가 환경에 부적응 양상을 보이거나 심리내적인 부적응으로 인한 대인관계의 어려움으로 보는 것이 타당할 것이다. 치료적인 접근은 6개월 이상의 장기적인 심리치료를 받는 것이 도움이 되리라 생각한다.

제8절 일상에서 마음의 이론이 적용되는 사례들

초등학교 입학한 이후부터 시작하여, 특히 청소년기를 지나면서 사회적으로 관계형성을 위하여 상대방의 생각과 감정을 이해하여 배려하도록 노력하게 된다. 자신의 말이 상대방의 기분을 상하게 만들거나 당황하게 할 수 있다는 점을 이해해야 한다. 상대방과의 상호소통을 하게 만드는 요인들은 55%가 얼굴의 표정이며, 38%는 목소리의 톤, 그리고 7%만이 실제적으로 표현된 말이라는 견해가 있다. 상대방의 감정을 이해한다는 것은 의사소통을 잘 할 수 있는 중요한 능력을 갖춘다는 의미이기도 한다. 또한,

주위에서 '배려심이 깊다' 는 표현을 사용한다. 배려심이 깊다는 의미는 특정 상황에서 마음의 이론이 잘 작동하고 있다고 볼 수 있다.

우리는 자유 경쟁의 원리가 지배하는 사회에 살고 있기 때문에, 이러한 사회에서 성공하기 위하여 경쟁자를 정확하게 파악하는 것이 중요하다. 그냥 아는 정도로는 부족하며, 상대방의 심리적 상태나 우리의 전략에 대하여 그들이 어떠한 반응을 보일 것인가를 예상하는 등 충분한 이해가 필요하다. 이러한 전략적인 면은 기업에서만 필요한 것이 아니라, 사람들이 모여 정책을 결정하는 회의에서도 자신의 발언이 상대방에게 미치는 영향력에 대하여 이해할 때 더욱 치밀하고 효과적인 논리를 구사할 수 있다. 이러한 종류의 대화는 우리가 살아가는 일상생활 가운데 무수히 일어나고 있다. 따라서 마음의 이론이 정립되지 않은 사람은 이러한 사회적 생존과 경쟁에서도 도태될 수밖에 없다.

예를 들어, 다른 사람과 의견이 달라 갈등을 겪을 때, 일반적으로 마음의 이론이 잘 정립된 사람은 평소에 대하던 방법과는 다르게 행동한다. 말하자면 평소에 스스럼없이 지내던 방식으로 상대방을 대하면 더욱 감정을 건드릴 수 있다는 것을 이해하기 때문에 더욱 조심스럽게 다가서며 말투조차도 신중을 기하게 된다. 그러나 마음의 이론이 부족한 사람일 경우는 자신의 감정에만 충실하고 자기중심적이므로, 상대방과의 사회적 관계형성에 대하여 큰 관심이 없다. 따라서 일상적인 관계를 유지할 때보다도 더 감정적으로 자기 의사 표현이 나오게 되어, 상대방과의 관계는 더욱 악화되기 마련이다.

예

대학생인 A는 놀이동산에 가서 놀이기구도 타고 동물원에도 갔다. A는 너무 많이 구경해서 다리도 아프고 피곤하여 지하철에 타서 자리에 앉자마자 다리를 앞으로 길게 뻗은 채로 잠이 들었다. 몸이 편하기도 하여 그런 채로 자고 있었다. 지하철 안을 지나가던 중년의 아저씨가 A의 발을 툭 차면서, "이봐. 학생, 이게 뭐 하는 짓이야. 다른 사람들도 생각해야지."라고 하셨다.

질문 1) 지금 A의 기분은 어떨까?
2) A는 무엇을 잘못했을까?
3) 아저씨가 잘못한 점은 없을까?

→ 아저씨는 가볍게 발로 찼지만, 발로 차인 A는 일단 불쾌감이 들었다. 하지만, 다리를 쭉 펴고 잔 잘못은 속으로 인정을 하고 있는지라, A는 기분 나쁜 내색을 할 수 없었다. 재빨리 다리를 움츠려서 똑바로 앉았다. 주변 사람들은 고려하지 않고 그저 자신이 편한 것만을 생각했던 A는 미안한 감정이 어느 정도 들었으나, 아저씨가 자신에게 문제점을 지적한 방식은 마음에 들지 않았다. A는 자신의 감정을 들키지 않으려고 고개를 약간 숙인 채, 아저씨에게 당한 상황을 생각하면서, 불편한 심정을 곱씹고 있었다.

아마도 아저씨는 더 강하게 발로 A를 차고 심한 욕설을 하며 매우 강한 톤으로 A를 비난하면서, 문제점을 지적할 수도 있었다. 혹은 아저씨는 발로 A를 차지 않고 어깨를 살짝 건드리면서 A가 듣기에 덜 불편한 방식으로 문제점을 얘기하는 것도 가능했을 것이다. 상대방의 입장을 이해하고 배려하는 마음이 얼마나 존재하느냐에 따라 반응양상이 달라질 것이다.

또한, 성인들이 일상에서 마음의 이론이 잘 작동하고 있는지를 쉽게 느낄 수 있는 상황이 자동차를 운전할 때이다. 일반적으로 양보를 잘 하고 교통법규를 잘 지켜야 하며 급하게 운전해서는 안 된다는 말을 많이 사용한다. 하지만 잘 생각해보면, 운전을 하는 동안 순탄하게 운전을 하는 경우들이 많이 있지만, 주변의 차를 신경 써야 하고 배려해야 할 때가 의외로 많다는 점에 대부분 동의할 것이다. 이렇듯 일상생활에서 마음의 이론을 자주 사용해야 하는 것이 현실이다.

예

20대 중반의 남성 3명이 함께 술자리를 가지고 있다. 3명은 알게 된 지 10년 가까이 된 친한 친구사이다. 한 사람이 최근에 여자친구로부터 일방적인 절교를 당했고, 그 여자와는 연락이 안 되는 상황이며, 이로 인하여 화난 심정에 몇몇의 친한 친구들과 함께 술을 마시는 중이다. 당사자인 친구가 하는 얘기를 들어보니, 그동안 여자친구에게 말을 함부로 했고 자기 위주로 일방적인 관계를 이끌어 왔으며, 심지어 한 번은 여자친구의 뺨을 가볍게 때렸다고 한다. 이에 대하여 합석한 친한 친구들인 A, B, C의 반응을 살펴보자.

A가 말하기를, "얘기를 들어보니, 친구야, 네가 잘못했네. 말도 함부로 하고 네 마음대로 여자를 좌지우지하였다며... 게다가 여자를 때리기까지 했다니... 요새 어떤 여자가 그런 취급을 당하면서 애인 관계를 유지하냐?"

B는 경험적으로 술자리에서 A와 같이 속내를 있는대로 말하다가는 말싸움이 일어날 가능성이 높다는 사실을 인식하고, "아, 그랬구나." 식으로 적당하게 맞장구를 쳐주었다.

C는 친구에게 말하기를, "친구야, 여자친구가 일방적으로 떠나서 연락도 안 되고 하니, 마음이 힘들고 화가 많이 나겠구나.... 남자하고 여자가 만나 사귀다가 싸울 수도 있는 일이지. 그렇다고 남자에게 절교를 선언하고 연락을 끊는 것은 그 여자도 심한 거야."

마음의 이론의 관점에서 A, B와 C의 발언을 살펴보도록 하자.

다른 사람과 의견이 달라 갈등을 겪을 때, 일반적으로 사회성 인지(마음의 이론)가 잘 정립된 사람은 평소에 하던 방법과는 다르게 대한다. 말하자면 평소에 스스럼없이 지내던 방식으로 상대방을 대하면 더욱 감정을 건드릴 수 있다는 것을 이해하기 때문에 더욱 조심스럽게 다가서며 말투조차도 신중을 기하게 된다. 그러나 마음의 이론이 부족한 사람일 경우는 자신의 감정에만 충실하고 자기중심적이므로, 상대방과의 사회적 관계형성에 대하여 큰 관심이 없다. 상대의 감정을 상하지 않도록 배려할 수 있는 역량이 부족하다. 따라서 일상적인 관계를 유지할 때보다도 더 감정적으로 자기 의사 표현이 나오게 되어, 상대방과의 관계는 더욱 악화되기 마련이다.

A는 상황을 명확하게 파악하여 친구에게 문제점을 지적했다고 볼 수 있다. 하지만, 당시 술자리에서 심리적으로 힘든 상태인 친구의 마음을 헤아

리지 못하여 감정이 상하지 않도록 배려하지 못하였다. 즉, A는 친구의 마음상태가 현재 힘들다는 점을 제대로 고려하지 못하고 자신이 느끼는 친구의 문제점을 직면(confrontation)시켰다. A의 다소 직설적인 말투도 갈등을 악화를 시키는 데 일조를 했겠지만, 보다 세련된 방식으로 말을 하였다고 하더라도 당시의 상황에서 친구의 문제점을 직면시키는 시도는 친구가 A의 얘기를 감정적으로 수용하기 힘들게 하였을 것이다. 결과적으로, A의 말을 들은 친구는 벌컥 화를 내며, A와 말싸움을 하게 되었다.

B는 자신의 경험에 비추어 술자리에서 문제점을 지적해도 싸움만 일어날 것이라는 점을 숙지하고 있었다. 마음속으로는 친구가 문제가 많다고 인식하고 지적하고 싶은 마음은 있으나, 갈등을 피하기 위하여 적당하게 맞장구를 치면서 친구의 얘기를 들어주는 반응 방식을 선택한 것이다. 아마도 B는 친구와 이러한 부분에 대하여 진솔하게 얘기를 할 수 있는 다음 기회를 염두에 두었을 수도 있다.

C는 여자친구의 일방적인 절교로 인하여 화가 나고 괴로운 친구의 감정을 이해하고 고려하면서, 친구의 감정 상태에 대하여 공감을 표시하였다. 또한, 여자친구와의 관계에서 친구의 잘못이 상당하다는 점은 인식하고 있었지만, 사실대로 얘기를 하면 친구의 감정을 더욱 건드릴 수 있다는 점을 알기 때문에 위로받기를 원하는 친구의 의도를 이해하여, 친구에게 심정적으로 공감 반응을 보였다. 추가적으로, C는 오히려 그 여자가 일방적으로 떠난 것이 잘못이라는 식의 선의의 거짓말(white lies)을 한 것이다. 만약에 적당한 기회가 온다면, C는 친구에게 "네가 마음이 힘들고 화가 많이 나겠구나."라는 식의 공감을 하다가 "그래도 여자를 때리는 것은 좀 심했다."는 멘트를 할 수 있을지도 모른다. 아니면, 그러한 멘트를 할 기회를 살피다가 적당한 시기를 찾지 못하고 술자리를 끝낼 수도 있다. C와 같이 상기의 상황에 대한 인식을 할 수 있고, 상대방의 어려운 감정상태를 공감한

다면, 마음의 이론이 적절하게 작용하고 있다고 할 수 있다. 또한, 감정상의 어려움에 충분하게 공감을 하다가 적당한 시점에 상대방의 기분이 상하지 않도록 문제제기까지 할 수 있다면, 고급의 사회성 기술을 사용하고 있다고 볼 수 있다.

여러분이 A, B나 C의 입장이라면, 어떠한 방식의 표현을 선택하였을까?

05

비언어성 학습장애와 아스퍼거 증후군의 치료 및 중재

제1절 치료적 접근 : 총론

비언어성 학습장애와 아스퍼거 증후군의 임상 양상은 개인마다 차이가 많이 나므로, 그 개인에 적합한 맞춤 치료계획을 세우는 것이 기본적인 치료 원칙이다.

미국에서는 K-1(유치원 7세반)이나 초등학교 저학년 시기에 문제가 드러나서 보호자가 원하거나 혹은 학교에서 문제점을 인식하면, 특수교육 시스템에서 평가를 한 뒤, 아동의 상태에 따라 치료계획표(IEP)를 만들어, 그에 따라 필요한 치료를 시행한다. 부모의 입장에서는 첫 단계에서 상대적으로 큰 어려움 없이 필요한 치료를 받기 시작할 수 있는 것이다. 반면, 우리나라에서는 아스퍼거 증후군 아동이 나중에 성인이 되어 보일 수 있는 예후가 좋기를 기대하는 경우라면, 가능한 빨리 발달장애 전문 클리닉을 방문하여 아동의 상태에 대하여 진단 및 적합한 치료를 받는 것이 매우 중요하다.

우리나라에서는, 부모님들의 열정에도 불구하고, 아스퍼거 증후군 아동들이 성인기가 되어 보다 나은 예후를 기대하기 위하여 해결해야 할 과제들이 산적하다. 아스퍼거 증후군이 성인이 되어 좋은 예후를 기대하려면, 비교적 어려서 진단을 받고 아이의 상태에 필요한 치료들을 꾸준하게 받으면서, 정상 아동들과의 통합교육을 체계적으로 할 수 있는 기회를 갖는 것이다. 어려서부터 지속적으로 시행해온 사회성 발달훈련, 인지치료(학과 공부 외에, 시지각 발달 훈련 등), 작업치료(감각통합 훈련 포함), 심리치료 등을 청소년기가 되어서도 받아야 성인기가 되어 보다 나은 예후를 기대할 수 있다. 우리나라에서는 아스퍼거 증후군 아동들이 초등학교 고학년이나 중학생이 되면 환자의 상태에 맞추어 필요한 치료들이 지속되지 못하고 중단되는 경우들을 자주 보는데, 결과적으로 성인기에서 기대에 못미치는 예후를 보이게 될 것이다.

아스퍼거 증후군의 치료계획은 여러 종류의 치료가 동시에 체계적으로 시행되는 것이 일반적이다. 신박이 다양한 치료계획에 대하여 설명을 하면, 쉽게 수긍을 하는 경우를 제외하고, 부모님이 두 가지 부정적인 반응을 보이는 경우들이 종종 있다. 첫째는 이미 치료를 많이 시행하고 있어서 추가로 치료를 더하기가 쉽지 않고 시간 조정이 까다롭다는 반응이다. 이 경우에는 기존에 시행하고 있는 여러 종류의 치료에 있어 우선순위를 정하는 노력을 부모님과 하게 된다. 둘째는 경제적인 이유이거나 지방에 살고 있어 치료적인 접근이 어려워서 충분하게 치료를 받지 못하는 경우이다. 이런 경우에 일부 부모님은 경제적으로 어려워 제대로 치료받기 어려우니 그 중에 하나만 선택해달라고 부탁을 한다. 아동의 상태에 따라 한 가지 치료를 우선적으로 하는 것이 좋겠다고 용이하게 말해주려고 노력하지만, 어떤 때는 아동에게 문제가 많아 한 가지 치료를 선택하기가 어려울 때가 있어 신박을 당혹스럽게 하기도 한다.

또한 아스퍼거 증후군에 공존질환(comorbidity)으로 동반할 수 있는 정신과적인 문제점을 파악하는 것이 중요하다. 동반하는 정신과적 문제의 종류에 따라 적절한 치료방식을 적용해야 한다. 예를 들어, 아스퍼거 증후군에 공존질환으로 동반하는 ADHD 증상을 보이거나, 감정조절이 어려워 심하게 짜증을 부리는 등 문제를 보일 때, 이러한 공존질환을 우선적으로 치료해야 학교나 가정에서의 적응 정도를 개선시킬 수 있다.

1. 사회성 발달과 적응 능력을 증진을 위한 프로그램

사회적 상황에서 대인관계를 시작하여, 유지하고 적절하게 변화를 꾀할 수 있는 기회를 가진다. 아동이 속해 있는 기관이나 프로그램에서 적응도를 높이려는 노력을 하게 된다. 사회성에 대하여 걱정을 하는 아스퍼거 아동의 부모라면, 가능하면 유치원 시기에 시작하고 적어도 초등학교 시기부터 아래의 세 가지 방식을 모두 꾸준하게 시행하라. 좋은 결과를 기대할 수 있을 것이다.

이러한 치료적인 접근은 대략 세 가지로 분류된다.

a. **역할놀이를 할 수 있는 소규모의 그룹 사회성 증진프로그램** : 고기능의 아스퍼거 증후군의 경우는 유치원 7세반 때부터 시작하여 청소년기까지 해당되는 또래들과 어울려서 이루어지는 사회성 증진프로그램으로 연령에 따라 프로그램의 내용이 달라질 수 있다.

b. **사회성 인지치료** : 아스퍼거 증후군이 가지는 신경심리학적, 또는 인지기능상의 문제로 마음의 이론 이상에 따른 사회적 상호소통의 어려움을 개선하려는 체계적인 시도를 한다. 역할 바꾸기나 상황 설정을 통하여 상대방의 사고방식과 생각을 이해하도록 돕는다. 결과적으로 아동이 사회적 상황을 파악하여 문제를 해결하는 능력을 증진시키는 효과를 기대할 수 있다. 이러한 치료적인 접근은 선생님과 1 : 1로 하는 인지치료적인 방식으로 이루어진다.

c. **그룹언어치료** : 언어치료의 영역으로, 특히 화용언어의 발달에 초점을 두는 언어치료적 접근이 필요하다. 대화 상황에서 시선 처리, 몸짓, 얼굴 표정, 정서적 상호교류 등 적절한 비언어적 의사소통기술을 향상시키며, 생활연령에 비하여 비유나 은유적 표현, 또는 유머를 구사하도록 도와주고, 상대방의 말로부터 피드백을 이용하는 능력을 개선시키는 노력이다.

2. 인지치료

아스퍼거 증후군이나 비언어성 학습장애와 같이 시지각 발달의 저하를 보이는 경우에 있어 시지각/시공간적 조직화 능력이나 시각-운동 통합능력, 시각적 기민성, 조직화 기술, 사회성 인지 등에 초점을 맞추어 기능을 개선시키는 특수교육적 접근이 인지치료라고 할 수 있다. 통합교육 학급도 병행되어야 한다.

아스퍼거 증후군 아동들 중 수학성적이 떨어지는 경우가 꽤 되므로, 이 부분에 대한 평가를 하여 필요한 인지학습치료를 병행하여야 한다. 문제행동을 보이는 아스퍼거 증후군 아동들에게 적절한 행동치료계획을 세우는 것도 중요한 과제 중 하나이다.

3. 작업치료 또는 감각통합훈련

아스퍼거 증후군이나 비언어성 학습장애에서 소근육 운동기능이나 대근육 운동기능의 저하는 매우 흔해서 이에 대한 보완이 필요한 경우가 많다. 특히, 아스퍼거 증후군의 경우는 감각조절 이상으로 인하여 소리나 촉각에 대하여 예민하고, 미각이나 빛의 세기에 대하여도 예민하다. 이에 따라 감각조절이상에 따라 감각통합 훈련이 필요한 경우가 꽤 많다.

4. Floortime

Floortime은 아스퍼거 증후군을 지닌 학령 전기 아동을 위하여 부모가 가정에서 무엇을 해줄 수 있는가에 대한 일종의 모범답안이다. 특히 아스퍼거 증후군과 같이 발달장애의 정도가 심하지 않고 고기능을 보이는 경우라면, 더욱 좋은 예후를 기대할 수 있다. 아동의 요구에 따라서 부모가 놀이를 지시하거나 통제하지 않고, 부모는 아이의 눈높이(기능수준)에 맞추어 상호적인 놀이를 하는 성숙한 놀이 파트너가 되어야 한다. 부모는 아이의 사회성 및 의사소통능력 발달을 염두에 두고 어떻게 하면 아이가 상호적으로 잘 놀 수 있을지를 고민해야 한다. 이런 식으로 하루에 20~30분씩 6회 정도를 실시한다. Floortime을 제대로 시행하기 위해서는 부모의 삶의 패턴이 아이에 맞추어 완전히 변해야 한다. 아동의 발달수준에 맞추어 상호적인 관계형성을 발달시킴으로써 자기의지를 가지고 상호적인 인간관계를 보이는 사회성을 제대로 형성할 수 있도록 노력하는 것이다.

전문클리닉에서는 치료자(소아청소년정신과 의사, 놀이치료사 등), 부모(엄마나 아빠), 발달지체 아동 3명이 함께 치료에 참여한다. 부모가 집에서 시행하는 'floortime' 을 제대로 할 수 있도록 기법을 부모에게 교육하는 것이 일차적 목표이며, 아동을 위한 치료시간이기도 하다. 주 1~2회 시행한다.

또한, 부모는 추가적으로 아스퍼거 증후군 아동이 일상적으로 학교나 이웃의 또래들과 놀이그룹을 일주일에 2~4회를 할 수 있도록 친구 그룹을 만들어 유지하도록 노력해야 한다.

5. 지지적 심리치료 또는 놀이치료

비언어성 학습장애나 아스퍼거 증후군에서 환자가 나이가 들어감에 따라, 아동은 자신이 주변에서 일어나는 일들을 정확히 이해를 못하고 낯설게 느낀다는 것을 깨닫게 되면서 우울증상이나 불안증상을 보이기도 하는데, 이러한 증상들을 지지적 심리치료(supportive psychotherapy)를 통하여 다루는 것이 가능하다. 아스퍼거 증후군 아동은 학교나 사회적 상황에서 쉽게 심리적인 스트레스를 받으며, 낮은 자존감(low self-esteem)을 보이기도 한다.

6. 언어치료

아스퍼거 증후군의 경우는 화용언어 개선을 위한 그룹 언어치료를 강조하여 시행하고 있다. 그룹 언어치료는 기본적인 언어 능력이 어느 정도 향상된 상태에서 시행하는 언어치료의 형태로, 아스퍼거 증후군의 중요 병리 중 하나인 화용언어의 발달에 초점을 두는 언어치료적 접근을 강조한다. 이는 사회성 발달과 의사소통능력을 증진시키기 위한 프로그램의 한 형태로 볼 수 있다.

아스퍼거 증후군은 어려서부터 비교적 언어의 발달이 이루어져, 개별 언어치료는 전혀 시행하지 않는 경우가 대부분이다. 하지만, 일부에서 언어 능력이 떨어지는 아스퍼거 증후군 사례들이 존재하므로, 이 경우는 수개월(대개 6개월 이내) 동안 개별 언어치료를 시행하면 표현언어와 수용언어 발달연령이 또래 수준에 도달하게 된다. 이때 화용언어의 향상을 위한 그룹 언어치료로 전환되는 경우가 대부분이다. 그룹 언어치료는 의사소통 상황에서 주제를 가지고 대화를 시작하여, 유지하고 적절하게 변화를 꾀할 수 있는 기회를 가질 수 있어 아동이 속해 있는 교육기관이나 프로그램에서 의사소통능력 향상을 통해 적응도를 높이는 노력을 하게 된다.

7. 약물치료

아스퍼거 증후군과 동반되는 공존질환으로 정신과 문제들에 대하여 정확하게 파악하는 과정이 선행되어야 한다. 공존질환의 종류에 따라 의사의 경험과 지식의 정도에 따라 약물치료가 시도될 수 있다.

a. 공격성

b. 불안과 우울

c. 과다행동과 주의산만

d. 유연하지 못한 사고의 엄격함과 행동적인 경직성

e. 행동적 매너리즘과 상동증

예를 들어, 메틸페니데이트(methylphenidate; 상품명 페니드, Concerta, Metadate CD)는 주의산만과 과잉행동이 두드러지는 기능수준이 높은 고기능 자폐증이나 아스퍼거 증후군의 경우에 선택적으로 사용하고 있다. 최근에는 틱 증상이나 심한 불안 증상을 동반하는 주의력결장애는 아토목세틴(atomoxetine; 상품명 Strattera)을 처방한다.

제2절 시지각 발달훈련 : 비언어성 학습장애와 아스퍼거 증후군을 위한 인지치료

보편적으로 인지치료는 아동의 인지기능이 현저하게 떨어지거나 불균형이 존재할 때, 즉 자폐스펙트럼장애, 정신지체, 아스퍼거 증후군, 언어성 및 비언어성 학습장애를 포함하는 다양한 학습장애 등에서 인지기능을 개선하기 위하여 선생님과 1 : 1로 하는 치료적인 접근이다.

비언어성 학습장애나 아스퍼거 증후군의 경우에 있어 학령기 이후에 지능검사(WISC)를 시행하면, 대개는 전체평균 지능은 정상범주에 해당하고 있다. 시지각 또는 시공간적 정보를 입력, 분석, 정보 처리하는 인지기능인 동작성 지능이 언어적 정보를 다루고 대뇌에서 정보 처리하는 인지기능인 언어성 지능보다 대개 15점 이상 떨어지는 결과를 보이고 있다. 이때 언어성 지능은 적어도 85점 이상으로 정상범주에 해당하는 지능지수를 나타낸다.

비언어성 학습장애나 아스퍼거 증후군에서 시지각 발달의 어려움을 야기한 원인, 즉 동작성 지능의 저하를 개선시키는 노력을 인지치료, 특히 시지각 발달훈련이라고 한다. 신박이 비언어성 학습장애의 치료에 있어 매우 강조하는 부분으로, 우리나라에서는 상대적으로 치료적인 투자가 덜 되는 듯하다.

시지각 발달훈련의 대상이 되는 치료 영역을 살펴보면 다음과 같다.

1. 사회성 인지

비언어성 학습장애와 아스퍼거 증후군은 사회적 맥락에서 상황을 연결하여 파악하고 인과관계를 이해하여 결과를 예견하는 등의 상황판단력이 떨어져서 사회적 관계형성능력이 떨어지는 경우가 대부분이다. 인지기능의 영역으로 사회성 인지를 개선시키는 치료적 노력으로, 상대방의 감정을 공감하기, 역할 바꾸기나 상황 설정을 통하여 상대방의 사고방식과 생각을 이해하여 고려하도록 돕는다. 결과적으로 마음읽기를 가르치는 접근이 필수적이며, 또한 사회적 기술을 습득할 수 있는 전략이 포함되어야 한다.

아스퍼거 증후군 아동에게 마음읽기 능력이 가능하도록 돕기 위해서 특정 사회적 상황에 처한 사람의 마음 상태에 대한 이해와 사회적 문제해결이 인지치료 프로그램의 중심이어야 한다. 짧은 이야기글 자료, 대화체의 담화, 또래가 참여하는 의사소통 그룹이나, 집단 게임놀이와 같은 치료방식들로 아동이 경험한 상황을 다루는 치료프로그램을 구성하는 것이 바람직할 것이다. 아동이 사회적 상황을 파악하여 문제해결하는 능력을 증진시키는 효과를 기대할 수 있다.

2. 시지각/시공간적 조직화 능력

비언어성 학습장애나 아스퍼거 증후군은 신경심리학적으로 시각적으로 입력된 각종 정보나 데이터를 분류하고 조직화하는 능력이 부족하거나, 시각적으로 입력된 정보를 대뇌에서 지각하여 정보 처리하는 능력(시/공간적 지각 능력, visual-spatial perceptual capacity)이 부족하다. 이 부분이 비언어성 학습장애를 위한 시지각 발달훈련 중 가장 기본적인 문제영역으로 볼 수 있다.

3. 시각적 기민성

주어진 정보나 자극에 대응하는 정보처리 속도가 떨어져서 상황에 민첩하게 대처하는 능력이 부족하다. 외부에서 주어지는 정보나 자극들을 대뇌에서 입력하고 분석하고 정보처리는 과정의 속도가 떨어지는 경우는, 각종 정보들을 중요도에 따라 분류하고 상황에 따라 전체적인 전략을 세우고, 문제를 파악하고 해결하는 인지치료를 통하여 정보처리속도를 개선시킬 수 있다.

신체적인 운동기능의 저하와 동반하여 동작이 기민하지 못하여 정신-운동 속도가 떨어지는 경우가 있으며, 또는 주로 대뇌에서 이루어지는 정보처리 속도가 느려지는 것만 존재하는 경우가 있다. 이를 분류하여 치료계획을 세우는 것은 기본적이면서 동시에 중요한 포인트이다.

운동기능의 저하와 동반하여 정보처리 속도가 떨어지는 경우는 감각통합훈련이나 작업치료를 시행하는 경우가 많다. 이때, 시지각 발달훈련이 함께 이루어져야 보다 효과적이다. 하지만, 아스퍼거 증후군 아동들이 대개 감각통합훈련만을 하는 경우를 자주 볼 수 있어 안타깝게 여겨진다.

4. 조직화 기술

다양하고 복잡한 정보나 자극들을 파악하여 중요도에 따라 우선순위를 정하거나 유사한 것들을 유목화하여 정리를 하는 능력이 부족하다. 조직화 기술 훈련(organizational skills training)이 필요한 경우가 많다.

비언어성 학습장애는 인지기능에서 정보를 관련시키거나 의미 있는 단위로 묶는 기능으로 비교하기, 분류하기, 순서화하기, 표상하기 등이 떨어진다. 다양하고 복잡한 정보들 속에서 비슷한 것끼리 유목화하고, 주어진 정보들을 중요도에 따라 우선순위를 정하는 능력들이 현저하게 떨어져서, 유사한 상황 간의 관계성을 이해하지 못하고 추론에 실패하는 경우가 매우 흔하다.

그러다 보니, 실제 생활에서 시간표나 책가방 정리, 과제물 챙기기, 책상 정리, 시간관리 등 자기 관리하는 능력이 또래에 비하여 떨어지는 경우가 자주 있다. 이런 부분들 역시, 시지각 발달훈련의 과정에서 점진적으로 조직화 기술 훈련을 받아 개선됨을 알 수 있다. 또한, 청소년기에 노트에 받아쓰는 데 어려움을 보이는 경우에는 문제점을 보완하거나 대체하는 기술들을 훈련하여 성인기의 보다 높은 수준의 사회활동에 대비하도록 한다.

5. 소근육 운동 기능이나 시각 운동 협응 능력

비언어성 학습장애나 아스퍼거 증후군은 글씨를 쓰거나 젓가락을 사용하는 데 필요한 시각-운동 협응 능력이 떨어진다. 손의 소근육 운동기능이 떨어져서 시각-운동 협응 능력이 저하되는 문제는 작업치료를 통하여 개선될 수 있지만, 시지각 발달훈련에서도 시행하는 영역이라 할 수 있다.

6. 수학

동작성 지능의 저하가 수학의 학습부진과 관련이 있다. 특히 초등학교 고학년이 되면서 응용이나 심화 수학을 풀이하는 데 어려움이 있다. 동작성 지능지수를 아는 것이 의미가 있는데, 일반적으로 동작성 지능이 IQ 85점 미만인 경우는 고학년이 되면서, 대개 수학의 학습 부진를 동반하는 경우가 많다. 이런 경우의 아스퍼거 증후군이나 비언어성 학습장애는 보편적으로 시행하는 시지각 발달훈련 이외에도 수학에 대하여 중재를 병행해야 한다. 실제적으로 소아청소년정신과 클리닉에서는 기본 수준의 수학적인 문제도 제대로 풀지 못하는 학습장애는 다루고 있지만, 주로 중학교 시기에 보이는 심화나 응용 수학의 범주에서 학습부진을 보이는 경우들은 병원보다는 경험이 많은 수학 전문교사가 더 도움이 될 것이다.

P.S. 신박이 주는 한 가지 팁

비언어성 학습장애나 아스퍼거 증후군과 같이 시지각 발달의 저하를 보이는 경우에 있어, 상기 항목들 중 1~2개의 영역만 선택적으로 어려움이 있는 경우들이 있을 수 있으며, 심하게는 4~6개 영역에서 전반적인 어려움을 보이는 경우들도 존재하므로, 자녀에게 해당하는 영역을 잘 평가하여 집중적으로 치료하는 것이 중요하다.

제3절 마음의 이론 능력을 개선하기

아스퍼거 증후군 아동의 사회적 의사소통기술을 증대시키기 위하여 근본적인 치료로서 사회성 인지기능을 개선시켜야 한다. 연령이 만 5~6세 이상인 고기능의 자폐스펙트럼장애 아동이나 아스퍼거 증후군의 사회적 의사소통기술을 개선시키는 방식으로 마음읽기 능력(마음의 이론)을 증진시키는 훈련이 시도된다.

Baron-Cohen의 관점으로 본다면, 아스퍼거 증후군이나 자폐스펙트럼 장애는 마음읽기 시스템의 '마음의 이론' 기제(ToMM)와 주의공유기제(SAM)의 결함으로 인해 마음맹(mindblindness) 상태가 된 것이다. 따라서 Baron-Cohen은 아동에 대한 훈련은 ToMM과 SAM의 결함을 극복할 수 있는 훈련이어야 한다고 주장한다. 그는 ToMM의 증진 훈련 방법을 제안하고 있다. 이들은 마음의 특성에 대한 이해는 몇 가지 원리로 축약될 수 있으며 이러한 원리들을 차례대로 학습할 수 있다고 본다. 이러한 원리들의 몇 가지를 소개하면 다음과 같다.

a. 어떤 사건을 지각해야 그 사건에 대한 지식을 가지게 된다.
b. 욕구를 가지고 있으면 그 욕구를 이룰 수 있는 방향으로 행동한다.
c. 가상하는 것(pretend)은 물건을 평상시의 용도와는 다르게 사용하는 것이다.
d. 속이는 것은 다른 사람에게 사실과는 다른 정보를 주는 것이고 속임수를 당한 사람은 사실과는 다른 틀린 믿음을 가지게 된다.
e. 자신의 감정을 숨기기 위해서 거짓 표정을 지을 수 있다.

이러한 원리들을 가르치는 방법을 구체적으로 생각해본다면, 특정 원리가 적용되는 이야기 상황을 만들고, 아스퍼거 증후군이나 자폐스펙트럼장애 아동에게 그 이야기의 주인공의 행동이나 생각, 느낌 등에 대해 생각해보도록 하는 것이다. 구체적으로 기본 원리를 가르치는 방법을 생각해보면 다음과 같다.

a. 아동들이 자주 먹는 과자 상자를 보여주면서 그 내용물이 무엇인지 답하도록 한다. 아동들은 그 내용물을 정확히 답할 것이다. 이때 어떻게 내용물을 알았는지 물어서, 자신이 전에 그 과자를 그 상자에서 꺼내

먹었기 때문에 내용물을 안다는 것을 깨닫게 한다.

b. 처음 보는 상자를 보여주면서 무엇이 들어있는지 답하도록 한다. 모른다고 답하면 왜 자신이 그 내용물을 모르는지 생각해보도록 하여, 그 상자를 처음 접하며, 상자를 열어본 적이 없으므로 내용물을 모르는 것이라는 것을 깨닫도록 한다.

c. 자주 먹는 과자상자에 아동 몰래 지우개를 넣은 것을 아동에게 보여주고 무엇이 들어있는지 답하도록 한다. 아동이 과자가 들어있다고 틀린 답을 하면 왜 그렇게 생각했는지 질문하여, 아동이 전에 그 과자 상자를 열어서 과자를 먹은 경험이 있기 때문에 틀린 답을 했다는 것을 알도록 한다. 다음에는 그러면 왜 지우개가 들어 있다는 것을 몰랐는지 질문하여, 과자를 지우개로 바꾸는 것을 아동이 보지 못했기 때문이라는 것을 알도록 한다.

이러한 과정을 아스퍼거 증후군 아동을 대상으로 직접 훈련한 후에, 다른 아동에게 이러한 질문을 하는 것을 보여주면서 다른 아동이 해야 할 답을 치료대상 아동이 대신 답하도록 하여 다른 아동의 마음을 깨닫게 할 수 있을 것이다.

'마음의 이론' 기능은 일생동안 크게 변화되지 않는 범주에 속하는 지능과는 달리, 후천적인 훈련이나 학습을 통해서 발전시킬 수 있는 영역이라는 할 수 있다. 아동들이 타인의 정신적 현상을 이해하는 체계나 그러한 역량을 마음의 이론으로 설명하였기 때문에, 아동의 사고체계가 세 가지 조건을 만족할 수 있을 때 '마음의 이론' 기능의 정립이 이루어졌다고 말할 수 있다.

a. 개념에 있어서 서로 유기적인 연관성이 있다는 점을 인식하는 능력(coherence)

b. 현상들을 영역이나 종류별로 세분화하거나 유목화할 수 있는 능력

c. 현상들 사이의 관련성을 설명하거나 예측할 수 있는 인식 능력

한편, 아스퍼거 증후군이나 자폐스펙트럼장애 아동에게 마음의 이론 기능에 대한 원리를 가르침으로써, 사회적 의사소통능력을 호전시킬 수 있다는 Baron-Cohen의 방식은 큰 의미가 있음에도 불구하고, 언어발달연령이 만 4세가 지난(생활연령이 만 7~8세 이상인 경우가 많다) 아동에게만 적용될 수 있다는 문제점이 있어 발달연령이 더 낮은 저기능의 자폐스펙트럼장애 아동에게는 사용해도 큰 효과가 없을 것이다. 또한, 학습상황에서 아스퍼거 증후군 아동에게 '마음의 이론'에 입각한 기술을 가르침으로써 검사에서는 향상된 결과를 보이지만, 실제적인 의사소통상황에서는 일반화가 되지 않아 큰 차이를 보이지 않는다는 비판도 있다.

1. 사회적 의사소통 및 상호작용 개선을 위한 전략

1) 사회적 상황에 대한 시각 자료

사회적 상황의 지엽적인 요소보다 핵심적인 상황에 초점을 두어야 한다. 배경 자료에서 세부적 사항을 생략하여 명료하게 표현한 그림 및 사진, 그리고 시각적 자료를 보게 하여 해당 사회적 상황에 대한 이해를 돕는다.

2) 사회적 상황에 대한 짧은 이야기 자료

사회적 상황에서의 사회적 실마리, 그에 따라 예측되는 행동, 행동에 따른 결과로 구성된 짧은 이야기 글을 듣게 하여 해당 사회적 상황에 대한 이해를 촉진한다.

3) 대화체 담화하기

개인적인 사회적 상황을 소재로 한 짧은 이야기를 두 명 이상의 의사소통 파트너 간에 대화하게 한다. 의사소통 상대자의 마음상태(바람, 믿음, 입장, 생각 및 감정)와 관련하여 상대방이 처한 상황을 이해하고, 그의 의도에 근거하여 반응을 할 수 있는 능력을 향상시킨다.

4) 집단 게임놀이

세 명 이상의 구성원들 간에 규칙이 있는 게임을 실시하게 함으로써 집단 내 규칙을 이해하고 타인에게 협조하면서 현재의 활동을 목표를 가지고 수행할 수 있는 능력을 향상시킨다.

2. 인식 훈련

아동이 상대방의 정신적인 현상들인 생각, 믿음, 의도, 욕구, 입장을 이해하는 사고 체계, 즉 ToMM을 정립하기 위해서는 기본적인 인식능력의 훈련이 선행 내지는 동반하여 필요하다. 나이가 어린 아스퍼거 증후군 아동에게 매우 유용한 훈련이다. 나이가 많은 아동이나 청소년도 훈련의 내용을 업그레이드하여 시행하면 효과를 볼 수 있다.

1) 순서 인식

순서 인식 훈련은 아동이 사건들의 발생하는 시간적 개념과 관계를 인식하도록 도움을 준다. 이러한 훈련을 통해서 사람과의 상호작용 속에서 적절한 시간적 관련성을 이해할 수 있으며, 아동이 속해있는 사회에서 여러 가지 사건이나 이벤트들이 정확하게 언제 일어나고 그 일어난 결과에 대한 이해를 촉구하면서 사회성을 향상시키는 역할을 한다. 일상생활에서 어떠한 상황이 발생할 때, 이 상황은 특정 순서에 의해 발생한다. 이러한 순서 관계를 우리가 이해한다면, 아동은 상황을 이해할 수 있기 때문에 순서를 인식할 수 있는 능력도 필요한 것이다.

이 과정의 훈련은 두 가지 그림을 비교하면서 무엇이 먼저 일어났는지 살펴보도록 하는 것이다. 그림 하나는 비행기가 날아가는 것이고 다른 하나는 비행기에 탑승하는 그림이 있다고 생각해보자. 아동은 비행기를 타고 어딜 가려면 먼저 비행기를 탑승해야 된다는 것을 인지시킬 수 있는 프로그램이 된다. 순서 인지 능력에 가장 큰 장점이라고 하면 환경에서 일어날 수 있는 일을 인지할 수 있고 앞으로 환경 속에서 우리가 처할 수 있는 위험 상황이라든지 아니면 조심스럽게 다루어야 할 상황 등을 인지할 수 있는 데 도움을 줄 수 있는 프로그램이 될 수가 있다. 이와 같이 아동이 인과응보나 원인과 결과와 같은 개념들을 확실히 지각할 수 있다면, 아동은 앞으로 어떠한 사회적 힌트를 통하여 그 다음에 이루어지는 결과를 미리 알고 대처할 수 있게 되는 것이다. 다른 예를 보면, 이제 막 비가 오고 있고 다른 하나는 이제 비가 오기 시작하는 그림이 있다. 비는 서서히 조금씩 내리면서 이제 많은 비가 쏟아지는 것을 이제 인지할 수 있도록 도와주는 과정이다. 아동이 비나 눈이 오는 것처럼 기상 현상에서 시작 시점과 현재 진행 중인 시점의 차이를 인지할 수 있는 데 도움을 줄 수 있다.

2) 결론 맺기

결론 맺기 훈련은 아동이 사건이나 상황들을 논리적으로 해석하면서 결론을 추출할 수 있는 능력을 발달시키는 데 도움을 준다. 이러한 훈련의 중점은 아동이 결론을 이끌어내는 데 있어서 그림이나 이야기 자체에만 국한하지 않고 그 이면에 내포하고 있는 초점들을 파악하고 정리할 수 있는 능력을 증진시켜준다. 이러한 능력은 사회생활에서도 사람들 사이의 상호작용이나 대화 속에서 액면 그대로의 대화나 표현된 내용만으로 상대의 의도나 내용에 대한 결론을 내리기보다는 상대가 표현한 내용의 이면에 남겨진 의도를 인지할 수 있게 되면서 상대의 관심과 사고를 더욱 정확히 파악하게 된다. 어떤 사건이 일어났을 때 결론이 어떻게 될 것인가를 유추할 수 있는 것도 상당히 중요한 인지과정 중 하나이다. 그림을 보고 이 그림에서 알 수 있는 것은 무엇인가를 선택하는 것이다. 예를 들어, 아동이 새 자전거를 좋아한다는 사실과 엄마가 자전거를 가질 것을 알게 하는 그림이 있다. 아동이 그림에서 힌트를 얻어 결론을 맺어야 하는데, 아동이 두 손을 들었다는 것으로 아동이 자전거를 좋아한다는 것을 알아차릴 수 있으며, 그림을 통하여 그런 결론을 얻을 수가 있는 것이다. 어떤 상황을 보고 그 상황에서 최종 결론이 무엇인지를 인지하는 것은 상당히 중요하다. 주어진 상황에서 아동이 어떠한 반응을 보일 것인가, 또는 상황에 적절한 대처기술을 수행할 것인가에 대한 능력을 우리에게 제공할 수가 있게 된다.

3) 사실 인식

사실 인식 훈련은 아동이 방금 전에 들었거나 보았던 어떤 단순한 이야기나 그림의 정보를 기억해 내어 사실을 인지하고 유지하는 능력을 발달시키도록 도움을 준다. 이때 한 차례만 그림을 보여주거나 이야기를 들려주고는 그 내용을 잠시 후에 다시금 기억해 내면서 그 안에 포함되어 있는 정확한 사실적 정보를 말해줄 수 있도록 한다. 이러한 훈련은 사회적 상호작용에서 중요한 기술 영역 중 하나로서 상대의 이야기나 표정을 주의 깊게 관찰하고, 이를 기억하면서 상대의 대화 내용 중에 주요 사실에 대한 깊은 이해도를 유지하면서 계속적인 상호작용의 리듬을 타도록 도와준다. 일반적으로 아스퍼거 증후군 아동들은 상대가 말한 이야기의 내용을 소홀히 다루는 경향이 있어서 그들이 말에 적절히 반응을 보이기 어려울 뿐 아니라 대화가 진행되는 동안 그 내용을 지속적으로 기억하는 것이 쉽지 않다.

4) 중심사고 찾기

중심사고 찾기 훈련은 아동이 주어진 글, 이야기, 그림들이 보여주는 중심이 되면서 가장 중요한 생각을 발견하도록 도와준다. 특히 주어진 글에서 중심 사고 찾기의 능력은 사회적 상황을 파악하기 능력이나 독해력 및 이해력의 기초가 된다. 이를 이해하기 위해서 처음으로 할 것은 가장 중심이 되는 단어나 큐를 찾는 일이다. 이러한 능력을 습득한 아동은 아동이 접하는 갖가지 사회적 사건이나 현장에서 중심이 되는 큐를 어렵지 않게 찾게 되면서 현재 일어나고 있는 상황을 읽게 된다. 현재 자신이 처한 상황이나 환경에 대하여 민감하지 못한 아스퍼거 증후군 아동이 어느 정도 중심 사고 찾기 기술을 갖고 있다면 다소 심리적인 불안감을 해소할 수 있을 것이다. 예를 들면, 그림에서 아동이 잠자리에 들려 한다. 아이가 침대를 정리하고 있다. 잠자리에 들려 하면 침대 머리 쪽으로부터 아동이 들어가야 되지만 침대 아래 부분을 만지는 것은 아이가 잠자리를 위하여 침대를 정리하는 모습이 되는 것이다. 그림을 통한 힌트는 침구들이 이미 가지런히 놓여 있고 마지막 끝 정리 하는 것을 말하고 있기 때문에 이 그림의 주제는 아이가 침대를 정리하고 있다는 것이 된다.

5) 정답 찾기

정답 찾기 훈련의 주요 목적은 아동에 주어진 질문에 대한 정확한 답변, 즉 정답을 찾고 대답하는 것이다. 그런데 더욱 중요한 점은 이 훈련을 통해서 아동이 질문을 이해하거나 질문의 내용을 정확히 파악하는 능력을 발달시킬 수 있기도 하다. 이러한 훈련은 정답을 찾기 위해서 적절한 아이디어와 부적절한 아이디어를 분별할 수 있는 능력을 증진시켜줄 것이다. 이러한 능력은 일상생활에서도 아동에게 주어지는 수많은 질문을 잘 파악하며, 또한 정확한 답변을 찾기 위한 적절한 사고 체계를 세우도록 도움을 주기도 한다. 세 가지 그림을 보고 각각의 그림에 대해서 질문을 하면 질문에 대한 답을 그림에서 찾는 것이다. 그림의 특성을 이해하여 여러 가지 그림 중에서 주어진 문제 상황에 대한 정답을 셋 중에서 골라내는 능력을 나타낸다. 아동이 사회생활을 할 때 현재 주어진 지시에 대해서 올바른 반응을 하거나, 주어진 여러 가지 자극 중에서 올바른 자극을 선택하는 능력도 이러한 훈련을 통해서 증진시킬 수 있다.

6) 상황과 문맥 찾기

상황과 문맥 찾기 훈련은 아동이 현재 처한 환경에서 어떤 일이 일어나고 있는지를 이해하게 하거나 그 의미를 깨닫도록 도와준다. 사실 어떤 사건의 주변 상황이나 문맥을 이해할 경우 그 사건의 의미를 더욱 알 수 있게 된다. 이러한 문맥과 상황을 적절히 판단하기 위해서는 아동은 전체적인 내용과 개별적인 내용과의 관련성을 이해하여야 하며, 그 사건이나 내용 속에 포함되어 있는 사고의 상호 연관성에 관한 판단력이나 통찰력을 어느 정도 갖추고 있어야 한다. 특히 이러한 정확한 사고능력을 갖추기 위해서는 아동들이 흔히 범하기 쉬운 실수들을 판별하여 수정하는 것이 중요하며, 상황과 문맥 찾기 훈련 프로그램에 포함시키는 것이 좋다.

7) 지시 따르기

지시 따르기 훈련은 근본적으로 아동이 학교생활을 하는 데 필수적인 교사와 학생 사이, 또는 학생과 학생 사이의 기본적인 상호작용에 있어서 기본적인 기술을 발달시킨다. 지시 따르기 능력은 단지 구두로 주어지는 지시사항을 따르는 것 이외에도, 주어진 그림이나 문장으로 내려진 지시 내용이나 매뉴얼을 따르는 것도 포함되어 있으므로 독해력 부분과도 연관성이 있어서, 학습에 있어서 중요한 요소이기도 하다. 아마도 지시 따르기 능력은 여타의 기술 영역을 습득하기 위해서 최우선적으로 갖추어야 할 기본적인 능력이며, 또한 사회적 상호작용의 기본적인 요소이기도 하다.

지시 따르기의 훈련 프로그램을 구안할 때에 적용할 수 있는 다음과 같은 몇 가지 원리들을 소개한다.

첫째, 학교나 가정, 혹은 지역 사회 내에서 교사나 부모는 아동의 지시를 따르는 능력이나 기술이 너무도 필요한 상황들이 다양하게 주어진다는 사실을 이해해야 하며, 아동이 사회에 적절하게 통합하기 위한 준비 과정을 위해서 다양한 지시 따르기 상황을 제공하며 훈련시키는 것이 중요하다.

둘째, 처음에는 하나의 과제 혹은 하나의 그림을 제공하는 것부터 지시 따르기 훈련을 시작하는 것이 좋으며, 단계가 높아지면서 서서히 두세 가지 과제를 포함한 복잡한 지시를 따르도록 훈련해 가는 것이 좋다.

셋째, 매뉴얼과 같이 순서대로 규정된 지시문장이나 혹은 그림의 순서를 따라 활동하는 과제 수행도 훈련 프로그램에 포함되어야 한다. 여기에는 순서에 따른 조립 및 분해 작업, 공작 등을 포함할 수 있다.

넷째, 아동이 어느 정도의 능력이나 기술을 습득하였을 때 스스로 지시어나 문장 혹은 지시 그림이나 예제들을 만들어보는 것도 지시 따르기 훈련의 긍정적인 효과를 창출하기 위해 유리하다.

3. 아스퍼거 증후군 아동의 사회성을 증진시키기 위한 일반적 치료원칙

a. 매 순간이 사회성과 의사소통 기술을 가르칠 수 있는 기회이다.

b. 아동의 사회성과 의사소통 기술을 형성하는 기회로 아동이 가장 잘 하는 놀이나 활동을 이용해야 하며, 그 상황에서 아동과 상호작용을

잘 하는 성인과 또래의 특성을 치료계획에 이용한다.

c. 목표가 분명한 놀이나 활동을 선택하라.

d. 만약 한 가지 방법이 효과적이라 생각한다면, 무엇이 '효과적' 인지 명확하게 정의한다. 예를 들면, 사회성과 의사소통 발달의 경우에, 아동이 프로그램에 친숙하고 특정한 상황에서 자발적으로 참여하는 경우에 효과적이다.

e. 과거에 효과적이었던 전략이라도 현재에 반드시 다시 사용할 필요는 없다. 특정 방식이 왜 사용되어야 하는지 지속적으로 재평가한다.

f. 아동이 하는 모든 의사소통 시도를 인정한다.

g. 사회적 놀이나 활동을 재미있고 의미 있게 만든다.

h. 긍정적인 정서적 경험은 사회성과 의사소통 성공에 있어 결정적인 동기이다.

4. 아동이 보이는 부적절한 사회-의사소통 행동

a. 비일상적이고 특이한 대화 주제 : 대화 내용과 관련 없이 엘리베이터나 지하철, 고대의 역사나 공룡이나 자연 생태 등에 관해 말하기

b. 부적절한 대화 스타일 : 의사소통 의도가 관철되지 않을 때 혼잣말로 중얼거리거나, 소리 지르거나 울기 또는 두리번거리거나 다른 곳 쳐다보기

c. 나이가 어린 경우에 있어 비전형적인 놀이의 양상은 또래와 언어적, 비언어적 상호작용 없이 혼자 놀이하기이다. 어려서 가정에서 부모나 형제들과 상호적으로 노는 훈련이 꾸준하게 필요하다. 가정에서의 경험을 바탕으로 소수의 친밀한 아동들과 놀이그룹을 지속적으로 유지해야 하도록 노력해야 한다. 그러한 과정에서 놀이의 상대방의 생각

이나 의도를 이해하고 배려하는 훈련이 병행되어야 한다.

제4절 조직화 기술 훈련

인지기능에서 조직화 기술이란 협의의 관점에서는 정보를 관련시키거나 의미 있는 단위로 묶는 기능으로 비교하기, 분류하기, 순서화하기, 표상하기 등이 있다. 광의의 개념으로는 전두엽에서 작용을 하는 포괄적이고 복합적인 인지기능으로서 실행기능을 뜻하기도 한다.

아스퍼거 증후군 아동들은 각종 정보들이나 주어진 상황을 관리(management)하거나 조직화(organization)하는 일에 어려움을 호소한다. 이러한 관리나 편성하는 일에는 무엇보다도 각각의 내용을 세분화하고 분석해야 하는 추상적인 사고 체계가 준비되어야 하지만, 아스퍼거 증후군 아동들에게 이러한 조건이 부족하다. 아동들은 특정한 관리 능력을 요하는 과제를 수행하라고 지시를 받으면, 아무 일도 하지 못하고 결과물을 제대로 못내는 경우가 많다. 결국 아동은 지시 불이행을 한 것으로 여겨지게 되며, 사실상 아동은 그 일에 대한 관리능력의 부족으로 인하여 그 과제가 어려울 뿐인 것이다.

여기서 정리하는 내용은 정상범주의 지능을 보이는 아동이 비언어성 학습장애나 기능수준이 높은 아스퍼거 증후군인 경우를 대상으로 한다는 점을 인식하여야 한다. 조직화 기술에 해당하는 내용은 아동의 연령이나 상황에 따라 매우 다양하다. 아래의 글은 신박이 필요하다고 생각하는 내용들 중 일부를 요약한 것이다.

1) 유사한 상황 간의 관계성을 이해하지 못하고 추론에 실패하는 경우

a. 비슷한 두 가지 사물이나 개념을 평가하고 기술하도록 한다. 이를 소리내어 설명하게 하고 칠판에 생각을 적게 한 후에 두 사물 간의 유사점과 차이점을 비교하여 글을 쓰게 한다.

b. 이야기를 읽다가 적절한 위치에서 멈춘 후 다음에 무슨 일이 이어질 것 같은지, 등장인물의 기분은 어떨지 등을 질문한다.

c. 어떤 사실이 담겨 있는 카드 세트를 준비하여 학생들에게 추론하도록 질문한다.

d. 시각적 정보와 청각적 정보를 동시에 처리 못하는 수가 많다. 그림을 그리면서 설명하는 것은 혼란만 줄 수 있다. 먼저 말로만 설명한 후 말없이 필요한 그림을 제시한다.

2) 정리와 조직화를 하지 못하는 경우

a. 새로운 과제를 수행하기에 앞서 불필요한 재료들을 책상 위에서 치우도록 한다. 그 다음, 새로운 과제에 요구되는 것들만 선택해서 올려 두도록 한다.

b. 해야 할 과제를 반드시 달력이나 플래너(planner)에 기록화하도록 한다. 나이가 들어가면서, 플래너의 적절한 사용은 매우 중요하면서도 필수적인 훈련이자 기술이 된다.

c. 여백, 제목, 들여쓰기 등을 통해 글쓰기를 조직화하도록 한다.

d. 수학 과목의 경우에는 노트를 1/2이나 1/4로 접어서 한 칸에 하나의 문제만을 풀도록 한다.

e. 책가방 정리를 가르칠 때에도, 처음에는 필요한 것들에 대한 목록을 작성하여 보면서 부모와 함께 하나씩 정리하는 훈련을 한다. 이런 훈련이 어느 정도 익숙해지면, 목록대신 말로서 필요한 것들을 확인하

면서 책가방을 챙기게 된다. 아동에게 책가방 정리하는 것을 너무 이른 나이에 부모의 도움 없이 혼자 하게 하는 우를 범해서는 안 된다.

f. 집에서 학생이 정리해야 할 일의 목록을 부모님이 작성하도록 한다. 가능한 한 물건을 제자리에 두는 습관을 갖도록 격려한다.

3) 기억력을 증진시키는 방법들

기억술은 기억 속에 저장된 수많은 정보들 사이에서 재생될 필요가 있는 것을 정확하게 선택하여 회상할 수 있도록 도와주는 기억 방법이라 할 수 있다. 부모님들은 학창시절에 공부하면서 이미 경험했던 나름대로의 방식이 있을 것이다. 문제는 아스퍼거 증후군이나 비언어성 학습장애처럼 실행 기능의 이상을 보일 때는 스스로 자신에 맞는 방법을 선택하여 익숙해지기가 쉽지 않다는 점이다.

a. 머릿글자 활용하기 : 기억해야 할 정보의 목록에서 각 항목의 첫 글자를 따서 새로운 낱말이나 구를 만든다.

b. 문장 만들기 : 기억해야 할 정보의 개수가 많을 때는 각 항목의 첫 글자나 제시되어 있는 항목의 낱말을 직접적으로 사용하여 나름대로 기억하기에 편리하게 의미있는 문장을 만든다.

c. 리듬이나 패턴을 이용하는 법 : 학습자가 이미 알고 있는 노래나 리듬을 이용해서 일련의 항목들을 기억하는 것으로 비교적 단순한 곡과 리듬을 활용하는 것이 바람직하다.

d. 그래픽 조직화 : 내용에 대한 범주적 이해와 함께 시각적 이미지를 추가하여 기억을 더욱 촉진할 수 있도록 하는 것이다. 기본적인 형태로는 마인드맵을 활용할 수 있으며 학습자료에 따라 다양하게 활용한다. 여기서 명심해야 할 점은, 그래픽 조직화를 사용할 때는 전체적으로 질서 있고 명료하게 도식화한다. 각각의 세부 항목은 일관성 있게

배치하며 색을 사용할 때는 3～4개 정도가 적당하다. 다 만든 후에는 그림을 보고 구두로 설명하도록 한다.

e. 개념을 가르칠 때, 아동이 공부하면서 마음속으로 되새길만한 문장 하나를 가르쳐준다(예 : 빼기는 더하기의 반대야. 곱하기는 여러 번 더하는 거야. 분수는 케이크 조각이야 등).

f. 아동에게 '이 문제에 대하여 네 나름대로 추측해 봐' 라는 식으로 추측(guess)하도록 요구하지 마라. 아스퍼거 아동들은 가장 약한 영역이 그동안 배운 걸 스스로 유추해서 전체적인 대략을 추측하는 것이다.

제5절 학습 상황에서 주의집중력 향상 프로그램 내용

아동이 학습 상황에서 지속적으로 주의집중력을 유지하지 못하고 산만한 모습을 보일 때, 주의력결핍 과잉행동장애의 가능성을 고려하게 된다.

가정에서 부모가 주의력결핍 아동들을 위하여 무엇을 해줄 수 있는가? 일단 부모-자녀관계가 문제가 되어 이 질환이 발병되는 것으로 생각되지는 않는다. 그러나 아동의 지속적인 문제행동으로 이차적으로 부모-자녀 관계가 악화될 수 있다. 부모 상담을 통하여 이러한 아동을 다루는 방법에 대한 교육이 도움을 줄 수 있다. 한꺼번에 모든 문제행동을 고치려고 하면 상당한 무리가 따르므로 이에 대한 부모교육과 상과 벌을 적절하게 주는 방법(행동수정요법) 등에 대하여 상담을 할 수 있다.

아동의 행동이 왜 산만하게 되는지 그 원인을 알게 되는 것이 그 첫 번째 단계이다. 자녀가 어느 정도까지 따라올 수 있을지를 먼저 생각하고 행동수정 요법에 대해서 배워야 한다. 산만한 아동의 행동에 대해서 다른 어머니들과 대화를 나누고 이것이 혼자만의 문제가 아니라는 사실을 아는 것도 도움이 될 것이다.

아동의 행동을 다루는 데에 있어서 부모들이 흔히 저지르기 쉬운 실수들은 다음과 같다.

a. 아동의 좋은 생각은 당연한 것으로 생각되어 칭찬에 인색한 반면, 잘못된 행동에만 관심을 갖는다.
b. 아동이 잘못된 행동을 하고 있는 것을 보게 되면 아동이 그 행동을 그만두도록 확실한 행동을 취하기보다는 멈추도록 반복해서 말을 하다가 언성이 높아지는 경향이 있다.
c. 아이가 하는 말을 다 듣기도 전에 "안 돼"라고 하는 경향이 있다.
d. 아이에게 안 된다고 했던 일도 아이가 조르거나 다음부터는 안 그러겠다고 하면 들어주는 경향이 있다.
e. 아이에게 벌을 주고 나면 전에 안 된다고 했던 일을 들어주는 경향이 있다.

1. 주의집중력을 개선하기 위한 치료적인 원칙

1) 환경치료

이러한 아동들은 자극에 대하여 아주 민감하게 반응하기 때문에 주변 환경을 차분하게 만들어줄 필요가 있다. 조용한 공간을 제공해주는 일이 중요하며, 방안의 벽지나 가구 등도 요란스럽지 않은 색깔로 꾸며주는 것이 좋다. 장난감도 한꺼번에 여러 가지를 주면 이것저것 만지다가 적절하게 가지고 놀지 못하기 때문에 한 번에 한두 가지 정도의 장난감을 주는 것이 좋다. 장난감들을 서랍 속에 넣어 두어 눈에 띄지 않도록 하여야 하며, 한두 가지 장난감에 익숙해지면 서서히 종류를 다양하게 해준다. 교실에서도 주로 앞좌석에 앉히는 것이 주의집중력 유지에 도움이 된다.

2) 약물치료

가장 흔히 사용되는 약물들은 중추신경흥분제들이다. 메틸페니데이트(methylphenidate, 5~60mg/day; 미국에서는 상품명이 Ritalin, 한국에서는 페니드), 암페타민(D-amphetamine, 한국에서는 시판되지 않음) 등이 사용된다. 이 약물들은 과잉운동, 주의력결핍 또는 충동적인 행동에 모두 효과를 기대할 수 있다. 충분한 용량에 도달한 후 약 2주일 정도 복용시킨 후에 반응이 불량하다고 판단되는 경우에는 다른 약물을 고려한다. 동일한 메틸페니데이트 성분으로 하루 1회 투여가 가능하여 치료효과가 지속적인 약물로 콘서타(Concerta oros), 메타데이트(Metadate CD)나 메다키넷 등이 임상에서 보편적으로 사용되고 있다. 최근에는 메틸페니데이트에 효과가 없거나 틱증상과 ADHD가 함께 동반하는 아동들에게 신약인 아토목세틴(atomoxetine, 상품명 Strattera)을 처방한다.

3) 인지치료

상당수의 아동은 약물치료만으로 좋은 결과를 보여서 정상 아동들과 다름없이 지낼 수 있다. 하지만, 일부 아동은 교사당 학생 수가 적은 학급에서 외부로부터의 자극이 적으며 조용한 환경에서 아이를 교육하는 것이 필요하다. 특히, 학습장애를 동반하는 ADHD의 경우는, 인지치료의 도움을 받아야 학교생활에 적응이 용이할 수 있다.

4) 식이요법

학계에서는 설탕과 같은 성분이 들어 있는 음식물들이 과잉행동을 유발한다고 하는 음식물 관련설에 대해서는 끊임없이 논의되고 있다. 또한 많은 학자들은 특별한 음식물이 과잉행동을 유발하는 중요 요소가 된다는 의학적 증거를 찾지 못했다 할지라도 많은 부모들은 그렇게 믿고 있는 경향이 있다. 어느 한 아스퍼거 증후군 아동의 부모는 첨가제(food additives) 혹은 과일이나 채소에 함유된 특정 성분이 생화학적으로 예민성을 가진 아동들에게 특이한 반응을 하도록 유도한다고 주장하였다. 이러한 경험을 한 많은 부모들이 아동의 식사를 더욱 자연적인 음식으로 바꾸어 주었더니 그들의 행동이 눈에 띄게 달라지는 것을 목격했다고 한다. 현재 정설로 받아들여지고 있는 것은 특정 음식이 아동의 주의력산만이나 과잉행동을 직접적으로 유발하지는 않지만 이미 이러한 증상이나 성향을 갖고 있는 아동을 더욱 악화시킨다는 것이다. 실제로 이러한 실험이 많이 실행되어 왔는데 과잉행동을 보이는 아동의 음식에서 첨가제, 색소, 그리고 방부제를 완전히 제거한 결과 두드러지게 행동이 향상되었다. 알레르기 전문가이면서 소아과 의사였던 Benjamin Feingold 박사는 평생을 들여 연구한 식이 요법으로 가능한 한 가장 자연식에 가까운 음식을 제공해야 한다는 점을 강조하였다. 특히 이 식이요법에서는 음식 중에 첨가제, 색소, 향료, 대체설탕, 방부제가 들어 있지 않은 것을 제공해야 한다고 주장한다. 따라서 이러한 성분이 많이 포함될 가능성이 높은 가공 음식과 깡통 음식을 피하는 것이 좋다.

이러한 식이요법은 정신의학계에서 비주류 대체요법으로 인식되고 있다.

2. 학습에서 필요한 주의집중력 향상 프로그램 내용

1) 주의집중력 평가 및 원인탐색

a. 집중력을 점검해보기

b. 집중을 방해하는 요인 탐색

2) 단계별 주의집중력 향상 전략

a. 시각적 주의집중력 향상

1단계 : 숨은 그림 찾기, 같은 그림 찾기, 차이점 발견, 모순점 찾기

2단계 : 그림 맞추기, 도면 완성하기, 띄어쓰기 교정, 오자 교정

3단계 : 패턴 인식, 스토리 꾸미기

b. 청각적 주의집중력 향상

1단계 : 듣고 따라 말하기

2단계 : 잘못 읽고 있는 부분 찾기

3단계 : 듣고 생각해서 대답하기

c. 인지행동치료 요법을 통한 주의집중력 향상

문제 해결하기(결과 예측, 원인 및 이유 파악, 해결책 찾기)

3. 기억 전략 프로그램

효율적인 방식을 통하여 기억력을 개선시키는 것은 학습에서 주의집중력을 증진시키는 노력과 일맥상통한다.

1) 범주화

비슷한 특징을 갖고 있는 것들을 함께 묶어서 암기하는 방법을 시도한다.

a. 그림카드 분류하기

b. 범주 리스트 작정하기

c. 범주의 이름 붙이기

d. 관련없는 개념 제외시키기

2) 그래픽 조직화

기억해야 할 내용들의 핵심을 잘 파악하여 간결하고 알아보기 쉽게 그림으로 나타내는 것을 말한다.

a. 내용에 대한 이해를 위해 정독한다

b. 필요하다면 가장 포괄적인 개념, 중간개념, 소개념 등을 위계적으로 분류하다.

c. 명료하게 도식화한다.

d. 일관성 있게 배치하고 의미상 서로 연결이 잘 될 수 있도록 한다.

e. 강조 기법을 적절히 사용한다. 즉, 위계상 상위개념에 대해서는 상대적으로 큰 활자로 적고 색연필로 강조한다.

f. 그림을 보고 구두로 설명해본다.

4. 일상생활에서 집중력을 향상시킬 수 있는 방법

1) 가능한 한 공부하는 장소를 따로 정해 두고, 그곳에서만 공부하기

자신이 공부하기에 좋은 장소를 가지고 있나요? 그런 장소는 다음과 같은 조건들을 갖추고 있는 것이 바람직하다.

a. 조용한 곳(외부에서의 소리나 TV, 음악, 소리 등이 많은 곳은 피할 것)

b. 적합한 조명

c. 환기나 통풍이 잘 되는 곳

d. 편안한 의자, 그러나 지나치게 푸근한 의자는 피할 것

e. 공부하는 책이나 자료들이 정리가 잘 되어 있는 곳

f. 학습에 필요한 자료를 필요할 때 늘어놓기에 충분한 책상

2) 아스퍼거 증후군 아동을 위한 적절한 환경의 수립

a. 교사나 부모는 아동에게 반복적으로 지시를 내릴 준비를 해야 한다. 행동이 충동적이거나 부산한 아동들은 교사나 부모가 아동이 해야 할 일이나 과제를 여러 차례 반복하여 기억시켜야 할 필요가 있다. 한 두 번의 지시에도 불구하고 따르지 않는 아동은 아직 그들의 관심이 지시사항에 있지 못하기 때문에 다시 여러 차례 반복된 지시를 줄 준비를 하고 있어야 한다.

b. 아동이 책임감을 갖도록 노력하는 것이다. 이는 아동의 주의집중력을 향상시키며 차분하도록 도울 수 있는 방법 중 하나로서 학교나 가정에서 아동이 해야 할 기본적인 과업을 의무사항으로 명시하여 정기적으로 이를 시행하게 하는 것이다. 책임감이 강한 아동일수록 과잉행동이나 주의력산만을 쉽게 극복할 수 있다. 이는 일에 대한 책임의식이 있기 때문에 더욱 완성하려는 의지를 발휘하도록 도와주는 것이다. 따라서 교실에서나 가정에서 아동이 냉장고나 문 위에 게시한 시간표에 따라 혹은 그림 시간표에 따라 해야 할 일을 할 수 있도록 훈련한다. 아동이 자신이 행할 일을 인식하고 의무적으로 해야 한다고 책임의식이 정립되었을 때 덜 충동적이게 되며 또한 끝까지 완수하려는 의지력도 갖추게 되는 것이다. 일반적으로 명시하는 과제는 아동의 기능에 따라서 달라지는데, 청소하기, 물건 정리하기, 부엌일 돕기, 자기 방 정리, 화단에 물 주기, 쓰레기 담기와 버리기, 장난감 정리하기, 칠판 지우기와 지우개 털기, 책상 줄 맞추기, 실내화 정리 등이 기본적인 과제의 리스트에 포함될 수 있다.

c. 아동이 속한 교실이나 가정에서 스트레스의 요인을 줄이고 또한 스트레스를 극복하도록 훈련하는 것이다. 아동의 과잉행동이 특히 심하게 나타나는 경우는 적지 않은 경우에 교실이나 가정에서 받을 수 있는

스트레스의 요인이 발생했을 가능성을 배제할 수 없다. 여러 가지 심리적 요인으로는 집의 이사, 가옥 구조 변화, 가족 구성원의 변화, 교사의 변화, 교실의 변화, 불쾌한 색감, 주위 사람들의 자극적인 옷의 색감, 특이한 목소리와 소음, 더위와 추위, 이상적인 습도, 자신의 옷의 촉감 등을 들 수 있다.

d. 아동으로 하여금 흥미를 진작시키는 환경 구조와 교육 자료를 만드는 것이다. 과제나 교육 활동에 가능한 한 아동의 흥미를 유발할 수 있는 많은 요소들을 도입한다. 여기에는 몸의 움직임, 새로운 사물, 다양성, 음악적 환경, 색감, 피부 접촉과 분위기들이 속한다. 따라서 단지 연필과 종이만의 과제보다는 그림, 도구, 음악, 보상 등과 같은 환경적 보충 자료들을 더불어 사용한다면 더욱 아동의 흥미를 유지시켜주면서 더욱 집중력을 향상시킬 수 있는 것이다.

3) 공부해야 할 분량을 세분화하여 각각의 작은 목표를 세우기

분량과 목표가 지나치게 방대하면 실패로 이어질 확률이 높아지고, 지치고 좌절감을 경험하기 쉽다. 반면, 작은 단위로 나누게 될 경우, 성취감을 높이며, 공부를 위한 시간 관리를 더욱 효과적으로 할 수 있게 된다. 공부하는 시간은 학년과 개인차가 있지만, 대체로 한 번에 50분씩 두세 번 가량 나누어 하는 것이 좋다.

4) 반드시 지켜야 할 약속처럼 공부시간을 지키기

보통 어떤 행동들은 하루 중 어떤 때에 자동적으로 나타난다. 자신의 하루 일과를 주의 깊게 살펴보면 어떤 특정 시간에 대체로 하던 일을 습관적으로 반복한다는 것을 알 수 있다. 공부도 예외가 아니다. 약속처럼 공부시간을 지켜 늘 하던 시간에 지속하면 점차 우리의 몸과 뇌가 공부에 익숙해진다. 그렇게 되면 그 시간만 되면 공부를 시작하기도 쉽고, 공부를 방해할 수 있는 많은 장애물로부터 보다 자유로이 공부에 집중할 수도 있게 된다.

5) 연필 및 메모지를 준비하기

집중력을 높일 수 있는 요령들 중의 하나는 항상 가까이에 연필과 메모지를 준비해 두는 것이다. 좋은 아이디어든, 해야 할 일이든, 준비물이든, 공상이든, 기록하는 습관은 생각을 정리하고 조직화하는 능력을 키우며, 생활을 질서 있게 유지하는 데도 도움을 준다. 아동의 과제나 활동의 주요 주제 내용에 테두리를 해주면 더욱 집중할 수 있으며, 교육자료를 선택할 때도 주변에 굵은 테두리하거나 강조 표시를 한 것을 사용하는 것이 좋다.

6) 공부를 시작하기에 앞서 과도한 불안과 긴장 풀기

적당한 불안과 긴장은 집중력을 높이고 학업 수행에 도움을 준다. 하지만 그 정도가 지나치면 오히려 집중에 어려움이 생기며, 머릿속에 복잡해지면서 정리정돈이 잘 안 되거나, 기억력이 떨어지고, 피로감이 증가하는 등 여러 가지 불편을 야기한다. 지나치게 긴장된 상태라면 책상에 앉아 있기보다는 차라리 가벼운 운동이나 스트레칭을 하거나, 좋아하는 음악을 들으면서 긴장을 풀어 주는 것이 좋다.

제6절 비언어성 학습장애-가정에서 도움을 줄 수 있는 노력들

아래의 항목들 중 자녀가 잘 하는 것은 통과하고, 잘 못하고 어려워하는 것들을 반복적으로 꾸준하게 시행하여야 한다.

a. 은물, 가베, 또는 레고 놀이세트 : 만 4세 이하인 아동들은 어려서부터 이런 놀이감들과 친숙해지면서 자연스럽게 시지각 발달을 꾀할 수 있다.

b. 퍼즐, 칠교 세트 : 퍼즐은 4~5조각 정도부터 매우 복잡한 대상까지 점진적으로 수준을 높여간다. 칠교세트가 가능한 연령부터는 이것을 자주 이용하는 것이 좋겠다.

c. 손의 소근육 운동기능과 시각-운동 협응 능력을 개선시키는 기본적인 훈련들은 필수적으로 시행하여 숙달되어야 한다.

① 젓가락으로 콩 옮기기

② 종이접기

③ 실로 구슬 꿰기

④ 공기놀이

d. 체스, 체커, 오목, 섬세하게 그림그리기 등

e. 다양한 보드게임 : 부모가 시간을 내어 보드게임을 하면서 자녀와 함께 놀아주는 것을 적극 추천한다.

f. Attention doctor : 주의집중력을 개선하기 위한 교육용 컴퓨터 프로그램으로, 유치원 7세반부터 초등학교 3~4년 정도까지 사용이 가능하다. 시지각 발달훈련에도 도움이 된다.

g. 교육용 컴퓨터게임 : '심시티' 는 도시를 건설하는 시뮬레이션 게임으로 부분적으로 나뉘어 세분화된 요소들을 통합하는 능력을 함양시킨다. 청소년에서는 뇌에서의 정보처리 속도를 개선하기 위하여 '테트리스' 를 권고하기도 한다.

h. '오르다' 가 매우 도움이 되는 아동들이 많다. 체계적으로 시행하면, 시각적 조직화에 큰 도움이 되리라 생각한다.

i. 팀 스포츠 : 학령기 이상의 아동들에게 사회성 발달을 위하여 농구, 축

구 등을 추천한다. 하지만, 생각보다 적응하기가 쉽지 않다.

j. 부모가 유치원 시기 또는 초등학교 때부터 소수의 친구들을 지속적으로 맺어주는 또래와의 놀이그룹(peer play group)을 만들어주는 것이 큰 도움이 된다. 이러한 그룹의 유지가 쉽지 않으므로, 부모의 부단한 노력이 필요하다.

제7절 사회성 인지를 향상시키는 인지치료

비언어성 학습장애나 아스퍼거 증후군은 사회적 맥락에서 상황을 연결하여 파악하고 인과관계를 이해하여 결과를 예견하는 등의 상황 판단력이 떨어져서 사회적 관계형성능력이 떨어지는 경우가 대부분이다. 특히, 낯설거나 복잡한 상황에서 주어지는 다양한 정보나 자극들을 중요도에 따라 핵심적인 부분과 상대적으로 덜 중요한 부분으로 분류하거나, 또는 유사한 것끼리 유목화하는 인지기능상의 능력이 떨어져서 '사회적 눈치' 가 부족하고, 상황을 파악하여 실제 상황에서 대처하는 수준이 현저하게 떨어지게 된다. 아스퍼거 증후군은 비언어성 학습장애에 비하여 시지각의 영역 이외에도 전두엽의 실행기능 이상, 마음의 이론 이상(deficit in theory of mind) 등 제반 인지기능상의 문제들이 복합적으로 작용하기 때문에, 사회적 상호소통의 어려움을 개선하려는 체계적인 시도를 할 때, 인지기능의 불균형이나 장해를 개선시키는 인지치료를 보다 집중적으로 시행하는 것이 매우 중요하다. 즉, 인지기능의 영역으로 사회성 인지를 개선시키는 치료적 노력으로, 역할 바꾸기나 상황 설정을 통하여 상대방의 사고방식과 생각을 이해하도록 돕는다. 결과적으로 아동이 사회적 상황을 파악하여 문제를 해결하는 능력을 증진시키는 효과를 기대할 수 있다. 이러한 치료적인 접근은 선생님과 1 : 1로 하는 인지치료적인 방식으로 이루어진다.

일반적으로 소규모 그룹의 사회성 증진 프로그램이 비언어성 학습장애나 아스퍼거 증후군의 사회성 발달을 위하여 자주 추천되는 치료 방식이지만, 한편으로는 아스퍼거 증후군은 사회적 현상을 이해하고 대처하는 복합적인 인지기능이 떨어지는 문제가 사회성 부족의 주요 이유이므로, 사회성 인지를 향상시키는 인지치료적인 노력을 병행하는 것이 사회성 발달의 치료효과에 있어 훨씬 도움이 된다.

아래는 예문 활용을 포함하여 일반적으로 사회성 인지를 향상시키는 프로그램의 일부이다.

1. 언어적 사고력의 확장

다양한 그림자료, 읽기자료 및 워크시트 등을 이용한 토론, 예문을 활용한 스토리텔링을 통하여 언어활동을 매개로 지식과 정보를 습득하고, 문제를 해결하는 통합 과정이다.

a. 제시된 정보를 이해하고 해석하는 사고력 기르기
b. 논리적이고 비판적인 사고능력 및 토론 능력 기르기
c. 일련의 사건을 순서대로 배열하기(즉, 다음 단계에서 무엇이 발생할지를 예측하기)

2. 논리전략적 사고

각종 보드게임이나 교육자료 등을 통하여 주의집중력과 위치에 대한 기억, 전체적으로 조망하는 능력과 시각적 지각능력, 전체와 부분에 대한 공간 지각력, 갈등 해결을 위한 토대 구축, 여러 과제들을 계획하고 조직화하

는 능력 등 전략적인 사고와 문제해결력을 향상시킨다.

a. 행동하기 전에 생각하기
b. 추론하기
c. 자신의 감정 표현과 자기 통제하기
d. 규칙과 규율을 준수하기
e. 전략을 세우고 문제해결하기
f. 긍정적 및 부정적 결과를 받아들이기
g. 갈등 및 분노 다루기
h. 타인의 감정 읽기와 다른 사람 존중하기

3. 자아성찰

자기에 대한 이해와 목표 구체화하기를 점검하여, 건강한 자아상을 찾음으로써 심리적인 위축감을 해소하고 자신감을 회복한다.

a. 자기 수용
b. 경청하기와 대화 나누기
c. 나와 다른 사람의 감정 다루기
d. 신념과 행동을 알고 적용하기
e. 문제해결과 의사결정하기
f. 관계 속의 나의 위치 인식하기

4. 마음 읽기 능력

다른 사람의 생각과 감정을 개념화하고 이해하여 배려하도록 노력한다.

자신의 말이 상대방의 기분을 상하게 만들거나 당황하게 할 수 있다는 점을 이해해야 한다. 다양한 예문들을 이용하여 역할놀이를 하거나 상황 설정을 통하여 상대방의 사고방식과 생각을 이해하도록 도움을 준다. 결과적으로, 아동이 사회적 상황을 파악하여 문제를 해결하는 능력을 증진시키는 효과를 기대할 수 있다.

1) 다양한 상황에서 상대방의 감정을 이해하기

아스퍼거 증후군에서 나이가 어린 경우에는 상대방의 감정을 이해하기가 어려울 수 있다.

a. 친구가 기르던 애완동물이 죽었을 때
b. 친구가 시험에서 좋은 성적을 받았을 때
c. 친구가 동생과 다툼이 있을 때

2) 선의의 거짓말을 이해하기

일반적으로 아스퍼거 증후군의 경우는 아동이 선의의 거짓말을 이해하는지를 평가하는 것이 기본적이다. 상당수의 아스퍼거 증후군을 지닌 아동들이 이 문제를 힘들어한다. 하지만, 상대적으로 고기능의 아스퍼거 증후군이나 비언어성 학습장애의 경우는 마음을 읽는 능력을 평가하기 위하여 복잡하게 꼬아 놓은 예문이 필요하게 된다.

예

영수는 토끼를 가지고 싶었다. 선물로 토끼를 받을 수 있는 생일을 기다리고 있었다. 그동안 영수는 부모님에게 토끼를 가지고 싶다는 의사를 직접 또는 간접적으로 여러 번 말하였다. 드디어 기다리던 생일이 되었다. 영수는 생일 선물이 담긴 상자 안에 귀여운 토끼가 있으리라 기대하고 있었다. 그러나 생일 선물 상자에는 지루하고 재미없는 백과사전 전집이 들어 있었다. 이때, 부모님이 영수에게 물어보셨다. "영수야, 생일선물이 어떠니?" 영수는 "네, 정말 좋아요. 제가 가지고 싶었던 것이에요. 감사합니다."라고 대답하였다.

질문 1) 영수의 말은 진심일까?
2) 영수는 부모님에게 왜 그렇게 말했을까?

➔ 초등학교 아동들은 영수가 부모님의 마음을 상하게 하지 않으려고 그런 대답을 했다고 하였다. 아스퍼거 증후군을 지닌 아동들은 이러한 포인트를 놓치곤 한다. '선의의 거짓말(white lies)'을 이해하기에는 상당수의 아스퍼거 증후군 아동들에게 버거울 때가 많다. 일부 아스퍼거 아동들은 설정 인물의 생각이나 감정을 이해한 뒤 적절하게 대답하지만, 거의 즉시 대답하는 정상 아동들에 비하여 질문에 어떻게 대답해야 할지 생각하는 데 몇 초씩 걸리기도 한다.

3) 전체적으로 상황을 조망하기 위하여 상대방의 의도를 파악하기

예

영수와 철수는 운동장에서 한 아이를 보았다. 아무런 말없이 영수는 철수의 옆구리를 팔꿈치로 슬쩍 찌르며 모래밭에서 놀고 있는 작은 소녀를 응시하였다. 그리고는 철수를 돌아보며 슬며시 웃었다. 철수는 고개를 끄덕였고, 둘은 모래밭에 있는 소녀에게로 다가가기 시작했다.

질문 1) 영수가 철수에게 슬며시 웃을 때, 철수는 왜 고개를 끄덕였나?
2) 영수와 철수는 어떠한 의도를 가지고 소녀에게로 다가갔나?

➔ 두 가지 가능성을 고려할 수 있다.

a. 아마도 영수와 철수는 어떤 아이에게 짓궂은 장난을 할 계획을 가진 듯하다. 영수는 철수가 모래밭에서 혼자 놀고 있는 소녀가 장난의 대상이라는 것을 알기를 원했다. 그리고 영수는 그가 응시하는 방향으로 이를 암시했다. 철수는 영수의 의도를 깨달았고, 영수에게 고개를 끄덕임으로 그 계획을 인식했음을 나타냈다. 그리고 그들은 그 소녀에게 다가갔다. 그러나 그들이 무엇을 했는지에 대하여 알 수는 없다.

b. 아마 영수는 작은 소녀와 함께 놀 것이라는 것을 철수에게 알리기를 원했다. 철수는 영수의 생각에 동의했고, 그래서 그들은 모래밭에 있는 소녀가 함께 놀기를 원하는지를 물어보기 위하여 다가갔다.

제8절 사회성 증진 소그룹 프로그램

비언어성 학습장애나 아스퍼거 증후군의 경우와 같이 사회성이 떨어지는 아동이나 청소년을 대상으로 사회적 상황에서 대인관계를 시작하여, 유지하고 적절하게 변화를 꾀할 수 있는 사회성 증진 프로그램을 시행하고 있다. 아동이 속해 있는 학교나 교육 프로그램에서 적응도를 높이려는 노력을 하게 된다.

소규모의 그룹 사회성 증진 프로그램으로 유치원 7세반 때부터 시작하여 청소년기까지 해당되는 또래들과 어울려서 이루어지는 사회성 증진 프로그램이며, 연령에 따라 프로그램의 내용이 달라질 수 있다.

1. 이 프로그램의 이론적 배경

a. 사회적 지식결함에 개입과 부적응적인 사회적 행동을 적응적인 행동으로 대체하기 위하여 직접교수(didactic instruction), 상징적이며 실제적인(in vivo) 모델링, 역할놀이, 행동시연 등을 사용하여 새로운 기술을 가르친다.

b. 기술 수행의 결함에 개입하기 위하여 단서 제공, 촉진법, 구조화된 연습, 강화를 사용하여 적절한 행동 빈도를 증가시킨다.

c. 사회적 행동의 적절한 자극을 통제하기 위하여 타인의 언어적 사회적 단서들이나 감정을 변별하고 이해하는 방법을 가르친다.

d. 새로운 문제해결 상황에서 적극적이고 적절한 반응을 하도록 사회적 문제 해결 방법에 대한 구조화된 절차를 가르친다.

e. 마지막 목표는 사회기술의 일반화를 도모하는 것이다.

2. 프로그램의 내용 요약

[1회기] 관계형성단계

최초의 단계로서 자신과 또래에 대한 관심을 높이는 과정이다. 서로의 신상에 대해 대화한다. 질문지를 보고 또래에게 신상에 대한 인터뷰를 한다. 인터뷰 때 들은 내용을 받아 적는다. 기재한 내용을 토대로 또래친구를 소개하는 말을 훈련한다.

a. 별칭 만들기, 자기 소개하기 및 프로그램 소개하기
b. 규칙 정하기
c. 프로그램의 내용을 소개하고 집단원들이 참여하고자 하는 마음을 갖도록 한다.
d. 치료자와 구성원, 구성원들 간의 친밀감과 신뢰감을 형성한다.

[2 · 3회기] 좋은 놀이친구 되기

a. 친구와 어울리기 위한 기술을 익힌다.
b. 좋은 친구/나쁜 친구에 대해 생각하게 한다.

[4 · 5 · 6회기] 마음상태 및 얼굴 표정의 이해

사회적 상황(보편적인 일반 상황 및 아동의 개별 상황)에 관해 의견을 나눈다. 시각적 자료를 보면서 사회적 상황에 대한 진술문을 듣는다. 등장인물에 적합한 얼굴 표정을 선택한다. 또래로부터 얼굴 표정 그림을 건네받는다. 선택한 얼굴 표정에 적합한 마음상태 용어를 선택한다. 자료상 인물의 마음상태(믿음, 바람, 의도) 및 그가 처한 상황에 근거하여 또래에게 선택한 이유를 설명한다.

a. 상대방의 감정 이해하기

b. 상대방의 표정을 보고 기분을 이해하도록 한다.

c. 상대방의 기분에 적절히 반응하도록 한다.

[7 · 8회기] 친구 사귀기 단계

또래를 수용하고 지지하는 과정이다. 언어적 또는 비언어적 행동 지시에 대해 반응하고 지지한다. 게임에서 지시에 따라 수행한 또래에게 칭찬과 격려, 공감의 말을 한다.

a. 친구와 대화를 시도하기 : 대화기술을 익혀 친구와 이야기 방법을 안다.

b. 자기 주장하기 : 자신 있게 자신의 느낌이나 감정을 올바르게 받아들이고, 자신의 주장하는 방법을 익힌다.

c. 친구를 집으로 초대하여 친구의 의견을 존중하며 일대일 관계 유지하기도 한다.

[9 · 10회기] 문제해결단계

그룹에서 사회적 상호작용 어려움에 관해 토의한다. 미리 수집된 개인사적 사례에 대해 이야기한다. 곤란을 겪었던 이유를 설명한다. 새로운 대안을 제시한다. 최선의 대안을 함께 선정한다. 최선의 대안을 제시한 또래에게 상을 준다.

친구가 놀리거나 괴롭힐 때 등 대처하는 방법과 나쁜 감정이 생길 때 자신의 감정을 알고, 타인의 감정을 이해하고 적절히 대처하는 방법을 익힌다.

[11 · 12 · 13회기] 자신과 상대방에 대하여 이해하는 단계

사회적 상호작용에서의 어려움을 주제로 역할극을 한다. 곤란을 겪었던 상황을 재연한다. 자신의 입장에 관해 마음상태(믿음, 바람, 의도)에 근거

하여 언급한다. 상대방의 입장에 대해 질문하고, 대답을 듣는다. 개인사적 사례에서 상대방의 역할을 맡아 연기한다. 상대방의 입장에 관해 마음상태(믿음, 바람, 의도)에 근거하여 언급한다. 때로는 역할극이 녹화된 비디오를 시청한 후, 역할극 중 자신의 역할을 맡은 또래에게 공감하는 말을 한 후, 실제 자신이 해야 할 바람직한 말과 행동에 대해 얘기한다.

[14 · 15회기] 자아상을 개선하는 단계

상대방의 마음상태에 근거하여 바람직한 사회적 행동을 선택한다. 향후 바람직한 행동 수행에 대한 결의를 발표한다. 행동 결정으로 인해 자신을 좋아하고 상대방도 자신을 좋아할 것이라고 선언한다. 그룹의 팀원이 가상으로 설정하여 언급하는 부정적인 피드백에 해하여 적절한 사회적 대응 행동으로 대처해야 하는 게임을 한다. 바람직함의 여부에 관해서는 팀원들이 결정해준다.

[16회기] 종결 단계

a. 친구, 부모님께 편지 쓰기
b. 자신 및 친구에 대한 평가
c. 프로그램에 대하여 전반적 평가를 한다.

비언어성 학습장애나 아스퍼거 증후군 아동들은 친구를 새로이 사귀거나 유지하기가 어려우며, 교실에서 엉뚱한 행동을 하거나 상황에 부적절한 말을 언급하거나, 또는 상대방의 입장을 고려하지 않고 간섭을 하거나 말참견을 하고, 특정 주제에 대하여 과도한 관심이나 집착을 보이는 등, 사회적 맥락에서 상황을 연결하여 파악하고 인과관계를 이해하여 결과를 예견하는 상황 판단력이 떨어져서 사회적 관계형성능력이 떨어지는 증상들을 공통적으로 보이고 있다.

소규모 그룹의 사회성 증진 프로그램이 비언어성 학습장애나 아스퍼거 증후군의 사회성 발달을 위하여 매우 중요한 치료 방식이지만, 한편으로는 이러한 문제를 보이는 아동들은 사회적 현상을 이해하고 대처하는 복합적인 인지기능이 떨어지는 문제로서 사회성 인지의 저하가 주요 이유이므로, 사회성 인지를 향상시키는 인지치료적인 노력을 병행하는 것이 사회성 발달의 치료효과에 있어 훨씬 도움이 된다.

참고적으로, 아스퍼거 증후군과 비언어성 학습장애에서 보이는 사회성의 문제를 개선하기 위하여 사회성 증진 프로그램을 시행할 때, 비언어성 학습장애 아동이 아스퍼거 증후군에 비하여 보다 빠르게 의미 있는 호전을 보이는 것을 쉽게 관찰할 수 있다. 아스퍼거 증후군은 상대방과 상호작용하려는 자발적인 동기부여가 매우 떨어져서, 사회성 증진 프로그램을 통하여 발전하는 속도가 더디다.

제9절 아스퍼거 증후군의 연령대별 치료적 접근방식 : 사회성을 중심으로

아스퍼거 증후군의 임상양상은 개인마다 차이가 많이 나므로, 그 개인에 적합한 맞춤 치료계획을 세우는 것이 기본적인 치료원칙이다.

아스퍼거 증후군의 핵심적인 증상인 사회성의 문제를 이해하는 데 있어 가장 중요한 기능이 마음의 이론(마음읽기 능력)이다. 진단적으로도 '마음의 이론' 기능이 떨어지는 것이 매우 의미 있는 소견이다. 아동의 정상적인 발달과정에서 만 4세 이후에 획득되는 인지기능인 '마음의 이론'은 상대방이 어떻게 생각하고 느끼는지에 대하여 아동이 이해하는 능력으로서,

아스퍼거 증후군 아동은 이 능력을 손상 받는다. 결과적으로, 아스퍼거 증후군 아동은 자신을 둘러싼 주위환경에서 벌어지는 일들을 이해하지 못하고 자신과 관련된 인물들(부모나 친구 등)이 생각하는 것이 어떤지를 추정하지 못하는 경우가 많다. 아스퍼거 증후군 아동이 사회적 맥락에서 적절하게 의사소통하는 능력이 떨어지는 점은 마음의 이론(theory of mind) 등과 같은 사회성 인지 기능들과 관련이 있다고 알려져 있다.

마음의 이론은 정상발달을 하는 아동이 만 4세경에 기능이 실행되기 시작하여 만 6세경까지 기본적인 발달 단계를 거치고, 그 이후에는 연령증가와 함께 점진적으로 섬세하게 발전을 이루게 된다. 즉, 아스퍼거 증후군으로 사회성 문제를 파악하려면, 적어도 아동의 수준이 만 4세 이상으로 정상적인 인지기능(IQ)과 언어발달을 보여야 마음의 이론이 비로소 작동하는 것이다. 만약 아동의 언어발달이 지체되었다면, 아동이 사회성 영역에서 마음의 이론을 작동하게 되는 시기 역시 그만큼 늦어질 가능성이 높다.

1. 만 4세 미만의 아동이 아스퍼거 증후군으로 진단받는 경우

예를 들어, 만 3세이면서 언어발달이 떨어져서 반향어가 있는 상태라면, 마음의 이론에 입각하여 아스퍼거 증후군의 사회성 문제를 파악하기에는 연령적으로 너무 어리다. 아직 아스퍼거 증후군의 진단이 시기상조라는 의미이다.

일부 임상가들이 나이가 만 4세 미만이거나, 만 4세 이상이라도 언어 발달이 뚜렷하게 떨어지는 아동에게 아스퍼거 증후군의 진단을 내리는 경우를 종종 보게 된다. 만 4세 미만의 아동이 아스퍼거 증후군의 양상을 보일 가능성은 존재하지만 그런 경우는 매우 드물다. 우연히 일부 임상가의 추측이 맞아서 해당아동이 나중에 아스퍼거 증후군으로 판명될 가능성을 배제할 수는 없겠지만, 일반적인 아스퍼거 증후군의 진단 원칙에는 어긋나는 것이다. 이것이 아스퍼거 증후군 아동에 대하여 기술을 할 때, 정상 지능과 언어능력을 갖춘 만 6세 이상의 아동을 주로 예를 드는 이유이기도 하다.

이 연령대에서는, 예외적인 경우를 제외하고, 아스퍼거 증후군의 진단을 논하는 것은 부적절하다.

1) Floortime

신박은 치료적으로 아스퍼거 증후군이 의심되는 만 4~5세까지의 나이 어린 아동의 치료계획에서 사회성 및 상호소통 기술을 개선시키는 훈련으로 발달놀이치료를 강조한다. 특히 Stanley Greenspan 박사가 주장하는 floortime이 나이 어린 아동의 사회성 발달에 결정적으로 중요하다고 생각한다.

floortime은 아동과 어른 사이의 상호작용을 강조하여 관계형성이 매우 중요한 의미를 갖는다는 생각한다. 치료적 초점을 "어떻게 아동에게 어떤 특정분야를 학습시킬 것인가?"의 차원이 아니라, "어떻게 아동과 상호작용을 하고 관계를 형성해서 아동이 친밀감을 느끼면서 다른 사람들과 관계를 적절하게 맺는 능력을 형성하도록 도와줄 수 있을까?"로 옮겨져야 한다고 주장한다.

Greenspan 박사의 치료 방식인 발달적 놀이치료(developmentally based interactive play therapy)는 아동의 발달수준에 맞추어 자폐아의 상호적인 관계형성을 발달시킴으로써 사회성과 의사소통 기술을 제대로 형성할 수 있도록 도움을 준다. 치료 초기에는 치료자, 부모(엄마나 아빠), 자폐아 3명이 함께 치료에 참여한다. 아동을 위한 치료일 뿐만 아니라, 부모가 집에서 시행하는 'floortime'을 제대로 할 수 있도록 보조치료자로 훈련하고 교육시키는 중요한 기회이기도 하다. floortime은 부모가 가정에서 자폐스펙트럼장애와 같은 발달장애를 지닌 자녀를 위하여 무엇을 해줄 수 있는가에 대한 모범답안이다. 부모가 아동의 요구에 따라 놀이를 지시하거나 통제하지 않고, 아동의 눈높이에 맞추어 상호적인 놀이를 하는 성숙한 놀이 파트너가 되어야 한다. 아동이 놀이와 장난감을 선택한다. 아동의 사회성 발달을 염두에 두고 어떻게 하면 아동이 상호적으로 잘 놀 수 있을지를 고민해야 한다. 이런 식으로 하루에 20~30분씩 6~8회를 실시한다. floortime을 제대로 시행하기 위해서 부모의 삶의 패턴이 아동에 맞추어 변해야 한다.

아스퍼거 증후군 아동을 치료하는 과정에서 증상이 개선되는 속도가 느리고 잘 치료되지 않는 듯한 상황에 지쳐서 치료자가 몇 가지 질문을 반복해서 묻고 아동이 그것에 대한 답변을 단순 기억하게 하는 방식은 지양해야 한다.

Greenspan 박사는 치료초기에 치료자, 부모와 아동이 같이 바닥에 앉아 놀이를 하면서 아동의 문제점을 파악하는 동안, 치료자는 부모에게 자연스럽게 어떻게 부모가 그들의 자녀와 관계형성을 할 수 있는가를 코치처럼 조언하는데, 이것이 이른바 'floortime'의 시작이다.

다섯 단계로 이루어진 floortime의 구체적인 방식은, 부모는 발달적 놀이치료를 치료자, 아동과 같이 하는 치료시간에서 철저한 훈련과 교육을 받는 과정이 우선적으로 필요하며, 배운 바를 바탕으로 가정에서 적절한 기법으로 자녀와 함께 상호적인 놀이를 하도록 노력해야 한다.

a. 관찰단계 : 듣고 보는 것은 효과적인 관찰을 위한 기본이다. 아동의 행동과 얼굴표정, 소리의 톤, 몸짓, 사용하는 단어의 내용 등을 잘 관찰하여, 어떠한 방식으로 아동에게 접근하는 것이 도움이 될 수 있는

가를 고민하는 시기이다. 대개의 부모들은 아동에 대하여 이미 많은 정보를 가지고 있으며, 치료를 위한 관점에서 정보들을 정리하는 시간이 필요할 뿐이다.

b. Approach-open circles of communication : 아동의 정서적인 상태를 파악하며, 아동의 관심영역이 무엇인가를 알아 그것을 기반으로 아동과 상호소통의 원을 열기(opening circles of communication)위하여 노력한다. 아동의 감정과 스타일을 판단할 때, 아동에게 특유의 말과 몸짓으로 다가갈 수 있다.

c. Follow the child' s lead : 아동의 요구에 따른다는 것은 아동의 놀이를 도와주는 성숙한 보조자로서 아동이 놀이에서 자신만의 놀이의 세계를 창조하도록 환경을 조성한다. 아동이 놀이를 정하고 개인적인 드라마를 창조하도록 허락하라. 이것은 아동의 자긍심(self-esteem)을 강화시켜주며, 아동이 '나는 이 세상에 큰 영향을 줄 수 있다' 고 느끼도록 해준다. 부모가 자신의 뜻대로 놀이를 통제하는 것이 아니라, 아동이 놀이를 선택하고 주도하게 하면서 부모는 아동이 상호적으로 잘 놀 수 있도록 도와주는 역할을 한다. 부모가 놀이를 지지할 때, 아동은 놀이를 하는 과정에서 부모(특히, 엄마)의 따뜻함과 어떠한 끈이 연결됨을 느끼게 된다.

d. Extend and expand play : 아동이 놀이하는 것을 간섭하는 것이 아니라, 부모는 놀이를 촉진시키기 위하여 아동이 놀이를 하는 것을 마치 구연동화 하듯이 이야기하기 시작한다. 또한, 부모는 아동이 창조적인 사고를 하도록 적절한 질문을 통하여 도와주어야 한다. 부모가 아동의 인도에 따를 때, 아동의 놀이에 참견 없이 지지를 보내주는 것은 아동의 놀이의 주제를 신장시키고 확장시킬 수 있다. 아동은 자신의 생각을 표현하고 이야기의 방향을 결정한다. 그런 뒤에 창조적인 생

각을 자극하는 질문을 하는 것은 이야기를 진행시킬 수 있다. 아동의 창조적인 생각을 돕는 동안에 정서적인 주제들이 개입된다. 예를 들면, 아동이 자동차를 고장내고 있다고 가정하자. "너는 왜 자동차를 고장내니?"라는 비평적인 질문 대신에 "자동차가 너무 많은 에너지를 가지고 있어서 빨리 움직이고 있구나. 그것들은 어디로 가려고 하는 중이니?"라고 공감적인 반응을 보일 수 있다.

e. Child closes the circle of communication : 부모가 아동에게 다가가서 의사소통의 원을 열 때, 아동은 부모가 한 말에 어떤 제스처나 얼굴 표정 등의 반응을 하여 의사소통의 원이 닫히게 된다. 부모가 아동과 즐거워할 때 많은 원들이 성공적으로 열리고 닫힌다. 이러한 원들은 하나에서 다른 것으로 연결되어 부모와 아동 쌍방이 상호소통하는 방법을 발전시켜 나간다. 다른 사람들의 생각에 의거하여 아동은 양 방향의 의사소통의 가치를 이해하고 인정하기 시작한다.

e. 만 6~18개월에는 정상적으로 아동이 자신의 필요한 것에 관하여 신호를 보내고, 상대방의 의도를 이해하여 상호적인 의사소통이 가능해지는 시기이다. Greenspan 박사가 말하는 상호소통의 원이 열렸다 닫혀지는 것(opening and closing circles of communication)을 계속해서 수행해 나갈 수 있다. 양방향의 의사소통(two-way communication)에는 두 단계가 있다. 초보적인 수준의 simple communication과 보다 복잡해진 complex gestural communication이다.

e. 생후 18~36개월 아동은 자신의 행동과 사고를 정상적으로 연결시킬 수가 있다. 장난감을 이용하여, 마치 차를 마시는 듯한 흉내를 낼 수 있다. 상징적 수준에서의 의미를 공유한다는 사실은 나중에 유치원이나 학교에서 일어나는 일에 대하여 의사소통을 하는 데 필수적이다. 장난감을 이용하여, 개가 짖고 있는 모습을 보인다든지 하는 놀이

들이 가능해진다.

2) floortime의 기본적인 원칙들

긴장하지 마라. 엄마가 화가 나 있을 때나 집안 일로 매우 바쁠 때, 꼭 집을 떠나야 할 일이 있을 때에는 놀이를 하지 않도록 한다. 엄마가 다른 일을 하는 것에 대하여 마음을 쓰고 있을 때에 아동과 함께 놀이하는 것을 시도하는 것은 오히려 역효과를 낼 것이다.

a. 아동의 인도를 따르고 그것에 참여하라 — 부모가 자녀와 놀이에 참여하여 즐기는 한 부모가 무엇을 하는지는 큰 문제가 아니다. 아동이 놀이를 주도한다.
b. 부모는 자신의 목소리의 톤, 제스처 등을 적절히 이용하여 마치 구연동화하듯이 놀이에 참여하라 — 아이가 놀이하는 모습을 감정이 다양하게 섞인 목소리로 표현한다.
c. 무엇을 하든지 그것을 목적이 있고 의도적인 것으로 간주하라 — 아동의 행위에 새로운 의미를 부여하라.
d. 부모는 아동이 원하는 것을 상호적으로 잘 할 수 있도록 도와주어야 한다.
e. 부모는 아동과 눈맞춤이 잘 될 수 있도록 정면에 위치하라.
f. 아동이 스스로 놀이를 시도하거나 모방할 수 있도록 부모의 노력이 집중되어야 한다.
g. 아동이 하는 회피하는 행동이나 "아니요"라는 말을 진정한 의미의 거절로 간주하지 마라.
h. 아동이 하는 놀이가 상호적인 한 그것을 바꾸려 하거나 방해하지 마라.
i. 아동이 보이는 반응에 끊임없이 관심을 두어야 한다.
j. 놀이를 무엇을 가르치려는 학습의 시간으로 유도하지 마라. 철저하게

상호적인 놀이에 충실하라.

k. 자녀와 함께 하는 floortime의 방식에 익숙해질수록 일상적으로 아동을 위해 하는 모든 행동들, 아동이 하고 싶어 하는 모든 것들처럼 매일 매일의 생활들이 floortime의 대상에 해당될 수 있다.

l. 아동의 기능수준이 어느 정도 발달된 후에, 집안에서 floortime을 자연스럽게 가질 수 있는 기회를 살펴보자.

- 옷 입기와 벗기 : 아동에게 무엇을 입힐 건지, 무엇부터 벗어야 할지의 선택권을 주는 것이 좋다.
- 식사시간 : 매 식사마다 충분한 시간을 배정하는 것이 좋다 — 식사 준비 동안 대화의 초점을 유지하되, 어떤 음식을 먹을 것인지, 아동의 생활과 관련된 주제 등을 이야기하라.
- 자동차 타기 : 편안한 대화를 나누되 아동이 주도하게끔 하라. 혹은 아동이 선택한 노래를 부르는 것도 좋다.
- 등교 및 하교 시간 : 유치원에 도착할 수 있는 시간에 아동이 적응할 수 있도록 최소한의 시간계획을 짜는 것이 좋다. 학급에 아동을 남겨두고 나올 땐 당신의 관심을 표하라. 또 확실히 "안녕"이라고 따뜻하게 말해줌으로써 아동이 든든함을 느낄 수 있게 해주는 것이 좋다. 아동을 데리러 갈 땐 학급을 떠나기 전에 익숙한 환경 속에서 하루 동안의 중요한 일들을 말할 수 있는 기회를 주라.
- 씻는 시간 : 욕실 장난감은 floortime을 위한 훌륭한 도구이다. 물은 훌륭한 놀이기구이며, 아동은 물속에서 자연스럽게 긴장을 풀 수 있다.
- 책 읽는 시간 : 부모 옆에 앉혀서 책을 읽어줘라. 읽는 동안 반응을 살펴라.
- 잠자는 시간 : 취침 시간은 특히 친밀감과 애정을 느낄 수 있는 시간

이다. 아동은 종종 잠들기 직전에 중요한 생각이나 감정을 갖게 되곤 한다. 잠들기 전에 활동이 활발해질 수도 있으니 아동이 잠잠해질 때까지 곁에 있는 것이 도움이 된다.

2. 만 4세에서 6세 사이의 학령기 전 아동

아스퍼거 증후군과 같이 기능수준이 높거나 성인의 경우는 '마음의 이론' 이상을 평가하기 위한 first-order false belief test(정신연령 만 4세 이상)나 second-order false belief test(정신연령 만 6세 이상)는 통과할 수 있다. 즉, 정상적인 지능을 보이면서 비교적 언어능력이 높은 성인 자폐스펙트럼장애 환자는 second-order false belief test를 통과할 수 있으며, 얼굴표정의 변화를 구별할 수 있는 있다고 알려져 있다. 한편, 'Eye Task' 라는 발전된 형태의 '마음의 이론' 이상을 평가하는 검사를 통하여 정상 수준의 지능을 보이며, 언어 능력이 비교적 높은 아스퍼거 증후군의 경우도 검사에 실패한다는 연구결과가 발표되었다.

학령기 이전 연령대는 정상 지능과 또래 수준의 언어능력을 보이는 아동이 전형적인 아스퍼거 증후군 양상을 보일 경우에 진단이 가능한 시기라고 할 수 있다.

치료적으로, 인지기능의 영역으로 사회성 인지(social cognition)를 개선시키는 인지치료적인 접근이 우선적으로 시행되어야 한다. 역할 바꾸기나 상황 설정을 통하여 상대방의 사고방식과 생각을 이해하도록 하며, 선생님과 1 : 1로 교육하는 방식으로 이루어진다. 아동의 상태에 따라 역할 놀이를 할 수 있는 소규모의 사회성 그룹을 병행할 수 있다.

3. 학령기 아동

아스퍼거 증후군의 진단에는, 상대방의 생각이나 감정을 이해하고 고려하는 마음읽기 능력(마음의 이론)을 평가할 필요가 있다. 마음의 이론을 평가하는 방식은 여러 종류의 이야기를 들려준 후에 자신의 생각을 말하도록 요구하는 것이 보편적으로 시행하는 방식이다. 아스퍼거 증후군의 경우는 아동이 다른 아이들과 어떻게 놀아야 하는지에 대한 이해력이 부족하며, 사회적 역할놀이에 관련하여 암묵적 규칙들을 이해하지 못하는 경우가 많다. 또한, 상대방에 대한 이야기하면서도 그 말이 그 사람의 기분을 상하게 할 수 있다는 것을 알아채지 못하기도 한다. 또한, 선의의 거짓말을 이해하는지를 평가하는 것이 큰 도움이 된다. 고기능의 아스퍼거 증후군의 경우는 마음을 읽는 능력을 평가하기 위하여 복잡하게 꼬아 놓은 예문이 필요할 때가 종종 있다.

치료적인 관점에서, 이 시기에는 사회성 인지를 개선시키는 인지치료가 중요하다. 선의의 거짓말을 하는 상황이나 사회적으로 복합적인 상황 등에 대한 예문들을 이용하여 역할놀이를 하거나 상황 설정을 통하여 상대방의 사고방식과 생각을 이해하도록 도움을 주고 있으며, 결과적으로 아동이 사회적 상황을 파악하여 문제 해결하는 능력을 증진시키는 효과를 기대할 수 있다. 또한, 또래 아동들과의 사회성 그룹을 인지치료와 병행하는 것이 필요한 시기이다.

4. 청소년기

아스퍼거 증후군과 같이 지능은 정상범주이거나 정상에 가까운 수준이면서 사회성의 저하와 더불어 인지기능의 불균형을 어려서부터 보여온 청소년은 학교생활에서의 적응을 힘들어하면서, 자존감의 저하, 자신감의 부족 및 대인관계의 어려움을 거의 다 보인다고 해도 과언이 아니다. 이러한 청소년들은 복잡한 문제상황에서 전체적인 맥락에서 파악하는 능력이 부족하거나 중요한 요소를 간과하여 피상적으로 대처할 가능성이 높다. 또한, 친구들과의 대인관계에서 들어오는 정서적인 자극을 적절하게 대처하지 못하고 심리적으로 좌절감을 느끼는데, 이는 청소년이 정서적으로 다양한 요구가 지속적으로 필요한 상황에서 많은 실패를 경험하면서 장기간 또래관계에서의 어려움으로 인하여 내적으로 심리적인 어려움, 부적절감을 느끼는 수가 많다. 어떤 청소년은 심리적인 어려움이 우울증상으로 표현되기도 하며, 다른 경우는 공격적인 성향으로 표출되기도 한다.

사춘기라는 미묘하고 힘든 시기에 이러한 정서적인 어려움을 동반하는 아스퍼거 증후군의 진단을 받은 경우는, 그동안 겪어온 마음의 상처를 우선적으로 다루기 위하여 심리치료가 매우 중요한 역할을 한다고 알려져 있다. 청소년 시기에 아스퍼거 증후군의 진단을 최초로 받아 치료를 시작하는 경우에 있어, 우선적으로 개별 심리치료(individual psychotherapy) 를 6개월~1년가량 시행하는 것이 중요하다.

치료적으로는, 학령기에 수년간 사회성 인지의 개선을 위하여 인지치료를 받아온 경우는 청소년기에는 사회성 그룹만 시행해도 무방하다. 반면, 청소년기에 처음 아스퍼거 증후군으로 진단을 받은 경우는 사회성 인지의 개선을 위하여 인지치료적 접근과 사회성 그룹을 병행하는 것이 치료적으로 이상적이다. 만약 공부를 이유로 치료방식을 하나만 선택해야 한다면, 사회성 인지치료를 꾸준하게 시행하기를 권고하고 있다.

인지기능이 우수한 고등학생들은 성인과 같이 사회성 상황을 다루면서 사회성을 발달시키는 인지행동치료적 접근을 하고 있다.

5. 성인기

신박이 임상에서 성인기의 아스퍼거 증후군이라고 스스로 생각하는 분들과 상담을 할 때, 1～2회의 초기 진료상담(각 45～50분간)과 심리검사를 시행한다.

비언어성 학습장애나 고기능의 아스퍼거 증후군의 경우는 인지행동치료의 관점에서 사회성 훈련을 하고 있다. 우리가 사회성 부족과 관련하여 임상에서 만나는 성인기의 환자군 대부분은 지능은 정상범주이면서 학습능력도 평균 또는 그 이상에 해당하는 경우들이다.

한 가지 예를 들면 20대 중반의 성인(대학생)이 타병원에서 아스퍼거 증후군의 진단으로 신박에게 의뢰되었다. 초기에는 긴장을 하여 목소리톤이 다소 높고 특이하였고, 눈 맞춤이 약간 부족하였다. 이야기 도중 갑작스럽게 다른 주제의 이야기를 꺼내기도 하는 등 부자연스러운 측면이 관찰되었다. 고지식하며 지나치게 원리원칙적으로 생각하고 반응하는 양상을 보였다. 치료 초기에는 상대방에 대하여 자신이 생각하는 불만이나 의견을 가감없이 표현하여 타인과의 갈등이 빈번하였다. 반면 상대방이 자신에 대하여 문제제기를 하여 조금이라도 기분이 상하는 경우에는 화를 참지 못하고 언성을 높이면서 갈등을 보이는 자기중심적인 모습이 특징적이었다.

사회성 훈련을 시작한지 1년이 지나는 현 시점에서는, 또래의 수준에 비하여 사회성 영역에서 부족한 점은 여전히 존재하지만, 눈 맞춤이나 상호적으로 대화하는 능력이 개선되었으며 이론적으로 이해하려고 노력하는 모습을 보여 부분적으로 향상되고 있었다. 치료시간에는 실제적인 사회적 상황에서 발생한 예를 자세하게 서술하게 하여 그 상황에서의 문제점을 파악하여 지적하고, 대안을 제시하는 방식으로 사회성 인지를 개선시키는 노력을 하고 있다.

제10절 청소년을 위한 치료적 접근의 특성

청소년기는 정체성이 충분히 확립되지 않았기 때문에 자신에 대한 스스로의 평가가 기복이 심한 편이다. 모의고사라도 잘 보는 날이면 자신이 굉장히 잘난 사람 같고 구름 위에 뜬 기분이 되어 세상이 발 아래로 보인다. 그러나 친구가 선생님에게 칭찬 듣는 것을 보면 갑자기 친구와 자신이 비교되고 자신이 초라해 보인다. 친구가 가진 것은 다 좋아 보이고 부럽다고 생각한다. 때로는 친구의 단점이 부족함으로 보이지 않고 그 나름대로 괜찮아 보인다. 반면 자신에게 속한 것들은 시시해 보여서, 장점마저도 가치 있게 느껴지지 않는다. 자기 부모님도 친구의 부모와 비교할 때 시시해 보인다. 하지만, 청소년기를 지나면서 자아의 정체성이 확립되면 이런 동요는 많이 줄어든다. 자신을 객관적으로 보는 눈이 생기게 되어, 자신이 갖는 능력의 한계, 강점과 약점, 또는 가치관을 인식하게 된다.

아스퍼거 증후군과 같이 지능은 정상범주이거나 정상에 가까운 수준이면서 사회성의 저하와 더불어 인지기능의 불균형을 어려서부터 보여온 청소년은 학교생활에서의 적응을 힘들어하면서, 자존감의 저하, 자신감의 부족 및 대인관계의 어려움을 거의 다 보인다고 해도 과언이 아니다. 이러한 청소년들은 복잡한 문제상황에서 전체적인 맥락을 파악하는 능력이 부족하거나 중요한 요소를 간과하여 피상적으로 대처할 가능성이 높다. 또한, 친구들과의 대인관계에서 들어오는 정서적인 자극을 적절하게 대처하지 못하고 심리적으로 좌절감을 느끼는데, 이는 청소년이 정서적으로 다양한 요구가 지속적으로 필요한 상황에서 많은 실패를 경험하면서 장기간 또래관계에서의 어려움으로 인하여 내적으로 심리적인 어려움, 부적절감을 느끼는 수가 많다. 어떤 청소년은 심리적인 어려움이 우울증상으로 표현되기도 하며, 다른 경우는 공격적인 성향으로 표출되기도 한다.

사춘기라는 미묘하고 힘든 시기에 이러한 정서적인 어려움을 동반하는 아스퍼거 증후군의 진단을 최초로 받은 경우는, 그동안 겪어온 마음의 상처를 우선적으로 다루기 위하여 심리치료가 중요한 역할을 한다. 따라서, 청소년 시기에 아스퍼거 증후군의 진단을 최초로 받아 치료를 시작하는 경우에 있어, 우선적으로 개별 심리치료(individual psychotherapy)를 수개월가량 시행하다가 치료기법을 바꾸어 사회성 발달을 목적으로 하는 인지행동치료로 전환하는 것이 필요하다. 초기 진단 시 시행하는 심리검사에 정서적인 영역에 대한 평가가 포함되어 있으므로, 자존감의 저하, 심리적인 위축, 우울, 불안, 억압된 분노 등을 시사하는 검사결과를 보이면, 심리치료를 먼저 시작하는 것이 현명한 선택이다. 우리나라에서는 아스퍼거 증후군의 치료가 거의 대부분 사회성 발달에 집중하는 경향이 두드러진다. 이 부분도 어려서부터 아동의 상태에 맞추어 꾸준하게 시행을 한다면, 비교적 좋은 결과를 기대할 수 있을 것이다. 하지만, 우리나라에서 아스퍼거 증후군의 개념이 알려지기 시작한 지가 얼마 되지 않은지라, 최근 청소년 시기에 문제의 심각성을 인지한 부모들이 우선적으로 사회성 증진 프로그램을 찾는 경우가 많다.

예

중 3인 남학생이 사회성이 떨어지고 대인관계의 어려움이 지나쳐서 신박을 찾아왔다. 초기 상담에서 남학생은 의자에 웅크리고 앉아 바닥이나 허공을 쳐다보아 눈맞춤은 거의 이루어지지 않았으며, 들릴 듯 말 듯한 작은 목소리로 웅얼거리며 말을 하여 신박이 학생의 이야기를 알아듣는 데 어려움이 있었다. 지능검사에서 전체평균지능 95 언어성 지능 96 동작성 지능 95였고, 사회성과 관련된 소검사 항목들이 현저하게 저하되었다.

학생은 관습적인 수준의 사회적 판단력과 이해력이 지체되었고, 실제적인 사회적 장면에서 상황을 주관적으로 지각하고 판단하여 대인관계에서 타인의 의도를 잘못 파악하고 적절한 관계를 맺는 것이 어려웠다. 모호하고 애매한 사회적인 상황이나 대인관계 상황에서는 자극들에 압도되기 쉽고 임의적으로 해석하기도 하고 지나치게 지연된 반응을 보이기도 하였다. 사회적 대처능력도 매우 부족하여 일반적으로 기대되는 방식으로 행동하기 곤란하며 다른 사람들과 상호작용하기보다는 일방적으로 자신만의 관심사에 몰입하거나 불필요하고 사소한 단서에 집착하는 모습을 보였다. 높은 지적 잠재력을 가졌음에도 불구하고 이를 활용하여 상황을 융통성 있게 이해하고 상황에 따라 관점을 전환하는 것이 어려우며, 스트레스를 받는 상황에서는 자기만의 세계로 철수하거나 자기의 관심사에만 더욱 집착하는 것으로 여겨진다. 우울감이나 무기력감이 고조되어 있고 정서적인 경험을 할 수 있는 통로가 제한되어 있어 분노와 같은 감정이 억압된 채 지내고 있었다.

남학생의 사회성을 발달시키기 위한 사회성 인지치료에서 자신이 관심 있는 주제 위주로 이야기하고 싶어 하며 실제적인 사회적 상황에 대하여는 회피하는 경향을 보였다. 이러한 저항을 극복하기 위한 대처방식으로 치료자는 남학생에게 치료에 충분하게 협조를 하지 않으면 치료기간이 더 오래 걸릴 것이라고 설명하고 치료의 빠른 종료를 위하여 노력해야 한다는 점을 강조하였다. 점진적으로 치료실에서나 가정에서 태도의 변화를 보이고 있다. 청소년을 대상으로 하는 사회성 치료는 해당 청소년이 치료에 대한 동기부여가 별로 없는 경우에는 치료과정이 순탄치 않을 때가 많다.

일반적으로 전형적인 아스퍼거 증후군의 치료적 접근은, 부족한 사회성 발달을 위한 사회성 증진 프로그램과 인지기능의 불균형으로 인해 야기하는 문제들을 개선하기 위한 인지치료 두 가지를 함께 시행하는 것이 필수적이다. 또한, 감각조절 이상으로 인하여 대근육 운동기능과 소근육 운동기능의 저하가 흔해서, 감각통합훈련이나 작업치료를 추가적으로 병행하는 경우가 많다.

신박의 클리닉에서는 청소년 시기(특히 고등학생의 경우)에는 사회성 발달을 위한 인지행동치료적인 접근을 하며, 보다 어린 나이에는 사회성 인지의 개선을 위하여 인지치료를 시행하고 있다. 인지행동치료는 청소년이 상대방의 생각, 의도나 입장을 이해하고 배려하는 능력을 함양하는 것이 기본적인 목표로서 청소년이 사회적 상황에서 경험이나 갈등, 의견차이 또는 당황한 상황들을 자세하게 설명하며 상황을 분석하여 문제점을 지적하고 대안을 제세하는 방식으로 주로 이루어진다.

사회성이 부족한 청소년들은 사람들을 처음 만나서 어떻게 대화를 시작하고 유지해야 하는지에 대하여 많은 고민을 한다. 사회성이 부족한 청소년들은 주위의 학생들이 자신있게 대화하는 모습을 보면 힘들어 보이지도 않고 내심 부러워한다. 사회성이 부족한 청소년은 상대방과의 대화에서 자기중심적인 모습을 자주 보인다. 자신이 내심 불안하다는 것을 감추기 위하여 부적절한 농담을 하거나 쓸데없이 너스레를 떤다. 또는 전혀 불안하지 않는 척하느라 실수를 자주 한다. 때로는 대화를 자기중심적으로 이끌려고 자신이 관심이 있는 주제를 던지다보니 상대방에게 불쾌감을 준다. 반면, 사회성이 부족한 청소년들 중 다른 경우들은 불안에 압도되어 아무 말도 못하거나 괜히 과묵한 척하면서 침묵을 지속적으로 유지하기도 한다.

1) 대화를 시작할 때

대화를 시작하기 위하여 사용하는 말은 간단하고 주위 상황을 언급하는 내용이다. 예를 들면, "이곳은 답답하네요. 그렇지 않아요?", "의자가 더럽네요. 그렇죠?" 같은 중립적인 언급을 통해 상대방과 안면을 익히고 서로에게 적응한다. 대화 시작용 말은 서로 친밀한 정보가 전혀 없고 금방 더 이상 할 이야기가 없게 되기 때문이다. 자신이 동정을 살피는 것처럼 보이지 않게 하려고 할 때나, 자신을 가능한 한 드러내지 않으려는 상황에서는 대화 시작용 말이 이상적이다. 대화 시작용 말은 다음 단계의 대화로 이어지는 징검다리 역할을 한다. 사회성에 자신 있는 사람들은 대화 시작용 말을 최대한 자제하고 바로 다음 단계로 넘어가는 경향이 있다. 사회성이 부족한 경우에는 날씨에 대해 할 수 있는 말은 몇 마디 안 되지만, 그저 그 정도라도 말을 시작은 해야 한다.

2) 통성명하기

자연스럽고 예의바르게 통성명이 이루어지며 대화가 시작되는 시점이라면 기회가 있다. 일찍 통성명을 한다는 것은 청소년이 대화를 나누는 상대방을 알고 싶어 함을 뜻한다. 일찍 이름을 주고받으면 어느 정도 친밀감이 형성된다. 나중에 이름을 주고받을 수도 있겠지만 시간이 지날수록 통성명하기가 점점 어색해진다. 사회성에 자신 있는 사람들은 상호작용이 시작될 때 이름을 주고받는 경우가 많다.

3) 대화의 주제를 찾는 과정

낯선 사람과 인사를 하고 통성명한 후에, 사회성에 자신 있는 청소년은 대화를 나눌 소재를 찾기 시작한다. 그들은 상대방이 자신을 어떻게 분류하고 있는지 알아보려고 질문을 하기도 한다. 가령 "뭐에 관심이 많니?", "아, 컴퓨터 게임을 좋아하는구나." 등의 질문을 한다. 이야기 소재를 찾으려고 좀더 일반적인 질문을 시도하기도 한다. "나는 월요일에 학원을 가야 돼……. 내가 좋아하는 야구팀의 경기를 못 볼 것 같아." 사회성에 자신 있는 사람은 다양한 주제로 기꺼이 대화한다. 화제를 찾는 과정도 하나의 적응 기간이라고 생각하라. 사회성이 부족한 청소년은 공통적으로 관심 있는 주제를 찾지 못한다. 그리고 상대방이 화젯거리를 제안하면 가능한 한 짧게 대답하면서 대화를 지속하지 못한다. 따라서, 대화를 시작하는 말과 화제를 찾기 위한 질문들이 부적절하면 대화가 진전되는 일이 없다. 상대방이 아주 끈기가 있고 대화를 계속할 동기가 있어야만 이 장벽을 넘어설 수 있다.

적절한 화제를 찾는 데는 몇 가지 기본 규칙이 있다. 화제는 자연스럽게 대화에 녹아들어야 한다. 밝혀지지 않은 상대방의 취향에 주의하여 화제를 선택해야 한다. 너무 공격적이거나 도가 지나치지 않는 화제로서 서로 공통적으로 알고 있는 내용이어야 한다. 자신이 도가 지나쳤다는 사실을 어떻게 알 수 있을까? 상대방에게 주파수를 맞추는 청소년은 상대방에게서 놀라움이나 스트레스의 징후를 감지하기 위해 촉각을 세우고 있으며, 그에 대한 징후는 시선 회피, 대화 중단 상태의 연장, 홍조, 안절부절 못함, 말 더듬기 등이다. 이런 징후는 상대방을 불편하게 했음을 시사하므로 주의해야 한다. 화제를 찾기 위한 질문을 하는 동안, 자신 있는 사람은 무엇이든 다 아는 척하거나 친해지고 싶어서 안달이 난 것처럼 행동하지 않고 균형을 잡는다. 청소년은 자신이 균형을 잡는 데 성공했는지 어떻게 판단할 수 있을까? 상대방이 웃거나 고개를 끄덕일 수도 있다. 또는 상대방이 질문을 하거나, 자기가 겪은 일화를 이야기해 주거나, 유사한 정보를 덧붙일 수도 있다.

4) 말 주고받기

일단 대화의 주제가 선정이 되면, 사회성에 자신 있는 사람들은 바로 상대방과 말을 주고받는다. 대화가 부드럽게 이어지면서 서로 말이 겹치기도 하고, 상대방의 생각을 바탕으로 새로운 방향으로 대화를 진행시키기도 한다. 사회성에 자신 있는 사람들은 그들이 말하고 싶을 때나 상대방에게 말할 기회를 넘길 때 상대와 시그널(눈 맞춤, 잠시 말을 멈춤, 고갯짓, 말의 높낮이 변화)을 주고받는다.

사회성이 부족한 청소년은 당면한 상황에 대해 수사학적인 질문이나 대화를 끊기게 만드는 질문만 한다. 그렇게 하면 상대방에 대해 흥미가 없는 것처럼 보이게 된다. 사회성이 부족하여 침묵이 흐를 경우 대화를 논리적으로 개시하거나, 자신이 먼저 말을 시작하지 않는 편이 좋다. 사회성이 부족한 청소년이 하는 대화에는 구조화된 형태의 침묵이 있는데, 질문, 간단한 대답, 침묵, 새로운 질문, 간단한 대답, 침묵으로 연결되는 패턴이 그것이다.

5) 침묵을 깨뜨리기

침묵하면 상대방이 어색해한다는 것을 사회성에 자신 있는 사람들은 알고 있다. 따라서 그들은 대화를 나눌 때 주도적인 역할을 한다. 다음에 말할 사람을 선택하여 직접적이고 개방적인 질문("네가 아이돌 그룹 중 XXX를 좋아한다면서…….")을 던져서 말할 순서를 상대방에게 넘겨준다. 혹은 새로운 화제로 이야기를 시작한다.

사회성에 자신 있는 사람들은 사회적 민감성이 뛰어나다. 다른 사람들에게 관심을 돌릴 수 있고, 다른 사람들의 비언어적인 의사소통 방식에서 따분함, 불편, 어색함의 신호(경직된 미소, 찡그린 얼굴, 시선 회피, 안절부절못하며 물건 만지작거리기, 시계 보기, 방 둘러보기)를 알아차릴 수 있다. 이러한 신호들은 모두 상대방이 자신이 조절할 수 있는 대화의 영역을 벗어나고 있다는 의미이다.

6) 자기 개방

사회성에 자신 있는 사람들은 상대방이 자신을 드러내는 정도에 맞추어 반응한다. 적당한 정도로 자기 개방을 하는 것은 서로 공통점을 찾게 해주는 훌륭한 방법이 된다. 한 친구가 어떤 화제에 대해 개인적인 일화를 자진해서 말해주면 ("나는 아이돌 그룹 중에 XXX를 좋아하는데…….") 상대방과 친밀도의 수준이 비슷하게 반응하는 것이 적절하다. ("나도 그 그룹 멤버 중에서 아무개를 좋아하는데……, 그 그룹의 노래 OOO를 아주 좋아해…….") 이렇게 하면 좀더 깊은 대화의 문이 열리기도 한다.

반면, 상대방이 자신을 드러내길 꺼린다면, 그 상황이 불편하게 느껴지더라도 가만히 있는 것이 현명하다. 상대방은 현재의 상황에 적응하는 데 시간이 보다 많이 필요할지도 모른다.

사회성이 부족한 청소년은 자기 개방 과정이 너무 느리거나 혹은 너무 빠른 경우가 많다. 상대방이 자신을 부정적으로 생각한다고 추정하면, 청소년은 자신이 상대방을 지루하게 할까 봐 두려워서 자신을 드러내지 않으려고 할 수 있다. 상대방이 자신의 말에 흥미를 느낀다는 사실도 깨닫지 못할 수도 있다. 그러나 상대방의 자기 개방 정도에 조심스럽게 맞추어 대화를 진행해 나가면, 상대방은 청소년이 지나치게 빨리 그리고 많이 자신을 드러내고 있다고 생각하지 않는다. 중요한 것은 절충과 민감성이다.

7) 매뉴얼 만들기

사회성이 부족한 청소년은 다양한 상황에서 무슨 말을 해야 할지, 어떻게 대처하는 것이 옳은지를 순간적으로 판단하지 못하거나 적절한 말을 생각해 내지 못하는 경우들이 많다. 이러한 상황들을 구체적으로 세분화하여 정리해본다. 자신에게 자주 일어나는 경우들을 우선적으로 정리한다. 예상 가능한 상황을 세분화하여 가능한 다양한 상황 리스트를 작성한다. 각각의 경우에 답변이나 대응방식이 적당하다고 생각하는 반응을 두 가지씩 정리한다. 즉, 특정 상황에 한 가지 방식의 대응만을 하는 것이 아니라, 상황에 따라 첫 번째 반응으로 대처하거나 또는 두 번째 방식의 답변을 할 수 있는 것이다.

8) 잘못된 대화방식

a. 사회성이 부족한 청소년들은 상대방이 편하도록 도와주려고 노력하기보다는 자신의 곤혹스러움, 불만, 거부를 회피하려고 한다. 자신의 체면이 깎이거나 상대방의 기분을 상하게 할까 봐 두려워서 그들이 '안전하다' 고 잘못 믿고 있는 방식으로 돌아간다. 즉, 짧게 대답하거나, 대화 시작용 말을 길게 늘어놓거나, 자기가 좋아하는 화제를 꺼내거나 침묵한다. 그렇게 되면 상대방은 사회성이 부족한 청소년과 하는 대화가 불편하게 느껴진다.

b. 사회성이 부족한 청소년은 상대방이 화제를 찾기 위해서 적절한 질문을 하면 대답하기를 거부하거나 단답형으로 짧게 받아친다. 사회성이 부족한 청소년은 곧 비생산적인 대화로 돌아간다. 유감스럽게도 이러한 대화 방식으로는 어색한 침묵이 더 오랫동안 흐르게 된다. 청소년이 침묵을 지키고 있으면 상대방으로부터 자신을 보호하는 듯 보이기 때문에 예의가 없고 거부감을 주게 된다. 대화를 줄이면 상대방이 자신을 부정적으로 생각하는 일도 줄어든다고 청소년은 믿고 있지만 이러한 전략은 불리한 결과를 낳는다. 말을 적게 하면 상대방이 대화의 부담을 안게 되고 상대방은 청소년을 대화로 끌어들이려다가 이내 지쳐버릴 수 있다. 그것은 상대방으로 하여금 좀더 외향적인 사람을 찾게 만들 뿐이다.

c. 일부 사회성이 부족한 청소년은 친구들과 함께 대화를 하다가, 대화의 내용이 재미없거나 관심이 없는 주제라고 생각이 되면, 대화의 주제를 자신이 좋아하는 주제로 바꿔서 얘기를 시작한다. 다른 얘기를 하자면서 대화 중간에 개입하여 다른 내용으로 대화의 주제를 일방적으로 바꾸는 것이다. 당연히 대화의 상대방인 친구들은 대화의 주제가 일방적으로 바뀐 것을 싫어하고, 해당 청소년과는 더 이상의 대화를 꺼리게 된다는 점이다. 상대방의 입장, 생각이나 감정을 이해하고 고려하지 않고, 자신의 관심을 중요시 여기는 자기중심적인 모습이라고 하겠다. 예를 들어, 자신은 야구에 별로 관심이 없는 편인데, 친구들이 야구에 대한 얘기를 길게 이어가자, 갑자기 대화 중간에 끼어들어 축구에 관한 얘기를 시작하는 것이다. 치료 대상인 청소년은 치료 시간에 사례분석을 통하여 문제점을 인식하여 이러한 방식의 대화 행태를 즉각적으로 그만두어야 한다. 대화가 진행되다가 대화의 흐름이 끊기게 되었을 때나, 상대방이 동의하는 경우에만 주제의 전환이 가

능한 것이다.

d. 사회성이 부족한 청소년은 대부분 그들이 좋아하는 화제에 대해 얘기할 때 흥분한다. 그들은 자신의 전문 분야라고 생각하면 어떤 주제든 지나치게 열광하는 경향이 있다. 특정 가수의 노래 스타일, 컴퓨터 게임, 연예프로그램, 스포츠, 일본 만화나 판타지 소설 등에 흥분하여 반응한다. 좋아하는 화제를 장황하게 말한다고 해서 대화가 이루어지는 것은 아니다. 단지 상대방을 향해 말하는 것이지 상대방과 함께 대화하는 것은 아니기 때문이다. 상대방보다 대화의 주제에 대해 좀 더 알기 때문에 청소년은 심리적으로 안전하게 느낀다. 청소년은 낯선 사람과 대화를 시작하고 있기 때문에 자신이 좋아하는 화제에 대해 말하면 대화에 성공한 느낌이 든다.

d. 하지만 자신만 좋아하는 화제에 의지하면 상대방은 지루해질 수도 있다. 사회성이 부족한 청소년은 대화를 주도하여 상대방과 이야기를 주고받을 기회를 거의 만들지 않고, 상대방이 바라는 것이나 비언어적 신호를 무시한다. 특히 좋아하는 화제에 빠져 있을 때는 이러한 경향이 심해진다.

제11절 성인기에서 사회성 수준에 입각한 치료방식

지능이 정상범주라고 추정되는 성인이 신박의 클리닉을 방문하여 진료를 원할 때, 일반적으로 두 가지 영역으로 문제를 구분하여 판단하고 있다. 첫째 사회성 영역이고, 둘째 일의 유능성(또는 업무수행능력)에 관한 영역이다. 사회성이 떨어지는 성인이 신박의 클리닉을 방문할 때, 상당수는 사회성과 일의 유능성이 함께 떨어지는 경우들이고, 일부는 사회성만 떨어지는 경우들이라고 할 수 있다.

일의 유능성이 떨어져서 직장에서 업무수행능력에 문제를 보이는 성인들은 전두엽에서 실행기능(executive function)이라 불리는 인지기능이 제대로 작동을 하지 못하는 경우이다. 유치원, 초등학교, 중학교 시기에는 실행기능(조직화 기술 또는 자기관리 능력)을 개선시키는 인지치료를 시행하고 있지만, 고등학교 이후 성인기에는 실행기능 또는 업무수행능력을 개선시키는 프로그램이 현재로서는 없다. 그러다보니, 성인에서 사회성이 떨어지면서 일의 유능성이 부족하여 업무수해능력에 문제를 보이는 경우, 신박의 클리닉에서는 일의 유능성 영역보다는 사회성에 초점을 맞추어 사회성 발달을 위한 인지행동치료를 시행하고 있다.

1. 성인기 아스퍼거 증후군 의심 사례들의 유형

아스퍼거 증후군과 유사하지만, 상대적으로 경미하면서 비전형적인 양상을 보이는 성인들을 대상으로 엄격한 진단과정을 시행한다면, 우리나라에서 스스로 성인기의 아스퍼거 증후군이라고 생각하는 사례들은 네 가지 유형으로 구분될 것이다.

a. 자폐적인 특성을 보이는 전형적인 아스퍼거 증후군의 경우이다. 성인들의 경우에 종종 임상에서 만날 수 있다. 신박이 전형적인 아스퍼거 증후군이라고 진단을 한 경우에서 환자가 진료를 예약하고 혼자 클리닉을 방문하여 진료상담을 하고 검사를 수행하는 사례를 본 적이 없다. 클리닉을 방문하는 환자가 성인이라도 예외 없이 부모나 보호자와 함께 방문하며, 보호자의 주도로 진료예약을 하고 진료를 시작하게 된다. 지능이 정상범주라 할지라도 자발성이 부족하고 현실에 대한 적응력이나 사회성이 떨어지기 때문이다.

b. 자폐적인 특성은 별로 없으면서, 사회성이 부족하다든지, 특이하고 제한된 관심을 보이고 운동신경이 떨어진다고 주장하는 범주에 해당하는 경우이다. 지능검사에서 언어성 지능에 비하여 동작성 지능이 뚜렷하게 떨어지는 경우는 비언어성 학습장애의 진단이 내려져야 할 것이다. 이 경우에 성인을 위한 치료는 사회성 발달에 초점을 맞추어 인지행동치료를 시행하고 있다.

c. DSM-5에 처음으로 포함된 진단기준으로 Social Communication Disorder(사회적 의사소통장애)는 환자가 자폐스펙트럼장애의 진단기준에 해당이 안 되면서, 기본적인 어휘나 문장구성 능력이 별로 떨어지지 않지만, 화용언어가 심각하게 문제가 있어 대인관계나 사회성에 어려움이 발생하는 경우에 진단이 내려진다. 과거에 화용언어장애(Pragmatic Language Impairment)로 진단을 내리던 경우들과 매우 유사하다고 할 수 있다. 앞으로는 전형적이지는 않지만, 아스퍼거 증후군과 유사한 면이 있다하여 아스퍼거 성향으로 진단내려서는 안 되며, 그러한 경우들의 상당수가 Social Communication Disorder(사회적 의사소통장애)로 진단이 내려질 것으로 예상된다.

d. 아스퍼거 증후군이나 비언어성 학습장애와 관련이 없는 경우이다. 약간의 강박성향이 있고 불안이 두드러지는 것을 특징으로 하여, 심리적인 요인으로 나타나는 문제로 볼 수 있다. 이때, 당사자는 인터넷에서 글을 읽고, 자신이 아스퍼거 증후군에 해당한다고 생각한다. 그러나 이러한 경우는 뇌기능의 이상으로 인하여 문제가 야기되는 아스퍼거 증후군이나 비언어성 학습장애와는 달리, 심리적인 요인이 근본적인 사유이므로, 적극적인 심리치료를 시행하여야 한다. 이러한 경우들은 실제로 진료를 해보면, 환자는 자신이 아스퍼거 증후군 성향이 있다고 주장하지만, 신박이 보기에는 실제적으로 아스퍼거 증후군과

유사한 면이 거의 없다. 인터넷의 글들을 읽고 자가 진단을 잘못하여 발생한 인터넷 정보의 부정적인 측면이라 할 수 있다.

성인기 아스퍼거 증후군의 예를 들어보자.

예

A는 현재 삼수생인 20대 초반의 남자로 일주일에 1회씩 인지행동치료를 시행하고 있다. 사회성이 부족하여 이 부분을 주로 다루고 있다. A는 한 대학병원에서 아스퍼거 증후군의 진단으로 심리치료 및 장기적인 치료를 위하여 신박에게 의뢰되었다. 첫 번째 만남에서는 매우 긴장을 하여 대화를 나누는 상황에서 연령에 비하여 대화기술이 매우 어색하고 서툴렀으며, 눈 맞춤이 부자연스러운 경우도 많았다. 몇 번의 상담의 시간이 지나가자, 초기의 긴장이 서서히 해소되면서 눈 맞춤이나 감정을 공유하면서 대화하는 것은 많이 자연스러워졌으며, 또한 친한 친구 5명이 있어 정기적으로 그들을 만나 식사를 하거나 술을 한 잔 하면서 대화를 가진다는 사실을 알게 되었다. 갈등이 있었거나 당황하거나 어색했던 상황 또는 어떻게 대처해야 할지를 몰랐던 상황 등을 상황의 시작부터 종료까지 자세하게 이야기를 하면 상황을 분석하며 문제점을 지적하고 대안을 제시하는 방식의 인지행동치료를 시작한 지 1년이 지난 후 또래의 수준에 비하여 사회성 영역에서 부족한 점은 여전히 존재하지만, 눈 맞춤이나 대화를 이어가는 능력, 그리고 꾸준하게 친한 친구들과 친밀한 관계형성을 유지하는 점에 비추어, A는 아스퍼거 증후군이라고 보기에는 기능이 많이 양호하고 자연스러워 보였다. 최근 상담에서 있었던 흥미로운 대화를 소개할까 한다. A는 수능시험을 앞두고 공부에 대하여 느끼는 부담감을 호소하였다. 공부에 있어 진전 상황을 묻자, 수학성적의 향상에 대하여 기분 좋은 톤으로 설명하였다. 현재 수리가 3등급으로 그 중 성적이 높은 편이어서 곧 2등급이 되기를 기대한다고 하면서, 고3 시기의 수능시험 수리는 8등급이었고, 재수 때는 5등급이었다고 하였다. A는 자신의 수학성적을 향상시키는 과정에 대하여 나름대로 원인 분석을 하고, 현 수학 수준에 대한 학습 기준을 설정하여 이에 맞추어 자신만의 공부 방식을 꾸준하게 실천하고 있었다. A가 덧붙이기를, 고 3때는 수학에 대하여 기본 개념이 부족했고, 수학 공부 기술을 잘 몰랐으며, 왜 수학성적이 떨어지는지에 대하여 원인 분석조차 힘들었다고 하였다. 치료 시간에 A에게 수학성적이 향상되는 과정(즉, 원인을 분석하고 기본 개념이나 공부기술을 익히는 것, 수학성적 향상을 위하여 적절한 공부 방식으로 꾸준하고 일관되게 노력하기)을 사회성 영역과 비교하여 생각해보자고 권고하였다. A는 사회성에 대하여 스스로를 평가하기를, 수학으로 치면 8~9등급 수준으로 생각한다고 말하였다. 실제로 A는 향상되고 있는 성적과는 달리, 기본적인 사회성 기술에 대하여 하나씩 구체적으로 설명해주기 전에는 실제 상황에서 적

용이 힘든 상태였다. 사회성 부족에 대하여 스스로 원인분석을 하지 못하고 있으며, 사회성에서 필요한 사회 규범이나 사회적 현상에 대한 이해가 현저하게 부족하였다. 즉, A는 수학에 있어서는 스스로 원인 분석을 하여 나름대로의 공부기술을 습득하고 꾸준하게 노력을 하여 성적 향상을 보이고 있지만, 사회성 영역에서는 왜 사회성이 부족한지에 대하여 자기 분석이 제대로 일어나지 않으며, 기본적인 사회성 기술이 많이 부족한 편이었다.

일상적인 다른 예를 들어보자.

예

40대 초반인 B는 서울 변두리에서 이발소를 운영한다. 어려서부터 B는 내성적이고 사회성이 부족하다는 말을 많이 들었다. 하지만, 지금의 직업을 선택하고 나니 어쩔 수 없이 새로운 사람들을 만나고 잡담도 나누게 되었다.

"내 자신에 대해 말하는 것이 두려웠어요. 자기를 너무 내보이는 것이니까요. 하지만 그것을 일상적인 일로 만들었어요. 이제는 손님에게 나의 사적인 이야기를 합니다. 그러면 대화가 잘 이루어져요. '머리를 어떻게 해드릴까요?' 하는 의례적인 말로 시작하지요. 그런 후에 '결혼하셨어요?', '아이가 있나요?', '이곳에 사시나요?' 하고 묻습니다. 대화 소재를 찾으려고 노력하죠. 그래야 대화를 좀더 잘 나눌 수 있거든요."

사회성이 부족한 사람들은 자신이 잡담을 좋아하지 않고 혹은 잡담을 나눌 수도 없다고 불평하는 경우가 자주 있다. 운 좋게도 훌륭한 멘토를 만나 B의 재능을 알아보고 B가 자신을 갖고 성공적으로 되도록 대화기술을 가르쳐주었다. B는 이렇게 설명했다.

"선생님은 내가 사람들과 말하는 모습을 지켜보곤 하셨어요. 'B, 입을 열어야 해! 사람들에게 질문을 해 봐!' 이렇게 말씀하셨어요. 선생님은 어떤 내용은 이야기해도 되고 어떤 내용은 꺼내면 안 되는지를 말씀해주셨어요. 종교나 정치 관련 소재는 안 된다고 하셨지요. 나는 이용 학원에서 선생님으로부터 들었던 말을 정말로 믿어요. 손님 중 85%는 이용사가 마음에 들고 편안하게 느끼기 때문에 이발소에 오고, 단지 15%의 손님만이 이용사의 기술 때문에 온다고 했어요."

B는 잡담하는 식으로 대화하는 데 숙련되었고 그 점은 생활에 많은 도움이 되었다. 업무든 사교든 인간관계는 모두 간단한 대화나 잡담으로 시작된다. 가족이나 친한 친구와 대화를 나눌 때에도 처음은 잡담으로 시작된다. 그러므로 자신이 사회성 측면에서 바람직하게 반응하는 사람이 되려면 필수적으로 잡담에 능숙해져야 한다. 잡담은 대화의 첫걸음으로 일시적인 단계이다. 잡담하는 기술을 배우면 다양한 상황에서 잡담을 사용할 수 있고 좀더 친밀한 대화로 옮겨갈 수 있다.

성공적인 잡담의 기본을 연습하면 사회성을 개선시키는 데 도움이 되고 낯선 사람과 말하는 방법에 자신이 생겨 훨씬 긴장이 풀릴 것이다. 즉, 상대방과 공통된 화제를 창의적으로 생각해내기 때문에, 무슨 말을 해야 할지 몰라 고민하는 시간이 줄어든다.

성인기에서 사회성 발달을 위하여 시행하는 인지행동치료에 적합한 사람들은 어떤 사람들일까? 우선 자기 마음을 잘 읽고 표현할 줄 알아야 한다. 심리학에서는 이런 사람을 '마음 중심적인(psychological mindedness) 사람' 이라고 한다. "그때 이러한 생각이 떠올랐어요. 이러한 생각 때문에 그러한 행동을 하게 되었어요."라고 말할 줄 아는 사람이 치료 가능성이 높다. 즉, 치료에서 상대적으로 높은 단계부터 시작을 하는 것이다. 일반적으로 사회성 치료의 첫 시작은 자신이 경험한 사회적 상황을 기자처럼 발생부터 종료까지 자세하게 설명하는 것이다. 사회적 상황을 분석하고 문제점을 지적하고 대안을 제시하는 것이 사회성 치료의 기본적 과정이다. 이 과정에서 사회성의 중요한 원칙들이나 기법들에 대하여 함께 논의할 것이다. 여기서 사회적 상황이란 갈등상황이거나 의견의 차이가 있는 상황, 당황하거나 어색한 상황, 무엇을 해야 할지 모르고 헷갈리는 상황 등이 속한다.

2. 대화의 단계와 규칙

초기 대화 또는 잡담의 기능과 자신이 대화과정에서 부딪힐 수 있는 함정을 이해하면 보다 성공적으로 초기 대화 또는 잡담을 나누는 데 도움이 될 것이다. 상대적으로 경미한 사회성 문제를 가지고 있는 성인을 대상으로 낯선 사람과 만나서 사귈 때 도움이 될 만한 제안들을 소개하였다.

1) 자신을 빨리 소개하라

대화가 시작되면 바로 통성명을 하는 것이 훨씬 수월하다. 상대방의 이름을 기억하기가 어려우면, 대화를 나누면서 적어도 세 번 이상 상대방의 이름을 반복하거나 이름에 대해 한 마디 덧붙임으로써 기억에 남게 하라. ("학교 동창 중에 영호와 같은 이름을 가진 친구가 있는데……") 상대가 화제를 거부하더라도 개인적인 감정이 있는 것은 아님을 명심하라. 당신이 질문을 했는데 상대가 다른 화제로 옮겨간 경우, 상대방은 당신을 거절하는 것이 아니라 당신이 제시한 화제를 거절하는 것이다. 아마 상대방에겐 불편하게 느껴지는 화제였을 것이다. 그냥 넘어가라.

2) 공통 관심사를 찾아라

창의성을 발휘해라. 화젯거리가 될 만한 소재를 찾으려면, 신문에서 그날의 주요 기사를 읽거나 아침에 출근 준비를 하면서 아침 뉴스를 보라.

3) '손님' 보다는 '주인' 이 되라

질문을 해라. 상황에 적절한 질문인지를 스스로 확인하라. 그리고 대화하면서 상대방이 어느 정도 편안함을 느끼는지에 대하여 주의를 기울여라.

4) 답변에 공을 들여라

간단하게 "예", "아니요"로 말하면 화제가 진전될 여지가 없다. 자신에 대한 이야기를 털어놓아라. 예를 들면, 자기소개를 할 때는 "나는 무엇을 생산하는 컴퓨터 소프트웨어 회사에 다닙니다." 하고 반드시 자신의 직업과 연관된 일화나 이야기를 하라. "어떤 컴퓨터 소프트웨어를 쓰십니까?"와 같은 질문으로 당신의 직업을 상대방의 생활과 연관시키는 것도 좋은 방법이다.

5) 의문이 생기면 물어보라

질문은 침묵을 깰 수 있는 쉬운 방법이다. 상대방의 말을 확인하고 그 말을 다른 말로 다시 표현해보는 식으로 질문을 해봐도 좋다. 가령 "내가 제대로 이해하고 있는 건가요? 당신 말씀은 이러이러한 뜻이지요?" 같은 질문이다. 이렇게 하면 당신이 대화에 참여하고 있고, 관심을 기울이며, 공통점을 찾으려 한다는 사실이 상대방에게 전달된다. 그러면 상대방이 상세하게 설명할 기회가 생긴다. 그러나 적절한 질문을 해야 한다. 상대방에게 자신의 질문에 대하여 불편감을 나타내는 신호들이 있는지를 체크해야 한다.

6) 자신이 좋아하는 화제를 피하라

자신이 좋아하는 화제로 이야기를 나누는 것이 안전하다고 믿을지도 모른다. 그러나 좋아하는 화제는 도움이 되기보다는 해가 된다. 그 화제가 상대방도 좋아하는 화제가 아니라면 피하라. 상대방을 향해 얘기하는 것이 아니라, 상대방과 함께 대화를 나누는 것임을 명심하라.

7) 화제의 범위를 넓혀라

자신이 잘 모르는 주제에 대해 상대방이 이야기하는 것을 허용하라. 바다낚시나 중세 미술에는 문외한이라고 밝혀도 아무 문제없다. 상대는 당신의 솔직함을 인정하고 자기가 아는 사실을 한두 가지 가르쳐줄 것이다. 게다가 그렇게 하면 상대방은 새로운 정보를 당신과 함께 나눌 수 있으니 자기 자신에 대해 좋은 기분이 들 것이다. "전에는 몰랐어요.", "전에는 그것에 대해 그런 식으로 생각해본 적이 정말 없었어요." 이런 말을 빠뜨리지 않음으로써 상대방의 기분을 고취시키는 것도 잊어서는 안 된다.

8) 침묵에 관심을 기울여라

대화가 중간에 끊기면 곧바로 질문을 하거나 자신의 의견을 밝히며 대화를 시작하라. 말하는 중에는 상대방이 답변할 수 있도록 때때로 잠시 말을 멈추어라. 상대방이 끼어들지 않는다면 아마도 상대방은 그 화제에 관심이 없거나, 무슨 말을 해야 할지 모르거나, 또는 뭔가 다른 화제에 대해 말하고 싶은 것이다. 상대방이 그 화제로 계속 이야기하고 싶은지, 혹은 그만 말하고 싶은지를 나타내는 신호를 찾아라.

9) 대화의 기술을 연습하라

감수해야 할 위험이 별로 없을 때를 골라 잡담을 나누도록 시도해보라. 영화를 보려고 줄 서서 기다리는 동안 누군가와 대화를 해보라. (주인공이나 감독이 동일한 다른 영화에 대해 말할 수도 있다.) 당신이 대화를 나눈 사람과 다시 만날 일은 없겠지만 그렇게 연습을 해두면, 더 중요한 상황에서 편해지는 데 도움이 된다. 그런 후에 버스 정류장이나 구내식당에서 매일 보는 사람들과 대화하는 것으로 발전시켜 보라. 잡담을 하면 할수록 쉬워지고 자연스러워진다.

10) 상대방의 말을 경청하라

상대방이 열심히 말을 하는 중이라면, 최대로 집중하고 잘 반응하여 상대방에게 응답하라. 자기중심적이어서 대화의 초점이 자신에게만 맞춰져 있다면 상대에게 집중하고 반응하기란 불가능하다.

11) 긍정적으로 생각하라

대화 초기부터 당신의 성격과 행동을 비판적으로 보는 사람은 거의 없다. 침묵 속으로 후퇴하지 말고 위험을 감수하라.

3. 대화를 진행 중인 집단에 참여할 때의 유의사항

a. 그 옆에 서서 잠시 경청하라.

b. 사교적 호의를 베풀어라.
c. 침묵이 흐르거나 대화가 잠시 멈추면 대화에 끼어들 기회이다. 그 기회를 활용하라.
d. 처음에는 질문을 하라.
e. 다른 사람들이 당신을 대화로 끌어들이게 하라.
f. 적절한 정보를 제공하라.
g. 제공할 것이 없다면 다른 곳으로 옮겨라.

4. 대화를 하는 동안 효율성과 창의성을 향상시키는 방법

1) 지식 기반을 늘려라

사회적 탐색을 통해서 모임에서 만날 가능성이 있는 사람들에 대해 더 많은 정보를 얻어라. 그러면 그들과 대화를 할 때 적절한 질문을 할 수 있고 토론할 수 있는 화제의 범위가 늘어난다. 신문이나 주간 뉴스 잡지를 읽으면 도움이 된다.

2) 인간관계에 미리 선을 긋지 마라

사회성을 개선하는 극복 일기에 생활 속에서 만나는 사람들을 기록하고 당신이 분류한 관계 외에 다른 관계를 생각해보라. 직장 동료와 커피 마시러 갈 수 있는가? 동료와 연극을 보러 갈 수 있는가? 개인 교습 선생과 뮤지컬을 보러 갈 수 있는가? 잡담을 나누면서 공통 관심사를 찾아라. 개인 교습 선생이 벽에 뮤지컬 포스터를 걸어 놓았다면 당신은 "다음 주에 좋은 뮤지컬이 있는데 같이 가시겠어요?"라고 물어볼 수 있다. 선생이 반응이 없다면, 선생에겐 고객과 친구가 되지 않는다는 원칙이 있을지도 모른다. 하지만 한 번의 상호작용 예를 일반화시키지 마라. 다른 사람에게 다시 시도하라.

3) 창의적인 사람과 어울려라

대화방식에 있어 창의적인 사람들의 마음은 어떻게 작동하는지 관찰하라. 그들에 대한 책과 인터뷰를 읽어라. 그들에 대해 가능한 한 많이 알아내고 그들이 하는 대로 해보라. 창의적인 과정에는 접근과 회피 사이에 갈등이 존재한다. 당신은 창의적인 사람들이 보편적으로 중간 정도의 모험을 감행한다는 사실을 알게 될 것이다. 그들은 대체적으로 시작하는 데 어려움을 겪는다. 그때 좋은 멘토가 옆에 있는 경우가 많다. 창의적인 사람은 당신의 성공에 위협을 느끼지 않는다. 그들은 함께 나누면 더 행복해진다. 자신이 하는 일에 만족하는 사람들을 찾아보라. 자신의 일에 만족한다는 것은 좋은 징후이다.

4) 대화 방식을 분석하라

과거에 성공적이었던 대화의 줄거리를 회상하고, 한 논점에서 다른 논점으로 어떻게 바뀌었는지 충분히 생각해보라. 어떠한 대목이 상대방에게 반응이 좋았는지를 고찰하라.

5) 질문하라

일단 당신이 더 창의적인 대화방식을 시도하면, 당신은 예전에 나누었던 이야기를 다시 꺼내서 새로운 질문을 하거나 관련된 주제를 언급함으로써 언제든지 침묵을 깰 수 있다. 창의적인 대화방식은 창의적인 사고방식에 기초를 둔다. 상상력을 건설적으로 사용하고 다른 사람들의 대화에 귀를 기울이고 당신이라면 어떻게 반응할지 다른 방향으로 생각하는 연습을 해라.

참고문헌

김상경, 이상수(2008). 또래가 참여하는 마음읽기 접근 의사소통 프로그램이 아스퍼거 장애 아동의 사회 의사소통능력에 미치는 영향. *언어치료연구*. 17(1): 45-63.

김혜리(1997). 아동의 마음에 대한 이해 발달: 틀린 믿음에 대한 이해로 살펴본 마음 이론의 발달. 한국심리학회지: *발달*. 10(1): 74-91.

김혜리(1998). 자폐증에 대한 새로운 시각: 마음 이해의 결함. *심리과학*. 7(2): 33-50.

신석호(2008). 아스퍼거 증후군 진단에 있어 혼돈들. *신경정신의학*. 47(3): 230-238.

양문봉(2000). *자폐스펙트럼장애*. 서울: 도서출판 자폐연구.

양문봉, 신석호(2011). *자폐스펙트럼장애 A to Z*. 서울: 시그마프레스.

유희정(2008). 학령기 전 정상발달의 임상적 평가와 전반적 발달장애. *신경정신의학*, 47(5): 397-408.

정재석, 이대환, 조미화 역(2010). *비언어성 학습장애, 아스퍼거 장애 아동을 잘 키우는 방법*. 서울: 시그마프레스.

최정원, 이영호(2006). *학습치료 프로그램: 주의집중력 향상 전략*. 서울: 학지사.

APA(2000). *Diagnostic and statistical manual of mental disorders, textbook revision*, 4th Ed., Washington D.C. : American Psychiatric Association.

Attwood, T(1998). *Asperger's syndrome*. London: Jessica Kingsley.

Beitchman B, et al.(1998). Practice parameters for the assessment and treatment of children an d adolescents with language and learning disorders. *Journal of American Academy of Child and Adolescent Psychiatry*, 37(10) supplement:

46s-62s.

Cederlund, M. et. al.(2008). Asperger Syndrome and Autism: A Comparative Longitudinal Follow-Up Study More than 5 Years after Original Diagnosis. *J Autism Dev Disord*, 38(1): 72-85.

Cederlund, M., & Gillberg, C.(2004). One hundred males with Asperger syndrome. A clinical study of background and associated factors. *Developmental Medicine and Child Neurology*, 46: 652-60.

Cornoldi, C., et. al.(2003). A rapid screening measure for the identification of visuospatial learning disability in schools. *Journal of Learning Disabilities*, 36(4): 299-306.

Frith. C. D.(2007). The social brain?. *Phil. Trans. R. Soc. B*, 362: 671-78.

Frith. C. D.(2008). Social Cognition. *Phil. Trans. R. Soc. B*, 363: 2033-039.

Frith U.(2004). Emanuel miller lecture: confusions and controversies about Asperger syndrome. *J Child Psychol Psychiatry*, 45: 672-676.

Gillberg, C., & Gillberg, I. C.(1989). Asperger syndrome?some epidemiological considerations: a research note. *Journal of Child Psychology and Psychiatry*, 30: 631-38.

Gillberg, C.(1998). Asperger syndrome and high-functioning autism. *British Journal of Psychiatry*, 172: 200-09.

Gillberg, C., & Cederlund, M.(2005). Asperger syndrome: Familial and pre- and perinatal factors. *Journal of Autism and Developmental Disorders*, 35: 159-66.

Gordon M., et. al.(1999). The LD label for relatively well-functioning students: a critical analysis. *Journal of Learning Disabilities*. 32(6): 485-490.

Gross-Tsur V., et. al.(1995). Developmental right-hemisphere syndrome: clinical spectrum of the nonverbal learning disability. *Journal of Learning Disabilities*, 28(2): 80-86.

Jarvinen-Pasley, A.(2008). Defining the Social Phenotype in Williams Syndrome: A Model for Linking Gene, the Brain, and Behavior. *Dev Psychopathol*. 20(1): 1-5.

Katherine D. Tsatsanis and Byron P. Rourke(2003). Chapter 4. Syndrome of nonverbal learning disabilities: effects on learning. In: *Therapist's guide to learning and attention disorders* edited by Aubrey Fine & Ronald Kotkin.

Klin A., Volkman F. R., Sparrow S. (eds).(2000). *Asperger Syndrome*. New York, NY: Guilford.

Krasny, L. et. al.(2003). Social skills interventions for the autism spectrum: essential ingredients and a model curriculum. *Child Adolesc Psychiatric Clin N Am*, 12: 107-122.

Matilla, M., et al.(2007). An epidemiological and diagnostic study of Asperger syndrome according to four sets of diagnostic criteria. *J Am Acad Child Adolesc Psychiatry*, 46(5): 636-46.

McPartland, J. & Klin, A. (2006). Asperger's Syndrome. *Adolesc Med*, 17: 771-88.

McDonald, B. C.(2002). Recent developments in the application of the nonverbal learning disabilities model. *Current Psychiatry Reports*. 2002; 4: 323-330.

Meyer, J. A., et. al.(2006). Social attribution processes and comorbid psychiatric symptoms in children with Asperger syndrome. Autism. 10(4): 383-02.

Mamen, M.(2002). *Nonverbal learning disabilities and their clinical subtypes.* Ottawa: Centrepointe Professional Services Inc.

Ozonoff, S., Rogers, S., Pennington, B.(1991). Asperger' s syndrome: evidence of an empirical distinction from high-functioning autism. *J Child Psychol Psychiatry*, 32: 1107-2.

Painter, K. K.(2006). *Social Skills Groups for Children and Adolescents with Asperger' s Syndrome: A step-by-step program.* London: Jessica Kingsley.

Palomo, J.(2006). *Nonverbal Learning Disabilities: a clinical perspective.* New York: W.W. Norton & Company.

Pennington, B. F., Ozonoff, S.(1996). Executive functions and developmental psychopathology. *J Child Psychol Psychiatry*. 37: 51-87

Simon, T. J.(2007) Cognitive Characteristics of Children with Genetic Syndromes. *Child Adolesc Psychiatr Clin N Am*, 16(3): 599-616.

Stewart, K.(2007). *Helping a Child with Nonverbal Learning Disabilities or Asperger' s Disorder.* Oakland: New Harbinger Publications.

Tanguay, P. B.(2005). *Nonverbal Learning Disabilities At Home: A Parent' s Guide.* London: Jessica Kingsley.

Tanguay, P. B.(2005). *Nonverbal Learning Disabilities At School.* London: Jessica Kingsley.

Volkmar, F. R., et al.(2005). (Eds.). *Handbook of Autism and Pervasive Developmental Disorders*, 3rd ed., Hoboken: Wiley.

Volkmar, F. R., et al.(2000). Asperger' s disorder. *Am J Psychiatry*, 157: 262-267.

Whitney, R. V.(2002). *Bridging the Gap: Raising A Child With Nonverbal Learning Disorder*. New York: Berkley Publishing Group.

Wing, L.(1981). Asperger's syndrome: A Clinical Account. *Psychological Medicine*, 11: 115-129.

Worling, D.E. et. al.(1999). Spatial and emotional aspects of language inferencing in nonverbal learning disabilities. *Brain and Language*, 70: 220-239.

Zera D.A.(2001). A reconceptualization of learning disabilities via a self-organizing systems paradigm. Journal of Learning Disabilities. 34(1): 79-94.

찾아보기

ㄱ

가상놀이(pretend play) / 183, 191
가정 / 248
감각통합훈련 / 219
감별진단 / 167
강박장애 / 169
개별 심리치료 / 269
거울체계(mirror system) / 199
경계선 지능 / 5
고기능 자폐증 / 141, 167, 205
고유감각(proprioception) / 50
공간 관계(spatial relation) / 80
공간 위치(position in space) / 80
공존질환 / 66, 159, 168
근 긴장도(muscle tone) / 49
기능적 이상 / 82
기억력 / 239
기억 전략 / 244
기초 기능 발달훈련 / 44

ㄴ

내측 전전두엽(medial prefrontal cortex, MPFC) / 199
놀이치료 / 220
뇌의 편측화 / 95

ㄷ

대근육 운동기능 / 48
대화 방식 / 290
대화의 기술 / 288
도형-배경(figure-ground) / 81
동작성 지능 / 9, 123
디조지 증후군 / 94
뚜렛장애 / 170

ㄹ

레트장애 / 138

ㅁ

마음맹(mindblindness) / 227
마음의 이론 / 19, 185, 189
마음의 이론 기능 / 61
마음의 이론 능력 / 226
메틸페니데이트 / 242

ㅂ

반사(reflexes)기능 / 180
발달성 언어장애 / 99
발달적 놀이치료 / 261
방추상 얼굴영역(fusiform face area) / 201
변연계(limbic system) / 200
분리 불안(separation anxiety) / 182
비언어성 학습장애 / 3, 6, 72, 168, 206

ㅅ

사회성 / 178
사회성 그룹치료 / 164
사회성 두뇌(social brain) / 198
사회성 인지 / 10, 179, 250
사회성 인지(social cognition) / 185
사회성 학습장애(social learning disability) / 11, 202
사회적 눈치 / 10
사회적 의사소통장애 / 144, 282
사회적 참조(social referencing) / 181
산술장애 / 2
상징적 표상(symbolic representation) / 184
상측 두구(supeprior temporal sulcus) / 198, 199
상호주관성(intersubjectivity) / 20
서술적 지적(proto-declarative pointing) / 183
선의의 거짓말 / 212, 253
성인기 / 280
소근육 운동기능 / 48
소아기 분열성 인격 / 168, 207
수용언어 / 43
수학 / 226
시각-운동 통합 검사(VMI) / 22
시각-운동 통합 능력 / 3, 11
시각적 기민성 / 12
시각적 조직화 능력 / 11
시간관리능력 / 86
시선 검토(gaze monitoring) / 183
시지각 발달 / 47
시지각 발달검사(DTVP) / 22
시지각 발달훈련 / 222
식이요법 / 242
실행기능 / 12, 73, 281
쓰기장애 / 2

ㅇ

아스퍼거 증후군 / 58, 110, 205
아토목세틴 / 242
안면인식장애 / 201
안와 전두피질(orbito-frontal cortex) / 198
약물치료 / 221
언어성 지능 / 9, 123
언어성 학습장애 / 3, 72, 95, 207
언어이해 / 20
언어장애 / 103
언어치료 / 221
업무수행능력 / 280
영어 조기교육 / 101
영재이면서 학습장애(Gifted LD) / 64
우뇌기능 학습장애 / 72

우울 증상 / 170
운동기능 / 48
운동기획능력(motor planning) / 49, 115
운동신경 / 47
웩슬러 아동용 지능검사(WISC) / 20
웩슬러 유아용 지능검사 / 173
위계적 조직화(hierarchical organization) / 85
윌리엄스 증후군 / 93
유능성 / 276
유연성(flexibility) / 86
유전질환 / 90
의사소통장애 / 99
이인 불안(stranger anxiety) / 182
인식 훈련 / 230
인지기능 / 2
인지치료 / 268
인지치료적인 접근 / 267
읽기장애 / 2

ㅈ

자기성찰능력(self-monitoring) / 87
자폐성 정신장애(autistic psychopathy) / 120
자폐성향 / 59
작업치료 / 44, 219
장애등록 / 162
전대상회 피질(anterior cingulate cortex) / 199
전반적 발달장애 / 128
정보처리과정 / 87
정서적 상호교류 / 181
정신분열증 / 170
정신-운동 속도 / 11
정신적 표상 / 190
정신지체 / 5
조직화 기술(organizational skill) / 33, 83
조직화 기술 훈련 / 237
존대어 / 164
좌뇌기능 학습장애 / 72
주관적 조직화 / 85
주의공유기제 / 196
주의력결핍 과잉행동장애(ADHD) / 4, 169
주의집중 / 20
중앙 응집 기능(central coherence) / 61
지각조직 / 20
지능검사 / 62
지적 심리치료 / 220
집단 / 289

ㅊ

처리속도 / 20
청소년 / 271
치료계획표(IEP) / 216
침묵 / 288

ㅌ

터너 증후군 / 92
특수언어장애 / 99
틀린 신념(false belief) / 192
틱증상 / 170

ㅍ

편도체(amygdala) / 198

표현어어 / 43

ㅎ

하측 전두이랑(inferior frontal gyrus) / 200
학습부진 / 5
학습장애 / 2, 5, 39
함께 주목하기 / 183
항상성 / 180
행동수정요법 / 240
형태 항상성(form constancy) / 81
화용론 / 45, 96
화용언어 / 16, 163
화용언어장애 / 150, 282
환경치료 / 241

기타

7번 염색체 / 93
ADI-R/ADOS / 141
Ami Klin / 126
Baron-Cohen / 196
broader phenotype / 119
CATCH22 증후군 / 94
Christopher Gillberg / 143
DSM-IV-TR / 2, 110
DSM-IV-TR의 아스퍼거장애 진단기준 / 132
dyscalculia / 14
Floortime / 219, 261
Fragile X 증후군 / 90
Fred Volkmar / 126
Gillberg와 Gillberg 아스퍼거 증후군 진단기준 / 133
Hans Asperger / 153
Happe / 196
little professor / 172
Lorna Wing / 120
Matilla / 124
neurotypical people / 142
Sally-Anne 실험 / 194
savant / 198
Uta Frith / 124
Velocardiofacial syndrome / 94
weak central coherence / 198
X 염색체 이상 / 92